臺灣歷史與文化 研究輯刊

二六編

第 **6** 冊

鹿港王漢松家族細木作工藝研究

王維元 著

花木蘭文化事業有限公司

國家圖書館出版品預行編目資料

鹿港王漢松家族細木作工藝研究／王維元 著 -- 初版 -- 新北市：花木蘭文化事業有限公司，2024〔民113〕

目 20+276 面；19×26 公分

（臺灣歷史與文化研究輯刊 二六編；第 6 冊）

ISBN 978-626-344-898-8（精裝）

1.CST：王漢松 2.CST：木工 3.CST：民間工藝

4.CST：傳統技藝 5.CST：彰化縣鹿港鎮

733.08   113009629

ISBN-978-626-344-898-8

臺灣歷史與文化研究輯刊

二六編 第 六 冊   ISBN：978-626-344-898-8

鹿港王漢松家族細木作工藝研究

作　　者　王維元

總 編 輯　杜潔祥

副總編輯　楊嘉樂

編輯主任　許郁翎

編　　輯　潘玟靜、蔡正宣　美術編輯　陳逸婷

出　　版　花木蘭文化事業有限公司

發 行 人　高小娟

聯絡地址　235 新北市中和區中安街七二號十三樓

　　　　　電話：02-2923-1455／傳真：02-2923-1452

網　　址　http://www.huamulan.tw 信箱 service@huamulans.com

印　　刷　普羅文化出版廣告事業

初　　版　2024 年 9 月

定　　價　二六編 6 冊（精裝）新台幣 18,000 元　　版權所有・請勿翻印

鹿港王漢松家族細木作工藝研究

王維元　著

作者簡介

王維元 Wang, Wei-Yuan，逢甲大學歷史與文物研究所碩士。

王維元，為鹿港王漢松細木作家族嫡傳第三代。王漢松家族傳藝至今已有百年的歲月，歷第二代王肇鈺與王肇楠、第三代王維元於高職畢業後拜父親王肇楠為師，進入傳統細木作殿堂迄今。

王漢松家族橫跨祖孫三代傳承為家學，其中深諳臺灣鹿港泉州派傳統與完整的工料、榫卯工法、異木鑲嵌工法、細木作工序、術語、禁忌與規制，並循此製作傳統家具，此為珍貴之臺灣傳統工藝文化資產。

提　　要

王漢松家族傳藝至今已有百年的歲月，歷王肇鈺與王肇楠、王維元橫跨祖孫三代傳承，完整保留臺灣鹿港泉州派傳統與完整的工料、榫卯工法、異木鑲嵌工法、細木作工序、術語、禁忌與規制。

祖籍泉州金門，於乾隆年間來臺，定居於鹿港北頭的王氏家族，第 9 世王漢松（1923 ～ 2002），14 歲（1936）拜鹿港街尾陳斗為師，學習細木作家具技藝。期間歷任鹿港吳隨意、蔡義和、木村家具店、高雄海軍警備司令部甲級軍官用左營家具製造廠、臺北士林華森家具店（1939 ～ 1950）、回鹿港於各家具廠受聘為「全料司阜頭」（1950 ～ 1970），並設立漢松藝術創作坊（1970 ～）。

王漢松榮獲第四屆全球中華文化藝術薪傳獎（1996），第二代王肇鈺與王肇楠獲文化部文化資產局審定傳統細木作匠師（2013）；獲彰化縣政府兩項登錄為傳統工藝細木作保存者與傳統家具製作及修復技術保存者（2019），主要原因為王家第二代家學傳人，傳統細木作技藝反映地方之生活特色、傳承泉州工藝具流派特色、鑲嵌之技術技藝精巧極具藝術價值，技法呈現多元化，且有臺灣第一本榫卯專門著作與論述發表。

本書著重於建構王漢松家族史以及與鹿港郭春江彩繪家族聯姻，透過家族歷史文物蒐集、口述訪談，完整建構王漢松細木作工藝及祖孫三代工藝藝術生命史，冀以窺探王漢松家族細木作藝術之發展傳承。

本論文 2023 年獲國立傳統藝術中心獎助

誌　謝

　　我小時候我爺爺王漢松就很疼我，會以木頭做玩具給我玩，長大之後看到在辦公室的牆壁上掛著爺爺與李登輝總統的合照，與拿鉋刀專注的神情的照片，就感覺到爺爺就好像在身旁陪著我成長一樣。在我高中畢業之後就逐步地隨著我父親王肇楠指導，成為學徒，進入傳統工藝細木作的殿堂之中迄今。

　　首先感謝指導教授李建緯所長鼓勵我報考逢甲大學歷史與文物研究所，並且幸運的錄取並擔任指導教授，兩年多的求學歷程漫長艱辛，李建緯所長平日對我的鼓勵、照顧與諄諄教誨，給予我學業及論文撰寫上的協助與指導，傾囊相授並逐字斧正，並提供很多新資料參考研讀，以闡述論文中家族史及傳統工藝的看法與論述，使本論文更臻完備。

　　感謝論文口試委員盧泰康老師及葉俊麟老師，對此論文的內容諸多斧指與點明，並提供更多面向與具體內容的卓見，特此致謝。

　　在求學過程中，同窗好友林銘聰，史孟鑫，張泗福，施峰璣的諸多勉勵，以及在口試期間的熱心協助，非常感謝。

　　在寫作過程中受到各方宮廟與機關團體人士的幫忙協助，提供珍藏授權無償拍攝引用，作為本論文第一手研究資料與珍貴的影像。感謝大葉大學設計暨藝術學院前楊旻洲院長及造形藝術學系、永靖成美公堂、永靖頂新和德文教基金會、西螺廣福宮、財團法人彰化縣私立鹿港民俗文物館、鹿港三條街清德宮、鹿港三山國王廟、鹿港茂順中藥行、鹿港龍山寺、鹿港興安宮、鹿港錦森興魯班公會、嘉義新港奉天宮四街祖媽金慶昌轎班會、臺中市元保宮、臺南市銀樓公會理事長薛炯楠先生、潭子摘星山莊、霧峰林家宮保第、鹿港林群瑛小

姐、鹿港施雲軒先生、鹿港施顯達先生，溪湖楊奇朗先生、臺中郭隆吉先生，在此致上最誠摯的感謝（恕依筆畫序）。

感謝父親王肇楠的首肯，提供從未發表之王漢松家族的珍貴庋藏的第一手歷史文物資料，如王家渡臺第一世祖王廷傑於乾隆 13 年（1748）的鬮書、第三世祖王朝於嘉慶 10 年（1805）的杜賣盡根契，這兩份資料皆因年代久遠而有受損，王肇楠送請修復完成、第七世祖王連江與妻郭忿女士之日治時期戶籍資料、第八世祖王茲枝開設「集熙堂」命相擇日館的歷史文物資料，以及王肇楠歷時 11 年（1989～2001）的王漢松藝術生命史的口述訪談撰稿，得以紀錄王茲枝與王漢松自撰其回首一生之詩句，點滴入心。

在本論文撰寫期間，對於細木作的術語、專有名詞等艱澀難懂之處，感謝伯父王肇鈇與父親王肇楠提供以匠師的發音並輔證之為泉州古音文讀音與釋義，再依教育部頒「臺灣閩南語羅馬字拼音方案」進行匠師口述音之拼音註記與釋義，讓口述音與其含意得以闡明，此為珍貴的無形文化資產之一環。

本論文植基於此既有的豐富基礎之上，逐序建構百年王漢松家族的歷史與文物佐證，王氏家族細木作匠師口述音記述，讓今之得以窺昔，藉以瞭解其中之堂奧，以例證王氏百年家族史跡。

時光荏苒，二載春秋，論文完成，今年是 2022 年，適逢王漢松一百歲冥誕。在此，謹將這本論文，獻給我爺爺王漢松，以為敬賀百歲之儀，以及王家歷代祖先祖德流芳，澤及第 11 代子孫筆者，茲祈哂納，惟心而然。

王維元　謹誌於
逢甲大學歷史與文物研究所
中華民國一百一十一年十二月

目

次

第一章　緒　論

　　在臺灣鹿港的發展歷史中，傳統細木作家具工藝享譽於全臺，隨著在鄉紳仕族與優裕的經濟環境下，支持著優秀匠師追求更精緻傳統榫卯工法的製作，展現出更悠久典雅與華麗的泉州風格家具風貌，隨著朝代的遞嬗，工藝名家輩出而不墜。傳統細木作家具多為私人自行訂做或是購買，放置於私宅中使用，外人無緣觀看。有別於寺廟供桌，一般人皆可自由進出與參觀，所以細木作匠師的精心之作大都會在私宅中靜靜地展現風采，陪伴著一代又一代的後世子孫，這正是子子孫孫永寶用、世世代代傳香火的最佳寫照。

　　文化部公布第三版《文化資產保存法》（2016），將我國文化資產分成有形文化資產與無形文化資產。有形文化資產包括「古蹟、歷史建築、紀念建築、考古遺址、史蹟、文化景觀、古物、自然地景、自然紀念物」共九類；而無形文化資產則分成「傳統表演藝術、傳統工藝、口述傳統、民俗、傳統知識與實踐」五類〔註1〕。根據修正發布的《文化資產保存法施行細則》（2017），傳統工藝包括裝飾、象徵、生活實用或其他以手工製作為主之傳統技藝，如「編織、染作、刺繡、製陶、窯藝、琢玉、木作、髹漆、剪黏、雕塑、彩繪、裱褙、造紙、摹搨、作筆製墨及金工等。」〔註2〕其中，細木作屬於上述傳統工藝「木

〔註1〕《文化資產保存法》：中華民國105年7月27日總統華總一義字第10500082371號令修正公布，文化部網址：https://www.moc.gov.tw/information_306_19723.html，（查詢日期：111年3月5日）。

〔註2〕《文化資產保存法施行細則》：中華民國104年9月3日文授資局綜字第10430078592號令、農林務字第1041701166號令會銜修正發布第15條之1、第16條條文，文化部網址：https://www.moc.gov.tw/information_309_19939.html，（查詢日期：111年3月5日）。

作」一類。

在早期細木作匠師並不會在精心製作的作品留下題名落款，因此後代多半不知道是哪位創作者之作品，而關於細木作匠師的紀錄，亦付之闕如也常被忽略。本論文企圖討論無形文化資產的再深入研究鹿港王漢松家族，全面的調查以補充文獻不足之處，期藉本研究歷史文獻、文字記錄，讓無形文化資產顯現其原本之文化價值。

王漢松（1923～2002）為世居鹿港王家第九世，祖籍泉州金門。師承鹿港街尾陳斗先生學習傳統細木作家具技藝（昭和 11～14 年，1936～1939），領有臺灣總督府國民勞務手帳——建具指物工（1942）、第四屆全球中華文化藝術薪傳獎（1996）、擔任傳習計畫傳習師（2000～2001）。他也保存了鹿港泉州派傳統細木作家具樣式與完整的榫卯與鑲嵌工法、工序與術語，成為鹿港傳統細木作技藝最重要之無形文化資產，並傳承至第二代王肇鉌（1953～）與王肇楠（1968～）。王肇鉌與王肇楠受文化部指定為傳統細木作匠師（2013），彰化縣政府登錄指定為「細木作」、「傳統家具製作及修復技術」兩項技術保存者（2019），並續傳至第三代王維元（1997～）迄今。

王漢松細木作家族橫跨日治時期、國民政府時期至今，擁有近百年的歷史。今日細木作匠師專精於榫卯與鑲嵌兩種技藝的不多，受政府指定亦少，王漢松家族目前是鹿港地區傳承三代且受政府指定之傳統匠師與技術保存者，本研究即是以王漢松家族為例，進行一系列之探討與研究。

第一節　研究動機與目的

在臺灣開發史中，鹿港從乾隆 49 年（1784）正式與泉州蚶江對渡開港，到道光 30 年（1850）淤止，來自泉州的移民大量湧入，造成了鹿港居民百分之八十為泉州籍，約半個多世紀的時間，是鹿港的全盛時期，稱為「鹿港期」，八郊商業交易蓬勃熱絡，維持著富庶繁榮，隨著仕紳富商鳩資新建或重修寺廟，帶動了寺廟工藝文化的興盛，成批大陸木匠司阜渡海來鹿港工作，甚至於落籍於鹿港，傳承著各派與各脈的工藝技藝，使鹿港成為傳統工藝發展的重鎮之一。在清朝道光間的鹿港魯班公神明會小木花匠團錦森興諸先賢掛軸中，小木即是細木作。道光 23 年（1843）鹿港「施順興小木店」開業。日治時期，鹿港家具業開始有「頂角吳隨意，下角蔡義和」之稱，證明鹿港細木作家具興

盛之況。終戰後，隨著社會經濟型態從手工產業轉變為工商經濟，在現代社會浪潮沖激之下，鹿港百年細木作工藝已然不勝往日榮景，且尚無探討匠師之步履蹤跡。

　　本論文旨在探討與建構鹿港王漢松家族史及王漢松細木作工藝藝術史，研究王漢松的藝業發展，了解匠師轉型成為藝師的歷程與第二代的傳承發展。經耙梳相關資料，王漢松出生於日治大正 12 年（1923），歷經日治時期「皇民化政策」，當時對民俗信仰之相關工藝。悉皆陷溺於一蹶不振之衰敗絕境（王建柱，1982：頁 39～41）；第二次世界大戰太平洋戰爭日本總督府治下臺灣物資的管制配給，謀生不易（1941～1945）；終戰後又因物資缺乏，物價上漲為戰前 10 倍，四萬元舊臺幣兌換一元新臺幣，人民生活更加困苦（1945～1949）。

　　國民政府在臺初期的「大中國文化政策」忽視臺灣傳統文化，而臺灣由農業社會轉變為工商業社會，農村年輕一代向都市轉移謀求發展，致使傳統工藝後繼無人。加上兩岸政策開放，臺商家具製造業蜂擁至大陸投資，以低廉價格再回銷至臺灣，造成臺灣本土家具廠難以生存（1986）。

　　在王漢松的一生 80 年歲月，歷經日治時期、太平洋戰爭、臺灣進入國民政府時期，臺商出走投資再低價傾銷臺灣，同時也是臺灣政治與經濟變動最大的時期，然而王漢松堅持一以貫之的工藝匠師的傲骨精神，將本身之技藝傳承於長子王肇鈵、次子王肇楠以續，兩位昆仲獲得文化部文化資產局審定「細木傳統匠師」資格（2013）；獲得彰化縣政府雙認定：彰化縣傳統工藝「細木作」保存者、登錄為彰化縣文化資產保存技術「傳統家具製作及修復技術」保存者（2019）。

　　本論文通過第一手資料耙梳相關文獻、文物，彙整家族世傳、習藝學成、技藝成就、特色分析、傳承授業之具有代表性的階段，以及王漢松家族史編撰，與鹿港郭春江彩繪家族聯姻，進行探討與研究，冀望本研究裨益於當今細木作技藝與郭家彩繪工藝的歷史研究與傳承。

　　本論文共分成六個章節，除第一章緒論與第六章結論之外，第二章敘述鹿港細木作工藝與王家來臺發展歷程，從鹿港細木作工藝的發展、王家來臺發展歷程、王家與彩繪郭家聯姻與影響。

　　第三章將敘述王漢松藝術生命史與作品發展脈絡，從出生、鹿港第二公學校畢業、習藝時期、出師擔任雇工時期、漢式家具之外的日、美家具再精進時期、技術茁壯展露頭角時期、工藝成熟時期、個人榮譽時期。

第四章則敘述王漢松工藝研究，依序探討傳統細木作規制與常用木材及手工具、傳統細木作的榫卯樣式與名稱、王漢松細木作家具製作工法、傳統家具修復與修復技術、王漢松細木作家具特色。

第五章敘述鹿港王漢松家族細木作技藝傳承世序，王肇鉌技藝歷程、王肇楠技藝歷程、張春能技藝歷程、王漢松傳承第二代的特色。

第二節　研究回顧

一、以鹿港木作業歷史為研究主題

首先李昭容的研究《鹿港木作家具業的歷史考察（1895～2003）》〔註3〕，此文由了解鹿港木作家具業的產業變遷歷程，並延伸探討鹿港家具業之匠師派別及師徒傳承的特殊性，以期提供未來鹿港木作家具業之遠景。

而諸葛正的研究《台灣木工藝產業的生根與發展過程解讀（1）——文獻中清治時期（1895 年以前）所呈現的場景》〔註4〕，已建構清治時期完整臺灣木工藝產業史。另諸葛正延續的研究：《臺灣木工藝產業的生根與發展過程解讀（2）——日治前期（1895～1912 年）的「產業」醞釀與成長》〔註5〕，研究成果彙整出四點：1.瞭解臺灣從清治時期進入日治前期之後，在輸入材料與器物上的依賴逐漸從中國轉到日本。2.受到異國統治影響，臺灣既有的產品形制與製造技術開始出現日化、西化的形式轉變。3.清治時期的個人式經營方式逐漸有朝工廠化、產業化方向變化的跡象出現。4.西方近代教育制度與思想的引入，也開始影響既有的傳承模式。同時諸葛正二篇討論，也分別以日治時代臺灣木工藝為核心，《日治中期臺灣木工藝「產業」的成形與「用料」上的變化》〔註6〕，主要集中於日人統治臺灣的中段時期（從 1912 年至 1926 年的期間），彙整出三項重點：1.本島地產木材逐漸進入木工藝產業中，2.木工藝產業

〔註 3〕李昭容，《鹿港木作家具業的歷史考察（1895～2003）》，（2004 年彰化研究兩岸學術研討會——鹿港研究，2004 年）頁 25-1～31。

〔註 4〕諸葛正，《臺灣木工藝產業的生根與發展過程解讀（1）——文獻中清治時期（1895 年以前）所呈現的場景》，（設計學報第 10 卷第 4 期，2005 年）。

〔註 5〕諸葛正，《臺灣木工藝產業的生根與發展過程解讀（2）——日治前期（1895～1912 年）的「產業」醞釀與成長》，（設計學報第 11 卷第 4 期，2006 年）。

〔註 6〕諸葛正，《日治中期臺灣木工藝「產業」的成形與「用料」上的變化》，（設計與環境學報第 9 期，2008 年）。

逐漸在地化成長，3.臺灣木工藝產業的規模逐漸成形，而《日治後期臺灣木工藝產業的環境成長與臺灣木工藝產業的環境成長與相關產品、技術上的變化》〔註7〕。

二、以傳統家具文化為主題

簡榮聰的《臺灣傳統家具》〔註8〕，本書將臺灣傳統家具分為臺灣北、中、南、客四大部分，北部體涵蓋新竹以北大溪宜蘭地區，中部體包括豐原、清水、鹿港三大特色，南部體「以茄苳嵌石榴」為代表，客家體包含桃、竹、苗、東勢、南部六堆等客家莊為主。

而江韶瑩的《博物館與傳統家具文化志》〔註9〕，臺灣對傳統家具收藏的歷史於近二十年來頗為熱絡，初期肇始於王世襄經典著作《明式家具》在臺灣出版，許多收藏家按圖索驥開始狂熱的收藏以北京匠師仿作的中國北方明、清家具等等。另一方面，流傳於臺灣的本地傳統家具，從嚴重流失情形，隨著明清家具的行情與保存文化資產的意識而獲得改善。

三、以細木匠師為研究主題

陳啟雄的一系列研究《臺灣傳統家具（一）書櫥篇》〔註10〕、《臺灣傳統家具（二）餐桌椅篇》〔註11〕、《臺灣傳統家具（三）梳妝台篇》〔註12〕、陳啟雄《臺灣傳統家具（四）扶手椅篇》〔註13〕、陳啟雄《臺灣傳統家具（五）几凳篇》〔註14〕，以各類家具為主題，作比較完整的分析研究，然後以拋磚引

〔註7〕諸葛正，《日治後期臺灣木工藝產業的環境成長與臺灣木工藝產業的環境成長與相關產品、技術上的變化》，（朝陽學報第3期，2008年）。

〔註8〕簡榮聰，《臺灣傳統家具》，（中壢市，2000年）。

〔註9〕江韶瑩，《博物館與傳統家具文化志》，（家具之美——台灣傳統家具研討會論文集，2006年），頁1～20。

〔註10〕陳啟雄，《臺灣傳統家具（一）書櫥篇》，（國立雲林科技大學工業設計技術系家具設計工程研究室，1995年）。

〔註11〕陳啟雄，《臺灣傳統家具（二）餐桌椅篇》，（國立雲林科技大學工業設計技術系家具設計工程研究室，1996年）。

〔註12〕陳啟雄，《臺灣傳統家具（三）梳妝台篇》，（國立雲林科技大學工業設計技術系家具設計工程研究室，1997年）。

〔註13〕陳啟雄，《臺灣傳統家具（四）扶手椅篇》，（國立雲林科技大學工業設計技術系家具設計工程研究室，1998年）。

〔註14〕陳啟雄，《臺灣傳統家具（五）几凳篇》，（國立雲林科技大學工業設計技術系家具設計工程研究室，1999年）。

玉的方式，古風新用，設計製作完成合乎現代家居環境之几凳家具。

羅彩雲〈臺灣傳統紅眠床之研究（以中部地區為例）〉〔註15〕，採用田野調查的方式，針對傳統匠師、使用者作訪談，並採集實物樣本作分析與比對。對臺灣中部，北至大安溪南至北港溪，東以中央山脈為界，西至臺灣海峽，在此地區內的紅眠床進行分析與探討。

王肇楠《臺灣傳統細木作榫卯集》〔註16〕，以王漢松從事傳統細木作六十餘年之經驗，指導其子王肇楠將應用於臺灣傳統傢俱之榫卯樣式，分門別類，製成實物，共分為六大類，35 種榫卯樣式，顯現臺灣傳統工藝榫卯技藝之精工與細作。並將臺灣鹿港泉州派匠師術語與大陸地區之術語分別列入，以供對照，為本書最大之特色，並成為臺灣第一本細木作技藝榫卯專書。

陳勇成〈臺灣早期傢具之研究〉〔註17〕，探討研究與認識臺灣早期家具的一些問題，以及對於我們現今社會的時代意義。

王肇楠《王漢松作品集》〔註18〕，為完整而有系統的紀錄王漢松所保有與敘述之具臺灣本土文化代表性之得獎作品：「漢式太師椅」為範例。除以專文詳敘、介紹之外，並繪成墨線、分解圖，將各構件之臺灣專有名稱與應用榫卯之專用術語，及傳統手工具等，予以彙集成冊。

侯念祖〈以工匠為師：對鹿港小木工匠的經驗考察〉〔註19〕，透過對於鹿港小木工匠的經驗考察，做為一種勞動具有較非異化的特質之外，還包含了教育、知識、道德、全人養成以及文化、藝術等等面向上的重要價值。

許智強〈傳統細木工匠變遷與轉型之研究——以台南永川行為例〉〔註20〕，在於探討傳統細木作匠師之施作過程與其相關變遷，以及傳統細木作匠師在面臨了時代的變遷、政治的改變、社經的轉換下，所作出的適應行為與適

〔註15〕 羅彩雲，〈臺灣傳統紅眠床之研究（以中部地區為例）〉，（國立雲林技術學院工業設計技術研究所碩士論文，1997 年）。

〔註16〕 王肇楠，《臺灣傳統細木作榫卯集》，（彰化鹿港，左羊藝術出版社，1998 年 7月）。

〔註17〕 陳勇成，〈臺灣早期傢具之研究〉，（中國文化大學藝術研究所碩士論文，1998年）。

〔註18〕 王肇楠，《王漢松作品集》，（1999 年）。

〔註19〕 侯念祖，〈以工匠為師：對鹿港小木工匠的經驗考察〉，（東海大學社會學系博士論文，1999 年）。

〔註20〕 許智強，〈傳統細木工匠變遷與轉型之研究——以台南永川行為例〉，（國立雲林科技大學工業設計技術研究所碩士論文，1999 年）。

應的過程。

　　王肇楠《堅持一種人文關懷王漢松的藝術生命史》〔註21〕，敘述王漢松所經歷的各時期時代背景與堅持以續的精神，將細木作技藝傳承至第二代，透過有計畫性的傳習、保存、推廣全民教育，在國際的舞台上展現出屬於優質的臺灣本土文化。

　　李元亨《大巧不工魯班千年細木作藝人王漢松技藝傳習計畫》〔註22〕，為王漢松傳習計畫主持人所發表，內文討論王漢松技藝傳習計畫之執行緣由，受國立傳統藝術中心籌備處規劃執行兩期之王漢松技藝傳習計畫，內容有各式榫卯習作，各種傳統家具製作，學員共有二十人次（2000～2001）。

　　王肇楠《臺灣梳妝台的研究與修復以富貴喜春──細木作為例》〔註23〕，以本書所研究之主題「富貴喜春──梳妝台」為例，王漢松指導王肇楠傳統細木作修復技術與各部位名稱，其中指出「梳妝台──運用尺寸」乙節中所之「有利」涵意的探討，證明了細木作匠師以人文關懷為出發之具體引例。

　　王肇楠《民間藝術傳統細木作之保存、活化與創新──以細木作家具藝人王漢松技藝傳習計畫與跨領域傳習計畫為例》〔註24〕，本文以「臺灣傳統細木作家具藝人王漢松技藝傳習計畫」與「臺灣傳統細木作家具、漆器技藝跨領域傳習計畫」為例，以實務工作提供經驗與綜述，為結合細木作與漆器兩項傳統工藝之傳習計畫所執行所得的各種成果，作為未來國內傳統藝術薪傳研究方向性之參考。

　　王肇楠《鹿港傳統工藝細木作之傳承與發揚──以藝師王漢松之技藝成就與技藝傳承為例》〔註25〕，探討王漢松之技藝成就與傳承作一深入之研究與探討。推而廣之擔任行政院文化建設委員會指導國立傳統藝術中心所執行之「臺灣傳統細木作家具藝人王漢松技藝傳習計畫──傳藝師」，具體的展現出

〔註21〕王肇楠，《傳統藝術雙月刊》，（第 16 期，2000 年），頁 29～32。

〔註22〕李元亨，《傳統藝術雙月刊》，（第 16 期，2000 年），頁 25～28。

〔註23〕王肇楠，《臺灣梳妝台的研究與修復以富貴喜春──細木作為例》，（臺北市，南天書局有限公司，2003 年）。

〔註24〕王肇楠，《民間藝術傳統細木作之保存、活化與創新──以細木作家具藝人王漢松技藝傳習計畫與跨領域傳習計畫為例》，（民間藝術保存傳習計畫綜合論壇──界限的穿透研討會，國立傳統藝術中心，2003 年），頁 39～52。

〔註25〕王肇楠，《鹿港傳統工藝細木作之傳承與發揚──以藝師王漢松之技藝成就與技藝傳承為例》，（2004 彰化研究兩岸學術研討會──鹿港研究，彰化縣文化局，2004 年），頁 5-1～5-25。

鹿港藝術的豐富與精緻的工藝之美。

　　胡麗人〈臺灣傳統太師椅之調查研究——以中部地區為例〉〔註26〕，以臺灣中部地區現存之具有地域特色之太師椅為主題，並透過匠師與收藏家之訪談，以探討工料、工序、工法、形式轉變、祈祝裝飾題材、入宅與婚嫁意義等。

　　鄔琦琪〈美軍家具對台灣木製家具產業之影響〉〔註27〕，1959年美國與越南爆發越南戰爭，因而揭開美軍家具產業在臺灣的發展，穩定臺灣經濟發展及原有木製家具產業發展，以技職教育而言提升師傅的養成，木製家具樣貌的演化及匠師的轉型等。

　　王麒愷〈鹿港木工岫：家族企業頭家與木工師傅的關係生產〉〔註28〕，藉由深入觀察家族企業中頭家與木工師傅生產關係，從中歸納出工廠頭家的生存之道，以及木工師傅們的技術轉化與自我認同。

　　綜觀上述之前人研究，關於地域性細木作匠師的家族史，藝術生命史與傳承世系，除了王肇楠有比較貼近的研究，尚無完整的專文論述。故本研究以筆者傳承的鹿港王漢松家族細木作工藝進行探討與研究，作為本論文之對象。

四、相關細木作領域為研究主題

　　曹志明〈傳統尺寸演變與其意義關係之研究——以魯班尺式為中心〉〔註29〕，本研究將歷代之尺具長度加以整理，透過文獻探討先將關於傳統尺寸的論述概念釐清，並將曲尺、門光尺、文公尺等長度不同、用法不同卻有相關聯的尺具，統稱為「魯班尺式」做為論述的重點。

　　翁偉豪〈臺灣傳統木工鉋刀之研究〉〔註30〕，對臺灣傳統木工鉋刀進行探討，研究樣本各式鉋刀59件，分別以內容分析法、田野調查法、深度訪談法及實驗法進行分析。

〔註26〕 胡麗人，〈臺灣傳統太師椅之調查研究——以中部地區為例〉，（大葉大學設計暨藝術學院碩士論文，2010年）。

〔註27〕 鄔琦琪，〈美軍家具對台灣木製家具產業之影響〉，（朝陽科技大學工業設計系碩士論文，2016年）。

〔註28〕 王麒愷，〈鹿港木工岫：家族企業頭家與木工師傅的關係生產〉，（國立臺灣大學建築與城鄉研究所碩士論文，2019年）。

〔註29〕 曹志明，〈傳統尺寸演變與其意義關係之研究——以魯班尺式為中心〉，（國立雲林科技大學視覺傳達設計系碩士論文，2005年）。

〔註30〕 翁偉豪，〈臺灣傳統木工鉋刀之研究〉，（國立臺北科技大學創新設計研究所碩士論文，2010年）。

　　黃彥霖〈臺灣·鹿港傳統鉋刀產業發展之研究〉〔註31〕，本研究以鹿港地區鉋刀產業為研究對象，探討臺灣鉋刀的形成原因、鉋刀發展歷史、鉋刀司阜傳承體系、機械設備的發展與影響、鉋刀產業的材料、工法及用語等五個主要項目。

五、以傳統彩繪為研究主題

　　關於鹿港彩繪郭連城家族之相關研究論文與文獻資料，本研究經過蒐集整理之後，有如下之碩士論文與相關書籍發表：

　　陳美玲〈鹿港郭春江（柳司）民宅彩繪研究〉〔註32〕，本研究針對郭家第二代畫師郭春江的民宅彩繪裝飾進行研究，包括郭家來台歷程及發展、郭春江生命史及作品整理、民宅彩繪裝飾題材及原則探討、彩繪畫作特色分析等，最後並嘗試建立郭春江彩繪作品的工藝性與藝術性價值及其畫師定位。

　　蔡雅蕙〈鹿港郭新林民宅彩繪研究〉〔註33〕，本研究主要針對郭氏家族第三代的畫師郭新林所施作的民宅彩繪進行研究，其課題包括郭氏家族的簡介及郭新林的生平、郭新林民宅彩繪的主題與在建築空間中的分佈情形、彩繪作品的特色分析等，最後並試著建立郭新林在彩繪藝術上的成就與工藝價值。

　　黃瀅蓁〈柯煥章傳統建築彩繪風格──從傳統設計美學的觀點〉〔註34〕，本研究針對鹿港畫師柯煥章在傳統民居彩繪與宗祠中的彩繪案例作品，運用設計文化符碼解析柯煥章畫師對於彩繪作品的造型元素與作品的題材取樣、故事詮釋意義，導向對於作品在技術性的特色與想法等。

　　周孟勳〈彰化畫師柯煥章彩繪之研究〉〔註35〕，本研究針對鹿港郭氏彩繪門下外姓弟子柯煥章多以「忠、孝、節、義」涵義之故事為創作內容、裝飾技法等為構成作品之主要因素，探討柯煥章建築彩繪畫作，特別在「水墨畫作」中分析其藝術特色，進而歸結柯煥章彩繪之藝術價值。

〔註31〕 黃彥霖，〈臺灣·鹿港傳統鉋刀產業發展之研究〉，（國立雲林科技大學文化資產維護系碩士論文，2016 年）。

〔註32〕 陳美玲，〈鹿港郭春江（柳司）民宅彩繪研究〉，（私立中原大學室內設計研究所碩士論文，中華民國 88 年 7 月）。

〔註33〕 蔡雅蕙，〈鹿港郭新林民宅彩繪研究〉，（國立藝術學院傳統藝術研究所碩士論文，中華民國 89 年 7 月）。

〔註34〕 黃瀅蓁，〈柯煥章傳統建築彩繪風格──從傳統設計美學的觀點〉，（國立雲林科技大學建築與室內設計系碩士班碩士論文，中華民國 100 年）。

〔註35〕 周孟勳，〈彰化畫師柯煥章彩繪之研究〉，（國立臺灣藝術大學古蹟藝術修復學系碩士班碩士論文，中華民國 101 年 12 月）。

　　鄭昆晉〈鹿港畫師郭啟薰之彩繪作品研究〉[註36]，本研究針對鹿港郭氏家族第三代郭啟薰之傳統彩繪畫師。郭啟薰的精湛彩繪技法與細膩嚴謹之彩繪風格，題材內容多樣，多蘊含有吉祥之深意，而風格與取材同時深受傳統書畫譜與畫冊之影響，筆墨運用間，具有濃厚之傳統書畫氣息。而在題材之使用上，受時代潮流變遷之影響，除了早期學習書畫風格之運用，並將日治時所流行之西洋技法與畫作題材帶入彩繪之建物中，使彩繪之內容更具多元性。

　　施映竹〈鹿港郭新林畫師彩繪之研究〉[註37]，本研究針對鹿港郭氏彩繪家族第三代郭新林傳統彩繪畫師，其精湛的彩繪技藝與深厚的文學素養備受時人肯定與推崇。鑒於現有資料多以調查郭新林生平與作品分布為主，較少針對作品本身進行深入探討，故本文以分析作品為主軸，探討郭新林畫師習慣採用之題材、內容、構圖、表現手法等，望以歸結出郭新林彩繪之藝術價值與內涵。

　　李奕興《台灣傳統彩繪》[註38]，本書經由地毯式田野調查，深入淺出地述說了建築色彩裝修的緣起，以及台灣彩繪的類型樣式、樣式、塗料、顏料、地仗施工處理、工具及裝飾技法等。

　　經由前述之資料觀察，臺灣鹿港的郭家彩繪家族，自渡臺始祖郭連城[註39]傳承給第二代郭鐘、郭春江[註40]、郭福蔭、郭盼，第三代郭光傳、郭瑞麟、郭啟輝、郭啟薰、郭新林[註41]，第四代郭佛賜、郭炮、郭天成、郭竹坡。郭家在臺灣中部彩繪界之盛名，拜師學藝者甚眾，姻親王慈其再傳三子王錫

[註36] 鄭昆晉，〈鹿港畫師郭啟薰之彩繪作品研究〉，（國立臺灣藝術大學古蹟藝術修復學系碩士班碩士論文，中華民國102年4月）。

[註37] 施映竹，〈鹿港郭新林畫師彩繪之研究〉，（國立臺灣藝術大學古蹟藝術修復學系碩士班碩士論文，中華民國106年1月）。

[註38] 《台灣傳統彩繪》：李奕興著，藝術家出版社，中華民國84年6月初版。

[註39] 郭連城：？～1892，原籍福建泉州日湖，家族世代以彩繪為業，於道光十年（1830）受邀完成鹿港龍山寺彩繪。於道光末年至咸豐十年之間，偕同其妻子施糧，帶領長子郭鐘、次子郭春江、三子郭福蔭、四子郭盼等人定居於鹿港。引自《鹿港郭春江（柳司）民宅彩繪研究》，陳美玲著，頁8，私立中原大學室內設計研究所碩士論文，中華民國88年7月。

[註40] 郭春江：1849～1915，父親為第一世郭連城，郭春江本名郭柳（郭柳為王漢松家族所保存之日治時期戶籍資料所記載），別名友梅，人稱柳司，而梅柳渡江逢春，更被寓意興盛吉祥，故用春江或江春氏為名。生有二子，長子郭啟薰（1890～1971），次子郭新林（1898～1973），郭窓為次女（1871～1943）。

[註41] 郭新林：1898～1973，自小隨其伯父郭福蔭研讀漢學，再師承其父郭春江學習彩繪技術，於明治38年（1905）就讀鹿港公學校至畢業。

河，外姓弟子柯煥章、施福成、溫寬。郭家彩繪家族成員成為研究對象並有論文發表，計有郭春江、郭新林、柯煥章、郭啟薰四位，共六本。郭連城家族在臺灣彩繪家族中，成為研究對象並研究成文的比例甚高，其中郭新林一人即有兩本研究論文探討與發表，代表郭家彩繪的內涵繽紛多彩而各具特色。

第三節　研究方法與研究架構

一、資料蒐集、分類及研析

　　資料的蒐集分為實地田野調查所得的第一手資料與相關文獻、影音、影像等資料，其次為圖書資料。影音、影像資料的來源大多是田野中的錄音、攝影等；而實地田野調查的資料蒐集方法如下：

　　（一）訪談或參與觀察時以田野紀錄表紀錄相關的人、事、地等環境資料及訪談內容。

　　（二）對受訪對象（人或地點）及其相關文物，如族譜、地契資料、老照片、手稿等……進行拷貝或拍照記錄。

　　（三）實地考察地點時以錄音、拍照、繪圖等方式紀錄，並訪問相關匠師等。

　　（四）根據蒐集資料及訪談內容佐以歷史背景資料撰成田野記錄，並與指導教授討論，以達成「深入研究」之目的。

二、研究方法

　　本研究將採藝術史中的人物傳記分析（Giorgio Vasari 喬爾喬・瓦薩里）[註42]，針對藝術家個人／家族生命史的方式入手，臺灣有不少木雕研究也採用類似生平列傳方式呈現如李秉圭[註43]；施鎮洋[註44]。此外，本研究也將透過藝術史風格分析方法（Maye Schappiro 邁耶夏皮羅）[註45]針對三種切

〔註42〕溫尼・海德・米奈著，《藝術史的歷史》，（上海人民出版社，2007年），頁86～92。

〔註43〕李建緯，《入木的刻刀【重要鑿花技術保存者——李秉圭】》，（文化部文化資產局，2017年9月）。

〔註44〕施鎮洋，《人間國寶:施鎮洋木雕藝術專輯》，（彰化縣文化局，2014年5月）。

〔註45〕Maye Schappiro 邁耶夏皮羅（1904～1996），美國20世紀最著名的藝術史家和藝術批評家之一。他的現代主義、形式主義的觀點與中世紀圖像學家的方法，為他帶來了對藝術，特別是對現代藝術的豐富詮釋。

入面向：形式要素或主題、形式關係以及特質〔註46〕，對作品區分成組合關係、以及整體品質，作為分析家具細木作作品的樣式特點作為理論依據。

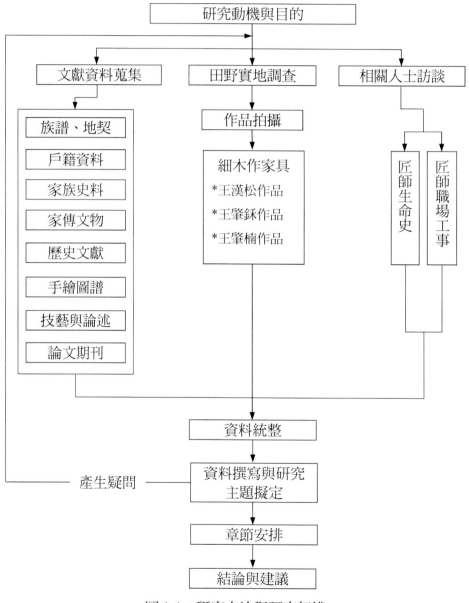

圖 1-1：研究方法與研究架構

〔註46〕這種風格的概念並非隨意而來，而是來自研究的經驗。要使藝術品和個人或一種文化產生聯繫，這三個方面提供了最寬廣的、最穩固的，從而也是最可靠的批評標準。

第四節 細木作釋義

一、唐山司阜

　　江韶瑩研究指出臺灣早期家具是明清家具的一脈。在乾隆中葉至道光年間，臺灣與內地的貿易頻繁，郊行不論內郊或外郊紛紛設立，民間生活用品、家具、手工藝品大部分依賴泉州、廈門輸入本地；直到道光年間，從泉州、福州、漳州、廣州來的師徒幫獨占生產和販賣，並且也紛紛在臺落腳定居下，開業授徒，而稱為「唐山司阜」。唐山司阜把內地的家具製作技術和明清的風格也一併帶過來，是為家具製造的肇始。臺灣古老民居多建於晚清，當時由大陸移入或唐山司阜在本地製作的家具甚多，由於選料求精，技法亦考究，從容製作，目前仍留有一些保存良好的桌椅家具。以製作類型而言，臺灣早期家具可分為臺南期的南部型和鹿港期的中部型；臺灣南部的家具以樟、檀、烏心石較多，受廣式家具影響較深，型大，而有複雜的鑲嵌和雕花，其中又以「茄苳入石榴」的手法為著稱。臺灣中部的家具則以肖楠、烏心石較盛，以古代宋之泉州遺緒為典範，明朗而簡潔，承祧明代家具的風格〔註47〕。

二、木工相關行業名詞

　　《禮記‧曲禮下》〔註48〕：「天子之六工：曰土工、金工、石工、木工、獸工、草工，典制六材」。其中木工負責製作木器，包括輪子、車、弓與房子。根據《辭海‧工部》：「工，匠也。凡執藝事成器物以利用者，皆謂之工。」木工，又名木匠；具有專門手藝的工人：木匠、鐵匠、能工巧匠。

（一）清領前的木工匠

　　宋代李誡《營造法式》〔註49〕將建築的木料工程分為大木作（第四、五卷）和小木作（第六至第十一卷）兩大類。清代《工部工程做法》大體沿用，木構建築仍以大木作為主〔註50〕。至於《清代匠作則例》則仍沿用大木作（或

〔註47〕江韶瑩，《家具之美——臺灣傳統家具研討會論文集》，（國立歷史博物館，2006年），頁3～5。

〔註48〕禮記：儒家經典之一，是孔子學生及戰國時期儒家學者解說《禮經》和「禮學」的文集。

〔註49〕李誡，《營造法式》，是中國第一本詳細論述建築工程做法的官方著作。此書於北宋元符3年（1100年）編成，崇寧2年（1103年）頒發施行，由將作監少監李誡所作。

〔註50〕清代《工部工程做法》，清雍正12年（1734），工部頒布《工程做法》七十四卷。

稱大木作法）及小木作的用語〔註51〕。但因清領時期有關臺灣工匠史書記載資料缺乏，故清朝時期對木工藝匠師的工作職掌與名稱，主要是依據清朝末期所刊行的《安平縣雜記》中，記載有關木工匠名稱及工作項目〔註52〕。明治32年（1902）《南部臺灣誌》也沿用其寫法，使用名稱包含小木匠、鋸匠、鑿花匠、桶匠、木屐司阜、棺木司阜、刻印司阜等稱謂〔註53〕。在臺灣的傳統建築工程中，則通常將木作區分為大木作、小木作（細木作）與木雕（鑿花）三類〔註54〕。

（二）日治時期的工匠名稱

在《安平縣雜記》中，已經記載有關木工匠名稱及工作項目等，後來於明治32年（1902）所刊行的《南部臺灣誌》也沿用其寫法，使用如小木匠、鋸匠、鑿花匠、桶匠、木屐司阜、棺木司阜、刻印司阜等稱謂。而在進入日治時期後的這本調查報告內容中，則又在其基礎上分類更加細分化。像其談及木匠項目時，就分為粗木匠、嫩木匠、細木匠三種，粗木匠是指專作鋸板、造門、鋪地板者；嫩木匠則指佛閣廟殿的棟樑雕刻、人物花鳥雕刻等工作者；最後的細木匠則專指製造各種椅子桌几、器具的家具師。

依據大正4年（1915）「第二次臨時臺灣戶口調查名字彙」第二款「工業」之第18項「土木建築業」第116目至122目，稱大工。日文「大工」（亦為中文之木匠、木工、匠人、梓匠、梓人；英文稱為 carpentry），意思為建造、修理木造建築的執行者，為主導傳統建築的執行、修復者。日治時期戶籍登記的「大工職」一詞與傳統建築大木匠師（工匠、司阜）一詞相近，皆為傳統木建築的執業者。另外，在臺灣戶政機構日治時代戶籍登記之職業名稱，尚有木工、指物大工，建具指物工、建物大工、家具大工、創物大工、大工見習等稱謂，其意涵均屬於從事建築木造或細木工作者的職業名稱。

〔註51〕《清代匠作則例》，王世襄主編的一套十卷清代關於土木工程，園林建設，城牆工程，河道工程，軍器製造，以及佛作，金銀作，漆作等工藝的做法和成例的抄本影印集。

〔註52〕《安平縣雜記》，安平縣於清光緒13年（1887）由原臺灣縣改稱，為臺南府附郭之邑。本書主要記載當時臺南地區之生活風俗包括節令、風俗、租稅、祭祀典禮、警察事務等二十五題。

〔註53〕花崗伊之作，《南部臺灣誌，第七篇產業，第五章工業，第二節工匠の種類》，（臺南廳編纂，1934年）頁377～378。

〔註54〕文化部再造歷史現場全球資訊網：http://www.rhs-moc.tw/index.php?inter=project&id=0&did=31，（查詢日期：111年3月15日）。

（三）當代工匠名稱

　　李乾朗針對傳統木造建築工作，依工作性質進行匠師類型歸類，如樑柱工程（包含柱、樑、枋、桷木及斗栱等部分），稱為大木作，負責設計兼主要施工的匠師，則稱為大木作工匠（大木匠師或大木司阜，即主要的建築工程總掌舵者），若能製作篙尺並現場丈量各種細部尺寸者，則稱為「持篙司阜」，具有決定房屋尺寸權力的匠師〔註55〕。文化部國家文化資料庫設置之臺灣大百科全書網站，「細木作」辭條指出細木作為傳統木作的工法之一，除與傳統建築木雕融合，也指傳統家具類的製作。傳統木作約可分為粗木作、細木作和木雕三類，細木作又稱為小木作或幼木作，與大木結構並存，但其界線很不明顯。細木作的匠師在建築之外，也承攬如家庭用的桌椅、供桌、神龕、紅眠床及寺廟祭具、神案、神轎、樑柱雕花、匾聯雕刻，或是器物、單純的藝術品等等，因而工作範圍很大〔註56〕。

　　關於木作相關匠師的分類，依據文化部文化資產局公告之傳統匠師資格與木業相關者為：漢式大木作、日式大木作、小木作、細木作和鑿花作〔註57〕。

　　本文所研究的王漢松技藝，主要以家具一類可移動屬性的榫接木構件為主，因此以「細木作」定義之。

〔註55〕李乾朗，《臺灣古建築圖解事典》，（遠流出版公司，2011年）。
〔註56〕李乾朗撰稿，引自文化部臺灣大百科全書 https://nrch.culture.tw/twpedia.aspx?id=4812，（查詢日期：111年3月12日）。
〔註57〕引自文化部文化資產局，傳統匠師名冊，https://www.boch.gov.tw/information_166_114039.html，（查詢日期：111年3月20日）。

第二章 鹿港細木作工藝與王家來臺發展歷程

　　論傳統細木作家具，可視為傳統工藝的一個項目；傳統工藝一詞並無一定的指涉範疇；但在內涵語意（connotation）上通常可以類比（analogy）為傳承於民間的、具有地方色彩和民俗意象的工藝美術成品，或者以民藝[註1]或民間工藝稱之，是承續過去鄉民社會（peasants）發展出「小社會傳統」的普遍技術或式樣，以與當代的或通俗的流行藝品或知識社會的創作有所區隔。

　　至於對傳統的解釋，意即從過去延傳三代以上到現在的事物，以及所有的象徵建構（symbolic constructions）。傳統像一條將宗教信仰、哲學思想、藝術風格、社會制度相扣的鎖鏈，在其世代相傳的過程中保持某些共同的主題、淵源，有相近的出發點和表現方式，構成創造與再創造自己的文化密碼，雖然會有變異，但在變體之間仍有一條共同的鎖鏈聯結其間，而保持某種連續性與同一性。

　　傳統藝術構成的基本要件包括：歷史傳統、社會情境及文化脈絡三者，因之，傳統工藝意含仍流傳於民間生活之中的工藝、美術與建築，同樣的具有民族和民俗文化的性格。此外，傳統工藝還有一重要的特質與內涵，即反應民俗

[註1]「民藝」原義為「民眾的工藝」，始自1925年日本學者柳宗悅的民藝運動，他認為民間工藝有它特殊的美感及文化價值，主張「美」可以從民間工藝去尋求，從日常生活裡的一般器物，也可以發現藝術的存在。已故工藝名者顏水龍先生也是指「民眾工藝」及「生活工藝」。本論點則從歷史傳承的觀點視之為「民間工藝」。

的意象、表現和習俗等傳統〔註2〕。

在本章中，關於王家家族歷史之建構，依採集自王肇楠提供第一手未發表之資料，計有一世祖王廷傑立於乾隆13年（1748）鬮書乙份、三世祖王朝於嘉慶10年（1805）之杜賣盡根契、七世祖王連江與妻郭窓聯姻之日治時期戶籍資料、王氏家族簡譜、八世祖王茲枝的羅盤與龜卦等、王茲枝之弟王慈其「輕舟訪友」（左右兩側）與其舅郭新林「土母上殿」（中央）於西螺廣福宮正殿神龕上方枋梁畫作，為全臺「舅甥合繪」之孤例（1938），將於各節依序述明，以例證王家三百餘年之家族特色。

第一節　鹿港細木作工藝的發展

一、發展背景之探討

在《鹿港木作家具業的歷史考察（1895～2003）》（李昭容，2004）中提到：鹿港的木藝發展史之深厚，可以上溯至清代，與其港市貿易與移民發展史息息相關。17世紀時，鹿港已有移民定居。鹿港興安宮建立於康熙23年（1684），是目前鹿港可考最早的媽祖宮，此一歷史證據反應了該區域的興化移民聚落可能是最早在鹿港形成的聚落之一（漢寶德，1978）。

鹿港手工藝的發展來自於寺廟文化的發達，乾隆49年（1784）鹿港正式與泉州蚶江對渡後，臺灣文化之鹿港期邁向巔峰，大型廟宇與市街在此時成型。以目前可尋的「小木花匠團錦森興諸先賢（如圖2-1～2-2）」為例〔註3〕，清楚標示出鹿港最早的小木花匠從業人員及傳承，名單上溯到道光年間的小木花匠師，最早的兩位匠師為李克鳩及施光貌。李克鳩（1802～1881）在道光年間從福建省永春州官林渡海來臺，參與龍山寺之重修工作（如圖2-3），而後居於鹿港崎雅腳。龍山寺於道光9年（1829）由八郊與日茂行倡行擴建，〔註4〕

〔註2〕民俗的形成是在一定範圍的地域、同一個族群、在共同的環境中經過長久的歲月，經由自主的選擇、沉澱、累積、互動，逐漸養成固定因應生活的心態、方式和知識，而形成一定的風俗習慣、信仰體系和價值觀念。（江韶瑩，1999c）

〔註3〕李昭容，《鹿港木作家具業的歷史考察（1895～2003）》，該表之製作年代按李松林言應在大正11年（1922），目前更隨「鹿港錦森興魯班公會」值年爐主，每年農曆五月初七日，同業祭拜魯班神時，列為陪祀對象，頁25-4。

〔註4〕李昭容，《鹿港木作家具業的歷史考察（1895～2003）》，見龍山寺北廊的〈重修龍山寺碑記〉，頁25-4。

其時間是吻合的。除了李氏之外，約道光 23 年（1843）鹿港也有「施順興小木店」開業，道光 30 年（1850）神像木雕師吳田在鹿港街設鋪開業。因此王建柱在分期鹿港的工藝發展時，以乾隆 51 年到道光 30 年（1786～1850）為成熟階段，咸豐元年至光緒 21 年（1851～1895）為發展階段，並說明「繁盛期之經濟力量所奠定的工藝基礎不僅在此時發揮挽救鹿港厄運的作用，更重要的是鹿港的地方特色由經濟型轉為文化型，鹿港因而一躍成為承繼中國南系傳統手工藝的中心市鎮。

　　簡而言之，嘉慶、道光年間，行郊促進了鹿港的經濟繁榮；咸豐同治之後，工匠卻發揮創造了鹿港的技藝興盛」。由此推斷，道光年間來自大陸的工匠多已落籍鹿港，家具並以南系傳統為主，但後來轉以泉州風為主，因為遲至日治時代，鹿港幾已是泉州籍移民的聚集地，而有「小泉州」的俗稱〔註 5〕。

圖 2-1：鹿港錦森興魯班公會魯班公壽誕（王維元攝，2020 年）

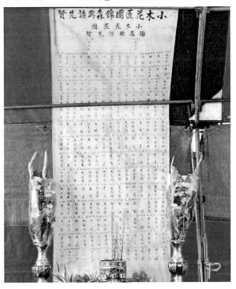

圖 2-2：鹿港錦森興魯班公會「小木花匠團錦森興諸先賢」掛軸（王維元攝，2020 年）

〔註 5〕李昭容，《鹿港木作家具業的歷史考察（1895～2003）》，小泉州的形成原因不詳，清代經漳泉械鬥後鹿港之移民已漸以泉州裔為主。日治時，臺灣總督府官房課編《臺灣在籍漢民族鄉貫別調查》（臺北：中央研究院民族研究所影本，1928 年）中記載「鹿港街」內幾乎全是泉州府晉江、南安、惠安三邑人，約有 2 萬 6 千 8 百人；其他安溪籍和同安籍各約 2 千 2 百人；另外汀州府和興化府各約 1 百人，頁 25-4。

圖 2-3：清乾隆 51 年（1786）遷建於現址的鹿港龍山寺（王維元攝，2022 年）

二、發展歷程及其轉型

（一）1895 年至 1945 年——殖民地下的發展

日治時期鹿港家具業並未停滯發展，明治 31 年（1898）總督府即在鹿港第二公學校（今文開國小）舉辦「木器比賽」，吳隨意家具行司阜吳返（阿狗司）曾在此次比賽中獲獎〔註6〕。另根據李昭容引述松尾弘《臺灣與中國的勞動者調查報告書（與有右開有關的調查報告書）》一書可了解，自明治 39 年至昭和 12 年（1906～1937）臺灣島內來自中國的勞工，在 35 種行業中以木工的成長最快，可見日治時期的臺灣提供了小木工匠良好的就業場所。再者，因日本對臺灣檜木的喜好，影響臺灣木匠的用料習慣，從傳統的福州杉改用檜木。以鹿港而言，早期由大陸船運來福州大杉，今龍山里杉行街即為集散市場，後來由臺中內山運來檜木、九芎木，在木工藝中以家具為主要產品，經銷至中部

〔註 6〕李昭容，《鹿港木作家具業的歷史考察（1895～2003）》，頁 25-6。王建柱，《鹿港手工藝》，（臺灣彰化，鹿港文物維護地方發展促進委員會，1982 年），頁 39。

各地，成為中部木工藝中心。其次就鹿港經濟轉型而言，原本依賴港口維生的小船頭行、苦力及市街攤販得另謀生計，轉任學徒以學習各種手工技藝者，這是日治時期鹿港手工藝製造者漸多的原因〔註7〕。

　　日治時期鹿港家具業開始有「頂角吳隨意、下角蔡義和」之說，前者約創於大正4年（1915），後者創於大正13年（1924），二者皆採家族經營的方式，這是鹿港家具店的常態〔註8〕。

（二）1946年至1980年代──由內銷至外銷全盛期

　　戰後，臺灣歷經戰亂百廢待興，但是木工藝之傳統基礎至為深厚，在百業蕭條中，在討海、曬鹽及種田之外，家具業比較下算是不錯的行業，鹿港更不乏匠師的教導，吳隨意與蔡義和仍持續持業中。因此，許多國校畢業的人即入其門學藝，此時家具仍稍有和風，但已逐漸恢復古典傳統式樣，仍以手工製作及內銷為主，規模尚為家庭手工業。

　　1950年代至1960年代，臺灣土地改革有所成果，國民所得提高，消費能力增加，臺灣從進口替代到出口擴張期。草屯「臺灣省手工業推廣中心」（前臺灣省立手工業研究所、國立臺灣工藝研究所、今國立臺灣工藝研究發展中心）成立（1954），於臺北、鹿港、關廟設立實驗工場（1961）。而臺灣的美援及美軍駐紮時代〔註9〕，休假或返鄉的美國軍人，因家具運回美國不必繳運費、關稅，並比日本、美國本土廉價，開始在臺採購家具，而帶來臺製西式家具的發達。自1957年始，臺灣開始有出口木器的紀錄〔註10〕，鹿港為本土家具的重要產地，再度搭上產業興起的列車。

　　1950年代的臺灣社會，亦在顏水龍提倡民藝精神下，臺灣工藝逐漸被重視。顏水龍認為當時的社會除了要注重內銷之外，更要強調外銷，希望藉此安定民生經濟〔註11〕。這說明了1960年代至1970年代鹿港木工業的興盛，原因除了經濟因素、國家政策，還有文化因素。

　　1960年代至1970年代亦為鹿港家具業機械使用普遍期。臺灣於日治時期

〔註7〕 李昭容，《鹿港木作家具的歷史考察（1895～2003）》，頁25-6～頁25-7。

〔註8〕 李昭容，《鹿港木作家具的歷史考察（1895～2003）》，頁25-2。

〔註9〕 美援臺灣經濟為1951至1968年，美軍駐軍因韓戰爆發之故，1954年與臺灣簽定中美共同防禦協定，美軍撤離臺灣要至1979年中美斷交之後。

〔註10〕 慕堯，《雕刻木器的關鍵》，（中國手工業，第14期，1959年），頁19。

〔註11〕 江韶瑩，《亞太局勢變遷的投射：一個木雕城百年產業發展》，（亞太藝術論壇研討會，2003年）。

引進圓鋸機、手壓鉋機、鑿孔機等，但第一台營業用的大型木工機械在 1950年由臺中豐原開始使用，至 1960 年代臺灣各地才大量運用〔註12〕。機器引進後，可以幫助木材切割、榫卯製作、圓角、多角形製作等，使得匠師原本的工作被剝奪，也造成純手工的木工藝後繼無人，傳承技術越來越困難。

60 年代至 70 年代，鹿港家具業原本一日三市、行情看漲，1980 年代末期開始走下坡至少有以下困境：其一是木料來源的匱乏；其二是後繼無人，年輕一輩不願從事此行業；其三是傳統習俗的改變，婚嫁時的陪嫁家具被西式家具取代；其四是傳統手工家具價位高、體積大，不適合現代公寓，因此鹿港家具業面臨轉型的命運〔註13〕。

（三）1980 年代至 2003 年——衰敗轉型期

1980 年代末期，臺灣家具業呈現衰微時，鹿港家具業未如其他地方轉向發展金屬家具，街內家具店仍以二種形式經營著，第一持續製作高價位的傳統漢式家具，第二朝向仿古家具的製造。前者以延續傳統，料好、功夫實在慘澹經營；而仿古家具屬於民藝創作性質，需要累積數十年札實功夫，才能走入創作與維修的路線。80 年代中期有部分鹿港人往福興、埔鹽鄉下發展，製作現代式家具產業，並將外銷轉為內銷，或是代理販賣進口家具。彰鹿路兩旁及福興等地的家具店以量產為主。市場上精緻的仿古家具及外銷日本的欄楣業仍持續營業，透露著鹿港家具業以優質水準努力傳承技藝。

1990 年代，鹿港開啟了文化產業的形象。鹿港擁有六位教育部頒發的「民族藝師薪傳獎」其中四位為木雕藝師〔註14〕。除此之外亦有多位為文建會民族工藝獎得主〔註15〕、傳統工藝獎得主〔註16〕、國家工藝獎得主〔註17〕。

〔註12〕 張令慧，《黃浚雄談臺灣木工機器業》，（木工家具，146 期，1996 年 6 月），頁 73。

〔註13〕 王良行，《鹿港鎮志‧經濟篇》，（臺灣彰化鹿港鎮公所，1997 年），頁 280～281。

〔註14〕 六位得獎者分別為李松林（木雕）、吳清波（神像雕刻）、陳萬能（錫器）、吳敦厚（燈籠）、施鎮洋（木雕）、施至輝（神像雕刻）。

〔註15〕 「民族工藝獎」自民國 81 年至 85 年，由文化建設基金管理委員會辦理五屆，得主如黃煥文、黃國書、黃媽慶、王漢松等人。

〔註16〕 「傳統工藝獎」自民國 87 年至 89 年，由國立傳統藝術中心辦理三屆，得主如黃國書、王漢松、王肇鈵、王肇楠等人。

〔註17〕 「國家工藝獎」自民國 90 年起由國立臺灣工藝研究所辦理，得主如楊志隆、王肇楠等人。

（四）匠師派別

由「小木花匠團錦森興諸先賢」可知鹿港小木從業人員及傳承，該名單雖上溯到道光年間的李克鳩與施光貌，但完表時間為日治時期，有可能倒果為因，從當時已開業的小木人員上溯先師，因此有遺漏其他人員的可能性，但不失為參考資料。就日治時代而言，鹿港的家具雖出現了「頂角吳隨意、下角蔡義和」之稱，但吳隨意與蔡義和皆不是最早的家具店。就街尾、魚脯街、崎雅腳及北頭地區，有相當多家的家具店，今將所知的店號及其師承列於下表。

表 2-1：鹿港店號與師承表

匠師姓名	店　號	傳承之司傅	備　註
施瑞仁	不奪（日治）	施烈	街尾。
施烈（偏名火秋烈）、李煥美	振森益（日治至戰後）	施火南	於崎雅腳與李煥美合作，後二個分開李煥美請蘇騫幫忙。
施火南（1913～1977）	協華（日治至戰後）	其子施炳通及師傅福仔、傑仔、阿財、阿福司、顧司、林湧川、黃鴻春等人	位於今三山國王廟對面，魚脯街之段，工廠於今文開國小附近，由施火南、施順金、施順德及施順銅家族企業經營。
陳螺（1888～1960）	陳隨意（日治）	林鎮周、李天從、林少竹、蔡火欽等人	祖業本為碾米業，於街尾自開家具店，擁有二家店面，今護安宮至福興一帶皆為其土地。
蘇棟樑	蘇隨和		街尾。
施天火（和尚頭）		陳斗、施金殿（子）	街尾。
陳斗（1898～1956）	藝巧（日治至戰後）	王本田、王漢松等人	街尾。與其弟陳芄合夥，亦為家族企業。
王漢松（漢師，1923～2002）	漢松藝術創作坊（戰後）泓澤藝術創作坊（王漢松辭世後更名）	王肇鉢、王肇楠（子）、張春能（女婿）、王維元（孫）等人。	北頭，父子二代皆獲多項獎項，從事細木作之傳承、創作與修復，亦為家族企業。
施達泉（三頭）、施金水（四頭）	益成（日治至戰後）	蔡沙炎等人	街尾最大間之家具店與木材行，家族企業，李棟樑曾於開店學習。

蔡沙炎 （1898～1965）	蔡義和（日治至戰後）	街尾最著名的家具店，徒弟來自街內與福興各地，傳承百人。	為兄弟五人蔡大目、蔡沙炎、蔡火爐、蔡水鎮及蔡櫥之家族事業，目前僅餘蔡櫥之子蔡全才從事祖業。
李松林（1907～1998）、李棟樑（1912～）	共盟（日治）	李松林與其結拜兄弟合開。後被惡性倒閉，改開雕刻專門店。	共盟之名由鹿港青年讀書會（位於今魚脯街）所取，表現左派思想。家具店為今中山路福興街附近。
施太英		王太平、王蔡等人。	后寮仔。
王太平（王仔種，1904～1977）、王蔡（王仔堯，1913～1985）	信益（日治）、福記（戰後）	王世賢、王世富（皆王蔡子）等人。	位於城隍廟附近，今中山路364號。
吳反（偏名阿狗）	吳隨意（日治至戰後）	傳徒無數，敘於後段	吳田（偏名阿獅）、吳反、吳粒及吳金鐘四兄弟合作「吳隨意」家具店，北頭區。
陳註、吳萬得、黃仔中、蔡箱	日新（戰後）	皆為吳隨意派下	魚脯街。
黃老箱、施豆、施龍水、拐腳龍（王）	義組（戰後）	皆為吳隨意派下	崎雅腳。
吳柱	全泰（戰後）	吳江浚（子）等，皆為吳隨意派下	省中街。
陳仔輝	木川（戰後）	陳仔松（子）	魚脯街。
郭秋土	郭秋松（日治至戰後）		日治時自中國移居台灣，向嘉義司阜學藝，娶鹿港街尾人而開業。

資料來源：李昭容小姐於 2004 年 4 月至 8 月口訪家具相關業者陳江西、施安平、吳江浚、莊朝文、吳璧荃、辜麗娟、蔡櫥、蔡全材、蔡哲卿、陳和、楊天成、王世富、蔡家和、蔡建成、楊桂裕、楊敏、施明旺、施炳通、陳明珠、莊昇平、施鎮洋、王本田、郭信雄、李棟樑、李秉村、李秉鈇等人紀錄而成〔註18〕。王漢松的部分後續內文由本研究增加，以粗體字表示。

（五）師徒傳承

　　鹿港家具的師徒傳承主要有兩種方式，新弟子可以跟隨獨立司阜，或者是進入木工工廠。如是後者，工廠的老闆恰是木工技術的匠師，通常老闆會成為

〔註18〕李昭容，《鹿港木作家具業的歷史考察（1895～2003）》，匠師派別表，頁 25-23～24。

新入弟子的師父，如果老闆不擅長木工技術，則以工廠內資歷最高的匠師為新入弟子的師父。鹿港的師徒制未如傳統行會有嚴格的規定、制度與儀式，亦沒有正式契約，僅有口頭的相互約定而已。若學徒在學徒期間半途而廢，不再繼續學習時，則稱為「偷走師」〔註19〕。或是在學徒階段沒有認真學習，致使所學的技藝不精熟，即稱為「半桶師」〔註20〕。早期鹿港的師徒制為 3 年 4 個月，學徒必須為雇主負擔家務勞動，到後期則進入實際的記憶學習階段〔註21〕。

　　觀察鹿港手工木作工藝的師徒制度中學徒的年齡程度與消長，在日治時期明治 43 年（1910）臺灣總督府明定 8～14 歲臺灣學童須強制入學的義務教育法規，年制為 6 年。王漢松在 8 歲（1930）時入學於鹿港第二公學校。經歷朝代的遞嬗，國民政府時期中華民國國民義務教育由 6 年延長為 9 年（57 學年度，1968）。臺灣社會由農業型態轉變為工商貿易業，都市經濟發展更為熱絡，因此鹿港的畢業年輕人多前往大都市謀職就業。而選擇留在鹿港成為學徒的年輕人，在學藝期間雇主並不發給任何薪資，只有俗稱「剃頭錢」的少許零花費用。所以臺灣經濟繁榮後，薪資就業機會的增加，促使無薪勞動制度趨於縮短時間，再加上「九年國民義務教育」（1968）的實施使得年輕人往都市集中，導致學徒制漸漸沒落〔註22〕。

　　以鹿港吳隨意家具店為例，其師徒傳承有早期的 3 年 4 個月，也有後期的 1 年半，吳隨意極盛時期學徒與司阜約一百人，有遠自嘉義的學徒等等。吳隨意家具店受外銷家具影響，雖於民國 91 年（2002）全面結束營業，但其技藝並未斷續，在師徒相傳上對鹿港貢獻頗巨〔註23〕。

三、鹿港細木作工藝的文化資產價值

　　鹿港於清乾隆 49 年（1784）對渡於泉州蚶江開港通商，八郊的成立，大小規模的船頭行林立，讓鹿港的經濟蓬勃發展。在此基礎之上，鹿港富商追求

〔註19〕偷走師：指學徒半途而廢，離開師傅的指導而另謀他職。如同在本業的學習道
　　　　路上偷偷離開，另外走上它途。
〔註20〕半桶師：指學徒在 3 年 4 個月的學徒階段不用心學習，對比於其他學徒所學
　　　　到技藝程度只有一半，如同水桶裡的水只有裝了一半，即稱為半桶師。
〔註21〕三年四個月包含了二部分：一部分是實際的學徒制，期間約三年；另一部分是
　　　　四個月，即是所謂的「補天」，亦即在之前的三年內所休過的假日必須被補滿，
　　　　一般約為四個月。
〔註22〕侯念祖，〈以工匠為師：對鹿港小木工匠的經驗考察〉，（東海大學社會學系博
　　　　士論文，2000 年），頁 47。
〔註23〕李昭容，《鹿港木作家具業的歷史考察（1895～2003）》，頁 25～27。

精奇華美的宅邸與家具以彰顯品味與地位，文化面貌中，傳統工藝佔有非常重要的地位，傳統細木作技藝傳承百年，傳統文化蘊涵於其中。鹿港在木工藝以技藝聞名全臺，鹿港細木作家具在臺灣歷史上有其百年的醞釀是經濟繁榮下的文化產物，時至今日在鹿港中山路與彰鹿路有非常多的家具店即是證明。

但是在另外一方面，臺灣早期的社會觀念中，木匠就只是作木的工夫而已，製作的傳統家具，大多因隨著傳統觀念家中長輩離世而燒毀、棄置，或是被竊、廉價賣給古物販仔，再買新的家具使用，造成傳統家具日漸稀少。

隨著臺灣開始重視傳統文化，並制定《文化資產保存法》專法（1982），以及全文修正（2016）。將文化資產分為有形文化資產與無形文化資產，其中無形文化資產包含傳統工藝「木作」在內。因此，鹿港王漢松家族所保有之傳統工藝細木作技藝成為文化資產保存法中無形文化資產之一項。王漢松榮獲「第四屆全球中華文化藝術薪傳獎」（1996），在第二代王肇楠以細木作匠師的身分，著作專書數本與發表期刊數篇（1998～）等等。王肇鈵與王肇楠昆仲獲得文化部文化資產局審定「細木傳統匠師」資格與獲得彰化縣政府各兩項認定為傳統工藝細木作保存者及傳統家具製作及修復技術保存者（2019），並傳藝於筆者，顯見王漢松家族三代所保留之珍貴文化資產，已然成為國家所認定之文化資產。

本研究即是以鹿港王漢松細木作家族細木作工藝為例，進行一系列之研究與探討，為國家文化資產保存提供一份珍貴的鹿港王漢松家族史與工藝藝術生命史。

第二節　王家來臺發展歷程

懷山之水，必有其源；參天之木，必有其根；人之有祖，亦猶是焉[註24]。世界上天地之物都有其根源，追尋歷代祖先足跡一直是後世子孫重視的文化傳統。

在研究鹿港傳統細木作家具技藝傳承的過程，必須要了解藝師家族史與成長過程，因此在本節重新建構王漢松家族史與藝術生命史及學習歷程。家族史與藝術生命史係王漢松以自己的話語來述說家族祖先與個人生命的故事，是利用訪談紀錄所得到的語言記錄生命過程故事的程序，也是一個可以建構

[註24] 張澍，《姓氏尋源——序》，（張澍（1776～1847），字百淪，號介侯，中國清朝經學家、史學家、金石學家，涼州府武威縣（今甘肅武威）人）。

生活的最好方式。

一、王家來臺歷程及家族發展

　　鹿港地方，在漢人尚未移入以前，原屬於彰化平原是平埔族巴布薩族（Babuza）馬芝遴社的活動之地。

　　乾隆 48 年（1783）3 月，福州將軍永德以鹿仔港港口水腹深闊，移民私販多由泉州蚶江偷渡至鹿仔港，乃奏請設鹿港「正口」，永德的「請設鹿港正口疏」〔註 25〕，為鹿港發展史上的重要文獻。乾隆 49 年（1784），清廷詔准鹿港與泉州府晉江縣蚶江開設正口對渡，北路理番同知移駐鹿港，兼理海防。自此，鹿港乃成為臺灣北路知最大吞吐口岸，全臺第二大都市，也使臺灣文化之鹿港期步入巔峰〔註 26〕。

（一）王家在臺的定居

　　王漢松家族的渡臺始祖王廷傑〔註 27〕，生於康熙 26 年（1687），卒於乾隆 34 年（1769）。祖籍福建泉州府金門，於清代乾隆年間與族人自鹿港上岸後即落籍於鹿港北頭地區〔註 28〕，續傳 2 世祖長子王模成、3 世祖次子王程、4 世祖長子王發、5 世祖長子王位、6 世祖次子王吉豬、7 世祖長子王連江、8 世祖長子王王茲枝、9 世祖次子王漢松、第 10 代王肇鉢，王肇楠，王督宜、第 11 代王維元等、第 12 代王睫寧等等。

（二）王家家族發展

　　自一世祖王廷傑來臺在鹿港定居，王家子孫綿延至今已是第十二代，本研究蒐集之第一份第一手珍貴資料為王家一世祖王廷傑於乾隆 13 年（1748）鬮書〔註 29〕，依據本份鬮書記載之「塩札」、「差稅」、「舊欠束脩」，證明王家於乾隆 13 年（1748）前即已經營鹽館與私塾，顯示王家在當地即有一定的經濟

〔註 25〕周璽纂修，《彰化縣志，卷一十二，藝文志》，（台灣文獻叢刊第一五六種，1962年 11 月），頁 395～396。

〔註 26〕葉大沛，《鹿港發展史》，（左羊出版社，1997 年 6 月），頁 197。

〔註 27〕王廷傑：為王漢松家族之渡臺一世祖，可證之於族譜與王漢松家祖先龕內小木片，第一片即截明為一世祖。

〔註 28〕鹿港北頭：指今鹿港東石、郭厝、玉順、新宮四里。

〔註 29〕鬮書：為王漢松家族渡臺始祖王廷傑於乾隆 13 年（1748），時年 61 歲，將家產以分鬮方式分於四位兒子，原鬮書受損嚴重，經修復後，內文已缺損不可辨識者，以〇標示，王肇楠提供。

能力與文人地位。

　　經本研究整理出重點如下：渡臺始祖王廷傑為立鬮書人，時年 61 歲。鬮書第一頁記載：「立鬮書父王廷傑為貧病交攻年荒內變○不得不分事痛傑少失怙恃……」〔註 30〕。本段敘明王廷傑因貧病交攻年荒內變，所以鬮分家產於四子，且王廷傑年少時即父母雙亡，依靠自身努力而累積有家產，鬮分家產時王廷傑時年 61 歲，享壽 70 歲（如圖 2-4）。

　　第二頁記載：每年塩札〔註 31〕差稅〔註 32〕四分均勻完納……。本段敘明王廷傑在乾隆 13 年（1748）前即已領有「塩札」（販賣官鹽的執照）且須上繳「差稅」（稅金）〔註 33〕。今鹿港和興派出所及其宿舍群〔註 34〕，清朝時期即為鹽業總館。由此文獻資料可以例證乾隆 7 年（1742）官府實行「僉商行引制」〔註 35〕，允許食鹽買賣（如圖 2-5）。另依據《彰化縣縣定古蹟「鹿港日茂行」調查研究與修復計畫》中記載，日茂行創建人林振嵩於乾隆 30 年（1765）渡海來臺，寄籍鹿港，初以販鹽為業〔註 36〕，由此兩份資料可以得知乾隆初期鹿港王廷傑早於林振嵩 17 年經營販鹽業。

　　第四頁記載：王廷傑之四子〔註 37〕所鬮下之物業，以土地田園為大宗，以

〔註 30〕　少失怙恃：指王廷傑年少之時父母皆已亡故。怙恃為父母的合稱。語出《詩‧小雅‧蓼莪》：無父何怙，無母何恃。

〔註 31〕　塩札：販賣官鹽的公文。

〔註 32〕　差稅：指販賣官鹽需上繳的稅金。

〔註 33〕　本鬮書為乾隆 13 年（1748）閏七月所立，記載之塩札、差稅，徵之於文獻，雍正年間採行自由販賣，然而其管理方面的問題，確實也讓地方政府頗為為難。因此，乾隆 7 年（1742）頒行僉商行引制，福建鹽為官商兩幫運銷，證明鬮書所載為正確。

〔註 34〕　鹿港和興派出所及其宿舍群：為清代鹽館官署，同治 7 年（1868）在臺灣設鹽務總局，光緒 11 年（1885）劉銘傳在鹿港現址設鹿港總館，負責中部地區鹽務。日治時期鹽務開放民營後才改為派出所。彰化縣政府於中華民國 107 年 7 月 4 日府授文資字第 1070227934A 號公告為彰化縣歷史建築，位於今鹿港鎮中山路 108 號。

〔註 35〕　僉商行引制：由於雍正年間福建鹽業自由販賣制度引發諸多弊端，遂於乾隆 7 年（1742）頒行僉商行引制，由地方僉派當地資本充足的殷實商人，畫地分銷，確保鹽引的暢行，這是福建食鹽分為官商兩幫運銷的開始。王伯祺，《清代福建鹽業運銷制度的改革──從商專賣到自由販賣》，（國立暨南國際大學歷史學研究所碩士論文，2000 年），頁 65～89。

〔註 36〕　邱上嘉，《彰化縣縣定古蹟「鹿港日茂行」調查研究與修復計畫》，（彰化縣文化局，2003 年 5 月），頁 25。

〔註 37〕　四子：為一世祖王廷傑所生之子，長子王模成、次子王模建、三子王模光、四子王模昌。

及養贍祖地〔註38〕共貳坵，生存則為補養藥石○作公業，歷年四子輪耕以助○○○。本段敘明王廷傑自留部分家產，作為生活與微恙藥石費用之來源（如圖2-6）。

　　第八頁記載：本鄉舊欠〔註39〕束修，〔註40〕一欠七百八十○○○……。本段中有束修之文字，敘明王廷傑應有自設書房〔註41〕，而受學生累欠學費未繳之意（如圖2-7）。

　　第十頁記載：房弟漢絨，房長漢維，堂姪模達、模豐，乾隆十三年閏七月日立鬮書，鄉姻親〔註42〕孝生〔註43〕梁貴○……。本段敘明王廷傑於立鬮書時，家族中叔姪兄弟等有房弟、房長、堂姪同任見證人，可見王廷傑當時為乾隆年間鹿港北頭地區一個具有規模的王氏家族，且有同鄉姻親孝生附文並任見證人，證明王廷傑有開設書房且有同為鹿港地區的因婚姻親屬，且曾拜王廷傑為師（如圖2-8）。

　　此份乾隆13年（1748）閏七月所立鬮書，距今274年，提供了筆者觀察王漢松家族自一世祖王廷傑少失怙恃，於乾隆年間經營鹽館與書房。積蓄的田園租業、房厝、現銀以及受欠款項，平攤分成四個鬮份，由其四子抽籤決定鬮份，且四子積存有年，頗能成就，須當奮勤，以酬祖父立志，讓王廷傑深感欣慰。

　　本研究蒐集之第二份第一手珍貴資料為3世祖王朝於嘉慶十年（1805）向辛齊光承買之杜賣盡根契──紅契（如圖2-9）〔註44〕，契紙上所蓋用之「彰化縣印」為林爽文事件後所補鑄新印。王朝向辛齊光以佛面銀叁百元作價立契承買現居店屋壹座，顯示王家傳承至第3世時，仍有相當的經濟能力購買王家

〔註38〕養贍祖地：指撥出一方祖地，以收獲之銀供給一世祖王廷傑生活所需。
〔註39〕舊欠：債務之意，如：「舊欠未清」。
〔註40〕束修：束脩是指弟子拜師時所獻的贄禮。《論語‧述而》：自行束脩以上，吾未嘗無誨焉。脩是乾肉條，束是計量詞，束脩指十條肉乾，「束脩」一詞遂成為拜師禮的代名詞。
〔註41〕書房：查清代臺灣的學校教育設施，可大別為府縣儒學、書院、義學、書房、社學及西學等。書房即民學，是指由民間私自辦理的學校，或稱書塾、學堂或書館等。單文經，《1895年以前鹿港教育史初探》，（國立臺灣師範大學教育學系，教育研究集刊第40期，1998年1月），頁115。
〔註42〕姻親：指基於婚姻關係而生之親屬型態，一方配偶與他方配偶之親屬間，因雙方締結婚姻後，成為相互具法律上親屬關係的情況。
〔註43〕孝生：同「學」生之字。
〔註44〕杜賣盡根契：王漢松家族庋藏史料，王肇楠提供。

之現居地〔註45〕，距今 217 年。

　　經本研究整理發現本份杜賣盡根紅契，在買方王朝與賣方辛齊光、中人洪茶、代筆人辛智老、知見人許盛，在完成本份杜賣盡根契後，送至彰化縣衙署蓋用「彰化縣印」關防〔註46〕及「稅訖」鈐記長章。

　　本研究整理出具有文史價值之重點如下：契字的性質：杜賣盡根契。房地來源說明：辛齊光有自買店屋壹座叁進帶兩廊四間併谷埕連后墻內水井一口〔註47〕及浮沉磚石門窗戶扇一應俱全〔註48〕。房地相關資料：坐落鹿港北頭土地廟邊坐北向南東至翰家店西至黃家店南至車路魚池垼北至壙地圍墻外溝四至明白為界。出賣原因為乏銀別創〔註49〕。買主：王朝〔註50〕。親立契人：辛齊光。中間人：紅茶。知見人：許盛。代價：佛面銀〔註51〕叁百元。雙方權利義務說明：辛齊光有自買店屋壹座一賣千休。立契時間：嘉慶拾年捌月日。簽字畫押：代筆人次男辛智老、為中人紅茶、親立杜賣盡根契人辛齊光、知見人許盛。關防稅章：於契文佛面銀叁百元上方，斜角蓋用「彰化縣印」關防〔註52〕

〔註45〕　王家之現居地為今之彰化縣鹿港鎮玉順里三條巷 8 號。

〔註46〕　彰化縣印關防：依照康、雍兩朝的會典所載，知縣所用印信為銅印，直紐，方二寸一分，厚三分，九疊篆文。這裡指的九疊篆文僅右方漢字部分，左方的滿文用的是「本字」。在印面同時出現漢文與滿文，可視為「參漢酌金」的產物之一。在此原則之下，各衙門印信「竝鑄滿漢字樣」，實為清朝官印的最大特徵。

〔註47〕　水井一口：在鹿港早期只有三合院的民宅才會有自用的水井。

〔註48〕　依本段文字敘述，應為三合院式的民宅建築。

〔註49〕　乏銀別創：缺錢使用之意。

〔註50〕　王朝：為王漢松家族之第三世。

〔註51〕　佛面銀：指有人頭的佛銀，又稱佛頭銀。佛銀指清代臺灣通用的西班牙、墨西哥銀元而言。道光元年（1821）以前西班牙所鑄的佛銀，稱為西班牙銀元；道光四年（1824）墨西哥獨立以後稱為墨銀。西班牙銀元因正面刻畫王像，故臺灣居民稱其為佛銀、佛頭銀、佛面銀、佛首銀、清水佛銀、番佛銀、佛番銀等。引自盧泰康，《臺灣南部考古出土與傳世的西方銀幣研究》，（中央研究院臺灣史研究所，臺灣史研究第 22 卷第 2 期，民國 104 年 6 月），頁 151～196。

〔註52〕　彰化縣印關防：本地契所蓋用之彰化縣印關防為林爽文事件後所補鑄之新印【乾隆 53 年～同治 1 年（1788～1862）】，乾隆 51 年，彰化大里杙莊林爽文豎旗聚眾起事，北路協副將赫生額及彰化縣知縣俞峻等人，在事初乾隆 51 年（1786）11 月 27 日彰化城陷時遇害。儘管官員遭戕害，但有些印信並未遺失。任承恩來臺時，被害臺灣府知府孫景燧、彰化縣知縣俞峻、鹿港巡檢馮啟宗的家人，分別呈繳臺灣府印、彰化縣印及鹿港巡檢印信各一顆。任承恩隨將印信三顆驗明封固，委員齎交臺灣道永福收貯。儘管這些印信沒有遺失，但已有受損，「挹損毀壞，不堪鈐用」。福康安在事件大致平定後向高宗奏報請求換印重鑄，於乾隆 53 年（1788）啟用至同治 1 年（1862）。

二方、騎逢章「彰化縣印」關防右半側，同位置蓋用「稅訖」鈐記長章〔註53〕
二方。備註：本杜賣盡根契為紅契，送至彰化縣蓋用彰化縣印關防及稅訖鈐記
長章。

　　從本契文可以了解如下的當時地理環境：一、鹿港北頭土地廟：從本契文
可以確認，鹿港北頭土地廟〔註54〕於嘉慶10年（1805）即已明載於此。二、
店屋壹座坐北向南：王漢松家族祖宅即是本坐向，其址位於今鹿港鎮玉順里三
條巷八號。三、東至翰家店西至黃家店：本段敘明為本店屋之東、西相鄰皆為
店面，西鄰店家為黃姓。四、南至車路魚池垺：本店屋之南為車路，即今之三
條巷與魚池垺，本段敘明三條巷之南側為魚池垺。五、北至壙地圍墻外溝：本
店屋之北為壙地，顯示為空地，無民宅。

　　經本研究整理，本立杜賣盡根契為辛齊光售於王朝，以佛面銀叁百元作價
立契，立契年代為嘉慶10年（1805），並送至彰化縣衙署繳稅並蓋用「彰化縣
印」關防與「稅訖」鈐記長章，是為紅契，具有官方認證之土地與房屋交易正
式契約。

　　就文獻價值而言，本契所蓋用的「彰化縣印」為林爽文事件後所補鑄新印，
乾隆53年（1788）啟用至同治1年（1862），本紅契所蓋用的「彰化縣印」四
字字體為垂露篆，竝鑄滿漢字樣」方二寸二分，對照於劉仁超〈清代臺灣官印
的研究：以彰化縣印為例〉〔註55〕所舉印信印樣，證明本契約是由彰化縣衙署
繳稅並蓋用彰化縣印關防（如圖2-10）與「稅訖」鈐記長章（如圖2-11）。本
契契文所提及佛面銀叁百元、鹿港北頭土地廟、車路（今三條巷）、及相鄰之
東、西、南、北之地理環境敘述還原在嘉慶10年（1805）時，鹿港北頭土地
廟的地理環境與民宅聚落情況〔註56〕。王漢松家族即是在本地繁衍子孫，傳承
世序至今。

〔註53〕稅訖鈐記長章：指本筆土地杜賣盡根契業經彰化縣衙署蓋用關防與稅金收訖，
　　　　遂蓋用稅訖章以作為證明。

〔註54〕鹿港北頭土地廟：創立於雍正3年（1725）。黃秀政撰，《鹿港鎮志──沿革
　　　　篇》，（鹿港鎮公所，民國89年6月出版），頁167。

〔註55〕劉仁超，《清代臺灣官印的研究：以彰化縣印為例》，（國立臺灣圖書館，臺灣
　　　　學研究第19期，民國105年1月），頁1-34。

〔註56〕依據王漢松口述歷史資料，王漢松之父王茲枝曾說，當時祖宅的面積很大，約
　　　　自今三條巷6號至12號，前為三條巷車路，後方到今復興路彰化縣木工職業
　　　　工會前。

圖 2-4：王家鬮書第 1 頁，父「王廷傑」貧病交攻、少失怙恃（王肇楠提供）

圖 2-5：王家鬮書第 2 頁，塩札差稅
（王肇楠提供）

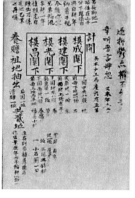

圖 2-6：王家鬮書第 4 頁，第二世四
大房（王肇楠提供）

圖 2-7：王家鬮書第 8 頁，舊欠束脩
（王肇楠提供）

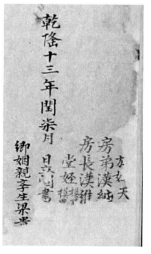

圖 2-8：王家鬮書第 10 頁，立鬮書年
代與親族（王肇楠提供）

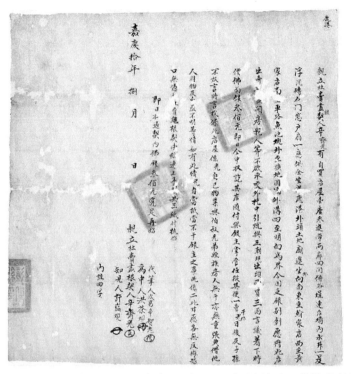

圖 2-9：王家杜賣盡根契，嘉慶 10 年 8 月（1805）（王肇楠提供）

圖 2-10：「彰化縣印」關防特寫
（王肇楠提供）

圖 2-11：「稅訖」鈐記長章特寫
（王肇楠提供）

　　第 7 世王連江（1868～1900）迎娶鹿港彩繪世家郭春江次女郭窓（1871～1943），生第 8 世長男王茲枝（1889～1974）與次男王慈其（1900～1963）（如圖 2-12）。

　　王茲枝 6 歲（1965）向郭春江家族的林姨丈讀私塾五年，12 歲（1901）到鹿港街上的銀樓當打銀學徒，學成出師後為銀細工〔註 57〕，時年 16 歲

─────────────

〔註57〕 銀細工：日文ぎんざいく，（Gin zaiku），為日本銀器製作匠師之名稱。

（1905）。到鹿港街上銀樓工作，製作簪仔頭插〔註58〕、銀手環、腳環、銀耳環等等銀質製品，而其一手善吹吹管〔註59〕之功夫頗受老闆之器重。3年後20歲（1909）回到自己家中〔註60〕開設工作室，以其專精的技藝製作精美的銀器。本研究為記錄吹管的工具，到臺南市銀樓工會目前保有一組日治時期的吹管進行訪談與攝影紀錄（如圖2-13）〔註61〕。

　　日本人於大正4年（1915）實施斷髮解放纏足〔註62〕，對於首飾需求大減，影響王茲枝打銀工作甚鉅，工作日漸萎縮，終至停業。

　　在做過一些小生意後，因緣際會，在26歲（1915）時，拜唐山地理師杜金鐘〔註63〕為師（如圖2-14），修習形山風水〔註64〕、五皮〔註65〕、三元〔註66〕、陽宅三要〔註67〕、符籙秘要〔註68〕等古籍（如圖2-15）。

　　王茲枝學藝4年後，於30歲（1919）出師（如圖2-16），於祖宅開設集熙堂擇日館〔註69〕，以「王秀茂」為堂主名（如圖2-17～2-18），接受各地人士

〔註58〕簪仔頭插：髮簪。
〔註59〕吹管：係早期銀工所使用之工具，其材質係以黃銅片捲成之長圓筒狀，長度約1尺2寸，一端平直，一端彎曲。工作時在火缽中以木炭剖半之平面朝上，生火加熱，以吹管將煤油爐芯之火焰吹向欲燒結之處，吹氣加熱，將兩端燒結。而操作吹管之訣竅在於吹一口氣時需保持穩定及吹氣量大小需和緩一致，並且需要越久越好。
〔註60〕自己家中：指祖宅，鹿港鎮三條巷8號。
〔註61〕本研究徵得臺南市銀樓工會理事長薛炯楠同意，無償提供本組吹管進行訪談與攝影紀錄，謹此致謝。訪談日期：2020年12月14日，訪談地址：臺南市中西區府前一街9巷12弄31號，臺南市銀樓工會，電話：06：2971937。
〔註62〕斷髮解放纏足：臺灣總督府在1915年頒布《保甲規約》中明訂：「婦女纏足有害身心，故嚴禁之。但從前纏足者，務使漸次解放，早馴於天然足。」臺灣始有大規模的解除纏足。
〔註63〕杜金鐘：依據王漢松口述記錄，杜金鐘是唐山地理師，來臺灣竹南開設「太乙堂擇日館」，曾來鹿港地區覓尋地理而與王茲枝結識而收之為徒。
〔註64〕形山風水：傳統風水學經過千年的經驗累積與傳承，形成複雜的理論與眾多的內容，風水最重要的兩個內容，形山即是巒頭，風水即是理氣。
〔註65〕五皮：山、醫、命、卜、相之術，山者形山氣脈、醫者岐黃之術、命者推命論運、卜者占筮吉凶、相者富貴貧賤。
〔註66〕三元：三元地理，是指以六十甲子記年，以一個甲子旬為一元，三個甲子旬為三元，上中下三元循環迴轉，謂之三元。
〔註67〕陽宅三要：「陽宅三要」為古籍書名。
〔註68〕符籙秘要：符籙是符和籙的合稱，也稱符咒、符令、符文、符書、符術、靈符等。
〔註69〕集熙堂擇日館：為王茲枝開設之擇日館，於祖宅設館，地址為今彰化縣鹿港鎮三條巷8號。

前來為其陽宅起造前的坐向〔註70〕分金線〔註71〕（如圖 2-19～2-20），占筮吉凶（如圖 2-21～2-24），尋覓吉地安葬吉課等等（如圖 2-25），成為臺灣傳統上九流人士〔註72〕，執業至 84 歲（1973）因年邁結束集熙堂擇日館，總計開設 54 年（1919～1973）之久。曾為鄰居蘇氏家族〔註73〕主庚其歷代祖先墳塋，蘇家二房〔註74〕旅居臺北，於清明節回祖宅祭祖時，也會到隔鄰拜訪答謝王茲枝。亦曾受鹿港詩人陳子敏〔註75〕所託，為其腳疾而求解決之道。在其祖先之墳塋加以整理之後，果然日有起色，而至痊癒。為此，陳子敏曾贈詩一首以為禮：

　　學得青龍秘、穴靈慧眼穿、高峰思過博、獨有地行仙〔註76〕。

　　王茲枝在 80 歲（1969）曾自撰回首一生的詩：

　　山醫命卜相，一生勤其中，清貧積福德，厥後錫克昌〔註77〕。

　　時至今日，在鹿港上了年紀之人，提起鹿港北頭蘇府王爺廟邊「茲枝仙」，十之八九猶然識之（如圖 2-26）。王茲枝於民國 63 年（1974）辭世，享壽 86 歲。生前對鹿港船仔頭清德宮〔註78〕著有貢獻，身後入祀於爐下先賢〔註79〕，受萬世各界香火之敬仰（如圖 2-27～2-28）。

〔註70〕坐向：坐向係指屋宅之前、後之坐向，如坐北向南即如是。
〔註71〕分金線：勘輿用詞，指房屋的中軸線，決定厝屋方向、配置格局、尺寸計畫及建築型態的基本參考線，在勘輿上稱為定分金線。
〔註72〕臺灣傳統上九流階級人士：片岡巖，《臺灣風俗誌》，第二章臺灣人之階級：第一節上九流：一、師爺；二、醫生；三、畫工；四、地理師；五、卜卦；六、相命；七、和尚；八、道士；九、琴師。（南天書局，1921 年臺北一版發行，2017 臺北三版發行），頁 181～184。
〔註73〕蘇氏家族：世居於今鹿港鎮三條巷 6 號，蘇傳為長房，為蘇騫之父。
〔註74〕蘇家二房：為蘇傳之弟，生有蘇興霸、蘇燕輝等，為知名企業家，曾任和泰汽車與國瑞汽車董事長，與味全黃烈火有姻親關係。
〔註75〕陳子敏：(1887～1948)，為鹿港十宜樓陳祈之孫，鹿港著名詩人。李昭容，《鹿港十宜樓陳祈及其後代考》，（興大歷史學報，第 29 期，民國 103 年 12 月）頁 25～62。
〔註76〕本詩依據王漢松訪談記錄，請參閱附錄三、王漢松藝師訪談紀錄。
〔註77〕本詩依據王漢松訪談記錄，請參閱附錄三、王漢松藝師訪談紀錄。
〔註78〕鹿港船仔頭清德宮：主祀神明為地藏王菩薩，建立沿革：船仔頭在鹿港天后宮（舊祖宮）的正北側，此地又名「三條街」，是沿襲大陸泉州的祖居地名，早期居民主要都以捕魚為業，至癸酉年，民國 82 年（1993）由信徒樂捐集資，才正式建廟落成。
〔註79〕爐下先賢：係對生前在神明會有貢獻者，於去世後入祀圖中，先賢姓名則書寫於圖中表格內，感謝先賢的奉獻，供後世敬仰。本爐下先賢名圖僅於每年地藏王菩薩誕辰當日（農曆 7 月 30 日）由廟方迎出安置於廟側，供後世上香奉敬。

表 2-2：鹿港王氏家族簡譜

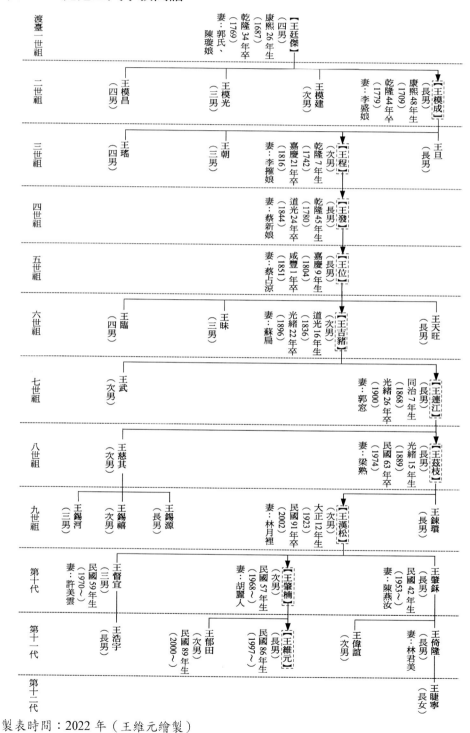

製表時間：2022 年（王維元繪製）

圖 2-12：王茲枝（茲字漏植）日治時期戶籍資料，父王連江（連字漏植），母郭氏窓，職業欄登載為銀細工（王肇楠提供）

圖 2-13：早期銀細工所使用的「吹管」器具，臺南市銀樓公會理事長薛炯楠先生提供，本研究採集攝影（王維元攝，2020 年）

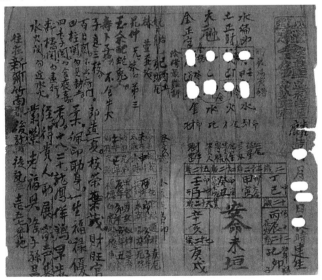

圖 2-14：杜金鐘為王茲枝次子王漢松手批命書（1923）（王肇楠提供）

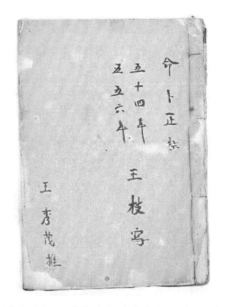

圖 2-15：王茲枝照片，拍攝時年約 53 歲（1942）（王肇楠提供）

圖 2-16：王茲枝手抄本「命卜正宗」，時年 76 歲（1965）（王肇楠提供）

圖 2-17：王茲枝早期手寫之集熙堂「庚續咸熙」紅柬，時年 60 歲（1949）（王肇楠提供）

圖 2-18：王茲枝印刷版集熙堂「庚續咸熙」紅柬，地址：彰化縣鹿港鎮玉順里三條巷八號擇日館選，時年 70 歲（1960）（王肇楠提供）

圖 2-19：王茲枝手書堂主名王秀茂之羅盤，癸酉年，時年 44 歲（1933）（王肇楠提供）

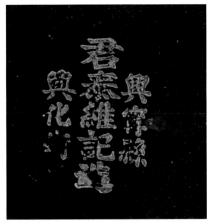

圖 2-20：王茲枝使用之興甯縣興化街——君泰維記造羅盤（正面，底面），
時年 46 歲（1939）（王肇楠提供）

圖 2-21：王茲枝於 30 歲時自製之金錢龜卦（1919）（王肇楠提供）

圖 2-22：王茲枝於 30 歲時自製之金錢龜卦與內置清朝時期銅錢（1919）（王肇楠提供）

圖 2-23：王茲枝之堂主「八卦印」章與「八卦印」印紋（王肇楠提供）

圖 2-24：王茲枝之八卦堂主印章與「王枝秀茂」印文（王肇楠提供）

圖 2-25：王茲枝攝於站立於其主庚之風水　圖 2-26：王茲枝攝於自宅前，時年 83 歲
佳城，時年 82 歲（1971）（王肇楠提供）　（1972）（王肇楠提供）

圖 2-27：鹿港三條街清德宮爐下先人供桌與先賢名圖（王維元攝，2022 年）

圖 2-28：鹿港三條街清德宮先賢名圖，第二列右起第五位名王「朱」枝，
第二字有誤，正確為「茲」（王維元攝，2022 年）

第三節　王家與彩繪郭家聯姻與影響

本節探討鹿港王漢松家族第七世王連江於光緒 13 年（1887）迎娶鹿港彩繪郭春江次女郭窓（ㄔㄨㄤ），並且如何影響王漢松家族之技藝傳承的來龍去脈。

一、鹿港彩繪郭家

祖居泉州府日湖村的彩繪匠司郭連城自清道光 10 年（1830），應臺灣鹿港八郊商戶之邀攜四子渡海來臺，為眾所矚目的鹿港龍山寺新建物進行彩繪裝修工程，且就此定居鹿港執業，展開郭氏家族在臺灣鹿港長達 130 年的彩繪史。

郭家在臺灣中部彩繪界之盛名，拜師學藝者甚眾。姻親王慈其向郭家第三代郭啟薰、郭新林拜師學習彩繪技藝後再傳三子王錫河，外姓弟子柯煥章、施福成、溫寬。

由於郭家彩繪盛名遠播，族中彩繪人才濟濟，作品涵蓋古剎大寺和官宦豪宅，社會地位崇高。第一代郭連城於道光 10 年（1830）受邀完成鹿港龍山寺彩繪，第二代郭春江於光緒年間陸續完成潭子摘星山莊，在正廳板壁畫作中留下「春江郭友梅」的落款（如圖 2-29）、霧峰林家宮保第三對門神（如圖 2-30）、社口大夫第的彩繪工程，為其奠定彩繪畫師的地位，並受中部官宦仕紳敬重。

第三代郭新林〔註 80〕於鹿港龍山寺五門殿共計有五對門神的彩繪作品，正門為「韋馱、伽藍」門神（如圖 2-31），其容貌、飾物、服裝等有別於一般所見之「韋馱、伽藍」。次間門神為佛教的「四大天王」，分別為「持國天王、增長天王、廣目天王、多聞天王」，戲台八卦藻井內頂心明鏡彩繪（如圖 2-32）（1963～1964）。在人物畫方面，無論面相、衣飾、器物及動作，保有唐宋以來傳統道釋人物畫的壯闊風格；水墨畫方面，有清末臺灣流行南畫的文人氣息；書法則有清代書家錢泳的筆趣〔註 81〕。

〔註 80〕郭新林：（1898～1973），自小隨其伯父郭福蔭研讀漢學，再師承其父郭春江學習彩繪技術。

〔註 81〕李奕興，《台灣傳統彩繪》，（藝術家出版社，1995 年 6 月），頁 71。

圖 2-29：郭春江於潭子摘星山莊正
廳板壁彩繪畫作，光緒 2 年（1876）
（王維元攝，2022 年）

圖 2-30：郭春江團隊於霧峰宮保第門神
彩繪畫作，約於光緒年間（1880 年代）
（王維元攝，2022 年）

圖 2-31：郭新林鹿港龍山寺門神彩繪畫作，民國 52～53 年（1963～1964）
（王維元攝，2022 年）

圖 2-32：郭新林於鹿港龍山寺八卦藻井頂心明鏡團龍彩繪畫作，民國 53 年（1964）
（王維元攝，2022 年）

二、王家與郭家聯姻

在郭春江彩繪家族聲譽崇隆之際，次女郭窓亦遵傳統女子纏足禮制。經媒妁之言，雙方父母郭春江與王吉豬〔註82〕同意之下，於光緒 13 年（1887）郭春江之掌上明珠次女郭窓，〔註83〕許配於王連江（如圖 2-33～2-34）〔註84〕。當時郭春江家族在臺灣中部地區受中部官宦仕紳敬重，社會地位崇高，而王家王連江能受到郭春江的肯定而成為東床快婿，王家應有相對的社會地位與能力而門當戶對〔註85〕。

〔註82〕王吉豬：（1836～1896），為王家第六世，生有長子王連江、次子王武。

〔註83〕郭窓：（1871～1943），窓（ㄔㄨㄤ），依據王漢松家族所保存之日治時期戶籍資料，父親為郭柳，母親為郭黃氏甜，次女，纏足。

〔註84〕王連江：（1868～1900），父親為第六世王吉豬，於光緒 13 年（1887）迎娶鹿港彩繪郭家之第二世郭春江之次女郭窓，與彩繪郭家結為姻親。

〔註85〕門當戶對：臺灣早期兩個家族的社會地位是否相當，是媒妁之言中聯姻為親家與否佔有很重要的因素。

 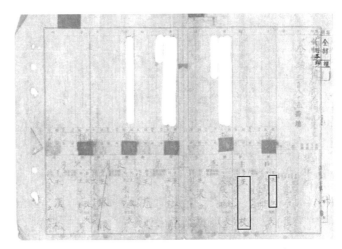

圖2-33：王漢松家族保存
日治時期郭窓之戶籍資
料，登載父郭柳，母郭黃
氏甜（王肇楠提供）

圖2-34：王茲枝日治時期戶籍資料（茲字漏植），父王
連江（連字漏植），母郭氏窓，弟王慈其，長男王鍊環，
次男王漢松（王肇楠提供）

三、郭家彩繪對王家之影響與探討

　　王連江與郭窓結婚之後，於光緒15年（1889）長子王茲枝出生，明治33年（1900）次子王慈其出生。王茲枝於幼年時即時常隨母親郭窓回娘家，親炙外公郭春江家中所繪畫的中堂、伴聯、條幅，耳濡目染文人風格，淺移默化書卷氣質，感受鹿港彩繪名家大作的風采。在王茲枝6歲（1895）時，進入林姨丈〔註86〕開設的私塾學習漢學五年，至11歲（1900）結業〔註87〕。

　　王慈其〔註88〕於17歲（1917）時，由母親郭窓請託其弟郭啟薰、郭新林收為學徒，學習郭家彩繪技藝。經由蒐集資料〔註89〕發現西螺廣福宮〔註90〕

〔註86〕林姨丈：依據王漢松訪談紀錄而得，其名未知。
〔註87〕依據王漢松家族所保存之日治時期戶籍資料，王茲枝教育程度為私五（私塾五年）。
〔註88〕王慈其：1900～1963，王連江之次子，生有三子王錫源、王錫禧、王錫河。
〔註89〕本研究依王漢松訪談紀錄及參閱莊翔宇，〈西螺街市發展與新街廣福宮之建立〉，（國立臺北藝術大學文化資源學院建築與文化資產研究所，中華民國107年7月），頁117～118。
〔註90〕西螺廣福宮：同治10年（1871）由廖振元帶領信徒前往湄洲迎神像，即「新街老大媽」，其後遂轉變為媽祖信仰。位於臺灣雲林縣西螺鎮廣福里的媽祖廟，為雲林縣古蹟，其媽祖被稱為「老大媽」，與同鎮的西螺福興宮並列。昭和11

正殿神龕上方枋楃畫作（如圖 2-35）〔註 91〕，由郭新林與王慈其合作施以彩繪，為目前臺灣彩繪作品中僅見之「舅甥合繪」之彩繪作品（1938）進行攝影紀錄〔註 92〕，經查閱相關資料，西螺廣福宮此幅彩繪畫作未經前人研究與解析〔註 93〕。本研究提出觀察所得，以例證工家受習於郭家之彩繪技藝同台獻藝之姿〔註 94〕（如圖 2-36）。

　　本幅彩繪畫作中央部位由郭新林施筆彩繪，主題名稱並未書明，經研判題詞之後，應為「王母上殿」〔註 95〕，本件彩繪雖經民國 63 年（1974）重修，但仍保留原樣畫跡，從彩繪圖案仍可觀察到，圖面左側西王母懿駕乘坐青鸞紫雲車降臨到漢武帝的宮殿，戴太真晨嬰之冠，履玄璚鳳文之舄紫雲車。左右有貼身侍女持御羽宮扇隨侍，六位演奏天樂之墉宮玉女，服青綾之襋，神姿清發〔註 96〕，隨西王母御雲而降（如圖 2-37）。圖面右側為漢武帝立於宮殿之前，

年（1936），董事詹福壽與眾首事共同發起勸捐，至昭和 13 年（1938）完竣，郭新林與王慈其受邀進行彩繪工程即是於此時期，廟址位於雲林縣西螺鎮廣福里新街路 32 號。

〔註 91〕本幅彩繪研究主題係由筆者與王肇楠共同觀察賦配，由筆者觀察彩繪畫面中之主要人物與器物、構圖等。

〔註 92〕攝影紀錄日期：民國 109 年（2020）11 月 19 日。

〔註 93〕前人研究有：1.陳美玲，〈鹿港郭春江（柳司）民宅彩繪研究〉，（私立中原大學室內設計研究所，1999 年 7 月）。2.蔡雅蕙〈鹿港郭新林民宅彩繪研究〉，（國立藝術學院傳統藝術研究所，中華民國 89 年 7 月）。3.施映竹，〈鹿港郭新林畫師彩繪之研究〉，（國立臺灣藝術大學古蹟藝術修復學系碩士論文，中華民國 106 年 1 月）。

〔註 94〕本幅彩繪研究主題係由筆者與王肇楠共同觀察，由王肇楠觀察彩繪畫面中之主要人物與賦配人物、器物、構圖等，與筆者共同總結之後提出該幅彩繪之主題名稱，配合相關文字敘述以作為講解。

〔註 95〕高莉芬，《不死與長生：《漢武帝內傳》中的西王母及其仙道長生術》，（首屆當代東亞養生論壇當代東亞道家養生文化國際學術研討會論文集》，（國立政治大學，華人文化主體性研究中心），頁 1-15。晉・葛洪編纂《漢武帝內傳》及六朝小說中也有漢武帝與西王母的常見情節。漢武帝是中國歷史上有名的信仰仙道的皇帝，七月七日那天聽聞西王母即將降臨宮殿而趕忙做好迎接西王母的準備，到了七月七日深夜二更時，西王母駕乘著紫雲車降臨到漢武帝的宮殿。漢武帝將西王母迎接到宮殿後，西王母則贈予漢武帝七顆仙桃與之享用。文獻中記載：王母命侍女以玉盤盛仙桃七顆，大如鴨卵，形圓青色，王母以三顆與帝，帝食之甘味，收核欲種之，王母曰：「此桃三千年一生實，中夏地薄，種之不生。」

〔註 96〕晉・葛洪編纂《漢武帝內傳》中首次描寫了西王母的絕世容顏。王母上殿東向坐，著黃金裕褐，文采鮮明，光儀淑穆。帶靈飛大綬，腰佩分景之劍，頭上太華結，戴太真晨嬰之冠，履玄璚鳳文之舄。眎之可年卅許，脩短得中，天姿菴藹，雲顏絕世，真靈人也。

長揖而躬，身旁東方朔亦躬手作揖，後方有一供桌上置香爐內燃檀香，馨香裊裊，上達天宮（如圖 2-38）。在彩繪技法分析上，宮殿與供桌等施以「界畫」技法，西王母、漢武帝與東方朔之面相、衣飾、頂冠及動作，保有唐宋以來傳統道釋人物畫的壯闊風格，並參照於《漢武帝內傳》中之描述，栩栩如生，各具風采，皆可於此彩繪中得到實證。並賦有題詞乙首：**秦地山河留落日，漢家宮闕見孤燈，如今應是蟠桃熟，寂寞何人薦茂陵**〔註97〕（如圖 2-39）。時維戊寅〔註98〕春仲之月〔註99〕，鹿溪郭新林寫。在詩詞引用方面，郭新林援引清代詩人屈復《弱水集王母廟》取其後半段四句詩，以題詩點化主題：蟠桃暗指西王母，漢家宮闕暗指漢朝，茂陵為漢武帝的陵墓，暗指漢武帝。對以呼應彩繪之人物形態，顯示郭新林之漢學造詣高超於上，詩詞典故爛熟於心，充分顯示出深蘊內靄之文人風采。

　　在王慈其所繪的龍側、虎側邊堵之彩繪與落款：民國 27 年戊寅，前賢油漆請負者，鹿港王慈其。主題名稱為「輕舟訪友」〔註100〕邊堵之彩繪，無題寫詩詞。經本研究觀察本幅彩繪畫作，認為是王慈其將輕舟訪友圖稿一分為二，彩繪於龍、虎兩側的邊堵之上，藉由龍側彩繪底部出薄舟輕盪離岸，舟首向左，舟內有一欲訪摯友之船客與船夫，船槳向對岸輕划，似將薄舟渡向對岸。虎側彩繪底部出岸邊的有一立客，面向右，持杖靜候，等候好友輕盪薄舟泛渡桃花江而逢，到岸相聚得以一敘。兩圖各搭配厚重山石、江岸輕滔，一側薄舟輕泛，一側鵠候摯友，人物皆置於畫面底部，比例稍小。若將此二圖合而為一，可以發現中央部位的厚重山石呈現彼此連貫延續，江岸輕滔左右如似，可以確認王慈其巧思之所在，以一張圖分畫為左右兩圖，藉由厚重山石、叢茂樹椏，江岸輕滔連接畫意之延續，彼此相連相呼應。輔以小比例繪出主題人物於底部，一則點出主題輕舟訪友，二則避免因人物比例過大影響中央主圖，輔為襄主，尊卑有序，圓滿映襯主圖西王母上殿之氣勢，顯見王慈其之用心巧妙（如

〔註97〕本首題詞係節錄自清代詩人屈復（1668～1745）字悔翁，陝西蒲城人。著有《弱水集──王母廟》：七日龍鸞未可憑，終南遺廟白雲層，階前古柏寒無葉，門外瑤池積有冰，秦地山河留落日，漢家宮闕見孤燈，如今應是蟠桃熟，寂寞何人薦茂陵。

〔註98〕戊寅：昭和 13 年（1938），郭新林時年 40 歲，王慈其時年 38 歲。

〔註99〕春仲之月：仲春為春季的第二個月，即農曆二月。

〔註100〕輕舟訪友：唐・常建（708～？），輕舟訪友：雨歇楊林東渡頭，永和三日盪輕舟，故人家在桃花岸，直到門前溪水流。

圖2-40～2-44）。另有王慈其繪於鹿港興安宮〔註101〕三川前步口兩座彎栱，繪花與花鳥，有乙未年〔註102〕、鹿溪王慈其筆〔註103〕的落款（如圖 2-45～2-46）。王慈其第三子王錫河〔註104〕彩繪作品目前可見於鹿港三山國王廟門神，鹿港南靖宮門神，鹿港北頭上地公廟等等，其中鹿港三山國王廟門神為臨摹新林司的門神，神韻較為相似者〔註105〕（如圖 2-47）。

王漢松曾於幼年受教於郭家界畫技法（如圖 2-48～2-49），此技法應用在王漢松至臺北士林製作美軍家具繪圖（如圖 2-50）。

圖2-35：西螺廣福宮正殿神龕上方枋樑彩繪（王維元攝，2020 年）

虎側輕舟訪友　　郭新林題詞　　王母上殿　　漢武帝長揖而躬　　龍側輕舟訪友

圖2-36：西螺廣福宮正殿神龕上方枋樑各部位彩繪名稱，中央「王母上殿」畫作，由郭新林彩繪。龍側、虎側邊堵「輕舟訪友」由王慈其彩繪（王維元攝，2020 年）

〔註101〕鹿港興安宮：彩繪部分於民國 84 年（1995），陳穎派（派司）全部重髹，保留王慈其繪於三川前步口兩座，繪花與花鳥圖。
〔註102〕乙未年：民國 44 年（1955），為鹿港興安宮彩繪年代之證明。
〔註103〕鹿溪王慈其筆：為王慈其所落款之文字。
〔註104〕王錫河：1946～，於 14 歲開始向父親王慈其學習彩繪技藝。
〔註105〕財團法人鹿江文化藝術基金會，《彰化縣傳統建築修復匠師普查》（彰化縣文化局，民國 96 年第一版第一刷），頁 202～204。

圖 2-37：西王母鑾駕乘坐青鸞紫雲車，雍容威嚴，著黃金裕褐，頭上太華髻，戴太真晨嬰之冠。左右有貼身侍女持御羽宮扇隨侍，六位演奏天樂之墉宮玉女，隨西王母御雲而降（王維元攝，2020 年）

圖 2-38：漢武帝立於宮殿之前，長揖而躬，身旁東方朔亦躬手作揖，漢武帝身後有二柄長圍扇，一位太監隨侍於後，後方有一供桌上置香爐內燃檀香，馨香裊裊，上達天宮（王維元攝，2020 年）

圖 2-39：題詞乙首：秦地山河留落日，漢家宮闕見孤燈，如今應是蟠桃熟，寂寞何人薦茂陵。時維戊寅春仲之月，鹿溪郭新林寫；民國甲寅年蒲月，許報錄服寫（王維元攝，2020 年）

圖 2-40：龍側底部彩繪出薄舟輕盪離岸，舟首向左，舟內有一欲訪摯友之船客與船夫，船槳向對岸輕划，將輕舟渡向對岸（王維元攝，2020 年）

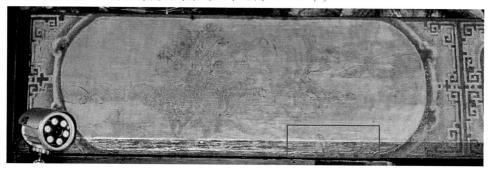

圖 2-41：虎側底部彩繪出岸邊有一立客，面向右，持杖鵠候，等候好友輕盪薄舟泛渡桃花江而逢，到岸相聚得以一敘（王維元攝，2020 年）

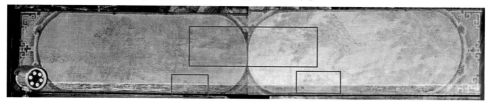

圖 2-42：二圖合而為一，可以發現中央部位的厚重山石呈現彼此連貫延續，江岸輕滔左右如似，可以確認巧思之所在，以一張圖分畫為左右兩圖，彼此相連相呼應。輔以小比例繪出主題人物於底部，輔為裏主，尊卑有序，圓滿映襯主圖王母上殿之氣勢，顯見王慈其之用心巧妙（王維元攝，2020 年）

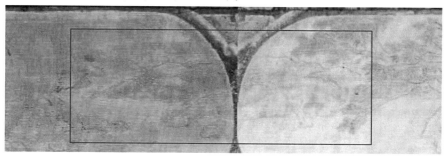

圖 2-43：中央部位的厚重山石呈現彼此連貫延續（王維元攝，2020 年）

圖 2-44：虎側岸邊一立客，面向右，持杖鵠候。龍側輕舟輕盪離岸，舟首向左，舟內有欲訪摯友之船客與船夫（王維元攝，2020 年）

圖 2-45：鹿港興安宮三川前步口龍邊彎栱，「梅花長春」彩繪，乙未年春月筆，王慈其的落款（王維元攝，2020 年）

圖 2-46：鹿港興安宮三川前步口虎邊彎栱，「富貴報喜」花鳥彩繪，鹿溪王慈其筆落款（王維元攝，2020 年）

圖 2-47：鹿港三山國王廟門神王錫河彩繪作品（王維元攝，2020 年）

圖 2-48：郭新林於鹿港龍山寺正殿以彩繪「界畫技法」之家具型式
（王維元攝，2022 年）

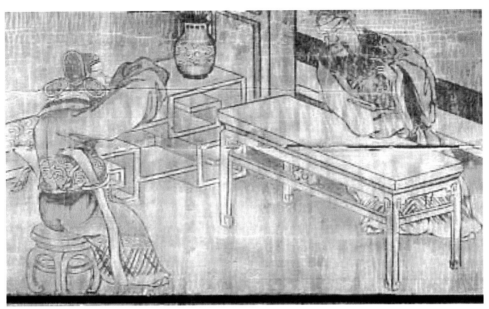

圖 2-49：郭新林於鹿港龍山寺正殿以彩繪「界畫技法」之家具特寫
（王維元攝，2022 年）

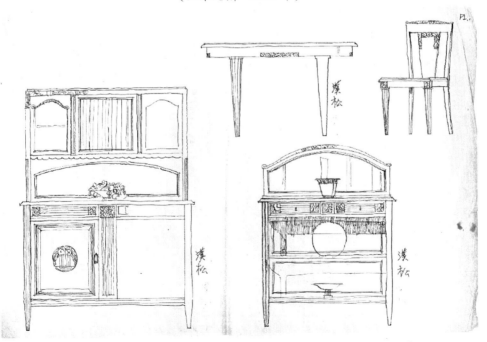

圖 2-50：王漢松手繪美軍軍官家具圖稿（1945）（王肇楠提供）

第三章　王漢松藝術生命史

　　本章採生命史訪談匠師以自己的話語來述說每個時期個人生命的故事，為利用匠師的語言引述並且記錄個人故事的程序，是一個可以建構與還原匠師人、事、時、地、物的歷史背景與應對的最好方式。生命史研究法在現今社會科學中運用，不論是在社會學、人類學、歷史學、民族學及教育學都有所發展（Fuchs & Werner，1984：11；倪鳴香，2003），生命史與傳記所關注的是研究主體的經驗與意義，同時也是重視個體所處的社會的背景與文化情境脈絡，在研究中亦可以使研究對象具有深層的理解。因此在使用生命史與傳記，針對於文化資產傳承研究，可以使得研究者了解到當時的文化結構與歷史，與當下被研究者的想法。

　　本章係以「默會知識」與「身體技藝」二種概念為脈絡，探討傳統細木作鹿港王漢松技藝的傳承方式。在清朝、日治時期的臺灣鹿港之細木作技藝傳承係以師徒制的方式進行，並培育下一代的有能力者，這樣的學習方式才有助於技藝的延續與學習。這種學習方式是以口授心傳、不立文字作為傳承的方式，當學徒者必須要經過細心觀察與進行練習，將這些知識記在心裡或是自己的方式記錄，在反覆內化後才能夠展現出來[註1]。

　　王漢松自出生，入學至畢業後當學徒階段，店頭家陳斗與學徒王漢松及中人蘇騫三方口頭約定以學藝方式收為學徒，但王漢松初階段只是打雜學徒，陳

[註1] 楊靜佩，《不可言說的學習──傳統布袋戲的傳承探討》，（國立雲林科技大學文化資產維護系碩士論文，中華民國102年6月），頁21～25。

斗在店面做生意,王漢松要很認真向工場內的木工司阜請教技藝,司阜願意教導與否,存於司阜一心,出師之後的歷練與個人知識累積沉澱與昇華才是匠師個人的修為。

臺灣自日治時期(1895～1945)轉變成為國民政府時期(1945～),在此大環境劇變之下,王漢松在身處其中,日治末期隨著戰爭的失利造成臺灣社會經濟蕭條而影響著匠師工作與薪資甚鉅,王漢松只得離開鹿港到高雄市工作,在美軍大規模轟炸高雄前離職回到鹿港。

國民政府接收臺灣初期經濟發生嚴重通貨膨脹,「四萬元舊臺幣兌換一元新臺幣」(1949),王漢松一夕之間微薄家產與積蓄近於歸零。面對此困境,選擇離鄉北上臺北士林「華森家具行」,專為駐臺美軍軍官製作美國式樣家具,賺取相對保值穩定的美金以換取黃金做為積蓄(1945～1949),在 228 事件(1947)現場目擊爆發過程,一時之間社會風聲鶴唳,人人自危。

王漢松在思考之後,返回鹿港成家,以 20 年的時間周歷於鹿港各家具工廠,擔任司阜頭,同時生子育女(28～48 歲,1950～1970)。48 歲(1970)以標會方式籌措資金開設「漢松藝術工作坊」,賃租閒置民宅經營,歷經七次的遷移仍堅持於本業。王漢松心知這項傳統工藝日後必有大成,只是尚未逢時,遂傳藝於子王肇鈵、王肇楠入於本門學藝以傳。

兩岸經濟開放以後,臺商赴大陸設廠(1989),以超低廉價格回銷家具,造成鹿港地區小型的傳統家具工廠紛紛倒閉轉業。時王漢松友人提出非常優渥條件,邀請王漢松父子三人到大陸擔任大型家具廠長與技術長(1990),但是王漢松不願意到大陸而婉拒言謝,將當時已形如槁木死灰的傳統細木作技術繼續堅持保存,王漢松以父傳子承的方式,毅然將工廠經營轉型為遵循傳統工法與規制製作鹿港泉州派風格的傳統細木作家具,並提供珍貴的口述資料供王肇楠記述梓行,並成為傳習藝師傳授本項技藝。

本章關於王漢松藝術生命史之建構,係依據本研究採集自王肇楠提供之第一手未發表之資料,計有勞務申告書、國民勞務手帳、體力手帳、手繪美軍家具圖稿、1970 年代家具老照片、王漢松早期照片等,進行王漢松生命史的探討,概分為七個時期:出生、鹿港第二公學校畢業、習藝時期、出師擔任雇工時期、漢式家具之外的日、美家具再精進時期、技術茁壯展露頭角時期、工藝成熟時期、個人榮譽時期。

第一節　王漢松藝術生命史與作品發展脈絡

　　王漢松藝術生命史與作品發展脈絡（1923～2002），可以概分為七個時期：出生、鹿港第二公學校畢業（1～14歲，1923～1936）；習藝時期（14～17歲，1936～1939）；出師擔任雇工時期（17～22歲，1939～1944）；漢式家具之外的日、美家具再精進時期（22～28歲，1944～1950）；技術茁壯展露頭角時期（28～48歲，1950～1970）；工藝成熟時期：各樣式家具製作與修復（48～80歲，1970～2002）；個人榮譽時期（58～80歲，1980～2002），本節探討王漢松每個時期的發展與主要特色以及年齡與年代。

一、出生、鹿港第二公學校畢業（1～14歲，1923～1936）

　　王漢松出生於日治大正12年（1923）國曆6月12日。父親為王茲枝，母親為王梁熟，家中排行老二，上有一兄長王鍊環，下有一妹王杰焱。出生地鹿港街菜市頭385番地〔註2〕，今門牌號碼為彰化縣鹿港鎮玉順里三條巷8號。父祖世居該地，王家歷代傳承至王漢松為第9世。王漢松8歲（1930），進入鹿港街第二公學校〔註3〕就讀，在11歲（1933）時，由父親王茲枝帶領拜訪舅公郭新林，而郭新林擅長界畫彩繪〔註4〕，王漢松耳濡目染之下，了解相關空間概念，讓王漢松到臺北士林「華森家具行」為駐臺美軍軍官繪製家具圖有非常大的幫助（1945）。

　　鹿港仕紳辜顯榮〔註5〕被敕選為臺灣人第一位貴族院議員〔註6〕，鹿港街有志之士發起辜顯榮敕選慶祝會，樂隊帶領學校學童等遊行鹿港市區慶祝〔註7〕，

〔註2〕菜市頭：為日治時期鹿港之4個行政區之一，分別為大有口、菜市頭、和興、新興等4區。

〔註3〕鹿港街第二公學校：為日治時期鹿港的學校名稱，今為彰化縣鹿港鎮文開國民小學。

〔註4〕界畫彩繪：界畫是中國畫的一種，即在作畫時使用界尺引線，用以畫建築等物，最著名的界畫為清明上河圖。

〔註5〕辜顯榮：為日治時期鹿港仕紳（1866～1937），出生於臺中州鹿港街菜市頭204番地。

〔註6〕貴族院議員：貴族院是昔日日本帝國議會的兩個議院之一，從明治23年（1890）11月29日至昭和22年（1947）5月2日間設置。引自維基百科 https://zh.wikipedia.org/wiki/%E8%B2%B4%E6%97%8F%E9%99%A2（查詢日期：111年4月6日）。

〔註7〕辜顯榮敕選慶祝會：昭和9年（1934）7月24日為慶祝辜顯榮被敕選為臺灣人第一位貴族院議員，鹿港街發起辜顯榮敕選慶祝會，樂隊帶領市民及學校學童約2500名遊行市區慶祝，於辜顯榮自宅前集合，辜顯榮也在台上附合之，

當時王漢松為第二國民小學校四年級，參與遊行隊伍及進入辜宅中祝賀
（1934）（如圖 3-1～3-2），王漢松於 14 歲（1936）畢業。

圖 3-1：鹿港仕紳辜顯榮，翻拍自《辜顯榮傳》，頁 39（王維元翻拍，2022 年）

圖 3-2：鹿港辜顯榮被敕選為貴族院議員，本宅廣場上的歡呼（鹿港公學校的祝賀行
列），王漢松曾參與其中，翻拍自《辜顯榮傳》，頁 129（王維元翻拍，2022 年）

並感謝答禮。《辜顯榮傳》，（辜顯榮翁傳記編纂會原著發行，財團法人吳三連
台灣史料基金會，2000 年 6 月），頁 116～124。

二、習藝時期（14～17 歲，1936～1939）

　　在王漢松國小畢業的年代，當時的社會環境中的家庭經濟因素，很大程度的決定子女受教育與否及未來的出路，如家庭經濟允許的，會讓孩子一路讀書以求取功名。若是經濟不允許的，就會在孩子接受基本教育之後，拜師學藝，以求一藝在身，謀求溫飽。對於傳統匠師的來源與養成方面，學徒主要是來自一般經濟中、下層家庭。由於重道輕器一向是早期臺灣的社會價值觀的寫照。道者，聖賢之途，可以顯功名，可以耀門楣，鯉躍龍門謂之。器者，器具也，凡供器用之物歸也。工匠者，製器之人也。蓋臺灣早期社會之環境，大多為家境貧困之人。自幼及稍長，即思拜師學藝，圖謀一技之長，即得安身溫飽，成家立業，此即民間工匠之源也。故，工匠之教育程度不高，識字者自少矣。所以各種傳統技藝歷經代代流傳，大多是以口傳心授，不立文字之師徒相授方式代代傳承，方有師傅領進門、學藝在個人之語。而正因為臺灣傳統工藝之傳承是以此種方式傳承，甚少有著於紙簡者，供後進攻研。所以現今流傳於世者，約只有繪圖魯班木經匠家鏡、魯班寸白集等書，可供傳統木作匠師參習之用〔註 8〕。

　　父親王茲枝開設的「集禧堂」聲名遠播，慕名而來的人甚多。然而王茲枝並未要求王漢松父業子繼，而是尊重王漢松之意願。因見王漢松自幼即對手工藝產生濃厚興趣，閒暇時利用簡單的工具自己製作玩具及東西使用，在王漢松畢業後，賜子萬金不如教子一藝的想法之下，透過鄰居細木作司阜蘇騫〔註 9〕（如圖 3-3）的介紹，在昭和 11 年（1936）8 月間，引薦王漢松到鹿港街街尾「藝巧家具店」店頭家陳斗〔註 10〕教導，從學徒開始學習臺灣傳統細木作家具的技術。

　　當時藝巧家具店面在地藏王廟口力行街，工場是在附近的新興街，是分開的，王漢松就是在新興街的工場內學師仔的。他在當學徒時，每天從北頭

〔註 8〕王肇楠，吳振岳，《鹿港傳統工藝細木作之傳承與發揚——以藝師王漢松之技藝成就與技藝傳承為例》，（彰化縣政府，2004 年），頁 5～22。

〔註 9〕蘇騫：（1907～1997），鹿港細木作匠師，住於鹿港鎮三條巷 6 號，教育程度：私二（私塾 2 年）職業：家具製造，木匠，於昭和 6 年（1931）加入李煥美開設的「振森益指物店」。陳淑美，《鹿港木雕藝師李煥美》（作者兼出版，2019年 5 月），頁 48。

〔註 10〕陳斗：（1898～1956），鹿港家具師傅，跟隨街尾施天火（俗稱和尚頭）習藝，於鹿港新興街和興 528 番地開設「藝巧家具店」。林會承，《歷史建築資料庫分類架構暨網際網路建置第一期委託研究計畫成果報告書》，2004 年。

的祖宅（鹿港北頭福德祠）邊，步行鹿港街（今中山路）約 1.5 公里到街尾藝巧家具店新興街工場學習技藝，以「雙頭烏」〔註11〕的方式最早到工場，最晚離開。

　　王漢松說：在我學師仔第一天到工場時，裡面有很多司阜，但是攏沒有人要睬我，讓我傻傻的站一天，直到下午才有一位司阜叫我拿「膠夾」〔註12〕（如圖3-4），我就不知道這是甚麼，其他的司阜就冷冷的說「也沒有拿豬油米老來拜魯班公，當然嘛拿無」。所以我父親當晚就去玉珍齋買「豬油米老、鳳眼糕」，隔天我拿去工場請司阜們吃，這樣司阜們才願意在有閒時多教我一些工夫。這是因為我並無納（交）學費，所以司阜們無義務教我，而且師傅攏要認真做工作賺錢，沒閒教我，所以我要「目頭巧、目色巧」，跟在司阜的旁邊偷看、偷學、拜託司阜好心教我，這樣我才會學有工夫。

　　由此段紀錄中可以知道王漢松雖是店頭家陳斗（如圖3-5）收為學徒，然陳斗是在店面上招待客人做生意，王漢松是在工場內向其他司阜學習技藝，因為沒有交學費，所以司阜們沒有義務教導他，所以王漢松只得以「目頭巧、目色巧」〔註13〕向司阜們偷偷學習，以及拜託司阜們好心教導，要在學徒時期學到更多的技藝，由此可見日治時期鹿港王漢松習藝時的困難之處〔註14〕。

　　習藝時分為兩個階段，第一階段是打雜學徒〔註15〕，時間是昭和11至12年（14～15歲，1936～1937）。陳斗與司阜們會差遣王漢松作雜務與跑腿，從中觀察是否聰穎，這段時間，主要是要磨耐性。

　　第二個階段即為正式學徒〔註16〕，時間是昭和12至14年（15～17歲，1937～1939），總計 3 年 7 個月的習藝時間。在此階段王漢松是以觀察司阜製作方式，以及詢問相關名稱，以積極的態度認真學習實務經驗。

〔註11〕雙頭烏：臺語音 siang-thâu-Oo，指早上王漢松出門時，天還未亮，下午離開藝巧家具店時，太陽早已下山，天空都已經暗了下來，所以是「出門也烏、入門也烏」。王漢松在 3 年 7 個月的習藝階段，每天要走四趟，早上走到工場，中午走回家吃午飯，再走到工場，晚上再走回家，由此可見王漢松習藝之困難。

〔註12〕膠夾：臺語音 ka-guéh，為木匠在拼接木板時所使用的夾具。

〔註13〕目頭巧、目色巧：臺語音 bák-thâu-khiáu、bák-sik-khá，指要非常聰明的觀察司阜的製作方法，而且要過目不忘。

〔註14〕請參閱附錄三、王漢松藝師訪談紀錄。

〔註15〕打雜學徒：就是雜差仔，任由工廠內的師傅差遣作任何雜事。

〔註16〕正式學徒：指受到陳斗與司阜們的認可，且願意教導工夫給這位學徒。

　　在學徒階段，若是半途而廢者，稱為偷走師〔註17〕，若是在學徒期間沒有認真習藝，致使習得的技藝僅有其他同伴的一半時，稱為半桶師〔註18〕。

　　陳斗向王漢松說已經可以出師，才算正式出師，成為傳統木器家具的司阜。此時，王漢松先生年僅 17 歲。在學徒階段，王漢松僅有每個月陳斗給的微薄剃頭錢〔註19〕而已。

　　在習藝階段（1936～1939），王漢松受鹿港陳斗先生與工場內其他司阜的指導，學習傳統細木作的製作技術。從各式手工具與榫卯製作及術語的學習，製作最基本的茶箍籃仔（肥皂籃子）、畚斗、四方椅、鏡台（母舅鏡）等等，以累積基本實作技術，本階段王漢松主要在於學習臺灣傳統細木作工藝鹿港體泉州風格的傳統家具製作（如圖 3-6～3-11）。

圖 3-3：蘇騫於鹿港北頭福德祠前，拍攝於 1967 年，感謝林群瑛小姐授權使用（林群瑛提供）

圖 3-4：膠夾（王肇楠提供）

〔註17〕偷走師：臺語音 thau-tsáu-sai，指學徒在學習的路上半途偷偷離開之意。

〔註18〕半桶師：臺語音 puànn-tháng-sai，指學徒學習態度不積極，只有學習一半的技藝之意。

〔註19〕剃頭錢：理髮費，依傳統來說，學徒除了一些習稱為「剃頭錢」的很少的零用錢之外，是完全沒有任何工資的。

表 3-1：王漢松師承世系表

施天火（和尚頭）

↓

陳斗
（1898～1956）

↓

王漢松（漢師）
（1923～2002）

張春能　　　王肇楠　　　王肇鈝
（1962～）　（1968～）　（1953～）

↓

王維元
（1997～）

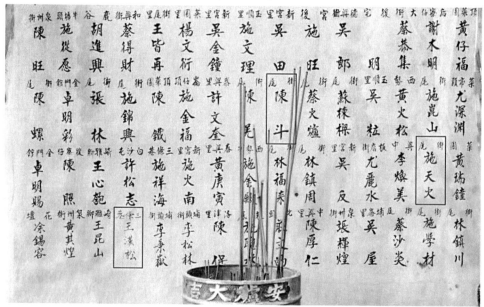

圖 3-5：鹿港小木花匠團諸先賢掛軸，右為街尾施天火，中為街尾陳斗，左為三條巷
王漢松（王維元攝，2022 年）

圖 3-6：茶箍籃仔（肥皂籃子），王漢
松製作於 1992 年（王肇楠提供）

圖 3-7：畚斗，王漢松製作，王漢松
製作於 1992 年（王肇楠提供）

圖 3-8：圓椅鼓頭仔，王漢松製作於
1991 年（王肇楠提供）

圖 3-9：圓椅頭仔，王漢松製作於
1991 年（王肇楠提供）

圖 3-10：四角椅頭仔，王漢松製作於
1991 年（王肇楠提供）

圖 3-11：鏡台（母舅鏡），王漢松製
作於 1992 年（王肇楠提供）

三、出師擔任雇工時期（17～22歲，1939～1944）

王漢松出師後（17歲，1939），由於習藝時努力學習細木作技術的態度，深得店主陳斗的肯定與讚許，在鄰居蘇騫司阜的推薦下，方能進入鹿港街享有盛名的「吳隨意家具店」內，成為細木作司阜（17～20歲，1939～1942）。

出師之後的王漢松需要自備一整套鉋刀、鑿刀、鋸子等手工具，這是每一位木工司阜自備的，且是不外借的。平日除製作木器家具之外再努力研究、揣摩客戶心目中最喜歡的家具樣式，將之設計繪成圖形，打板仔〔註20〕，做成實物，點點滴滴累積成日後獨當一面的基礎與實力。

當時司阜與店頭家有兩種計酬的方式，第一種是「作件的」（以件計酬）與第二種「吃月仔的」（月薪）。王漢松認為司阜的工作態度是要認真工作以「以工換錢」，所以會先跟店頭家談好以「作件的」的方式計酬。在這種方式之下王漢松都是最早到、最晚離開工場，天亮7點多就到工場整理環境與木材之後就開始工作，中午回家吃午飯後再回到工場工作，到太陽下山看不到工作物之後才離開，店頭家是不提供午餐的。而當時的家具店與製作家具的工場是分開的，所以王漢松可以自行開、關工場的門，只要注意一下安全就好，王漢松就是以「作件的」工作的方式在鹿港的各家具店擔任木工司阜。

依據王漢松所保存的三份資料：「王漢松勞務申告書──家具工」；「國民勞務手帳」；「體力手帳──指物工」，以及口述採訪資料，從中探討本時期臺灣已經進入武官總督皇民化時期中，如何影響王漢松的職業與收入。

在當時的日本帝國推動皇民化、工業化、南進基地與戰時體制政策〔註21〕下，臺灣總督府頒布《國民勞務手帳法》〔註22〕（1941），主要為技術勞務從

〔註20〕打板仔：臺語音 phah-bánn-na，為小木作師傅依客戶訂購的家具樣式，在一片木板上畫出數條墨線，其內包含長度、寬度、高度，及各構件的位置，以此木板上所定之墨線，就可以製作出客戶所訂製之家具。因此，能獨力完成「打板仔」，才可被認定「出師」，成為師傅。

〔註21〕皇民化運動：昭和12年（1937）7月中日雙方以「蘆溝橋事件」作為導火線正式開打後，8月15日臺灣軍司令部宣布臺灣進入戰時體制，臺灣總督府便設置國民精神總動員本部。總督府總務長官森岡二郎更透過收音機發表如下的談話：「國民精神總動員運動應該作為臺灣的根本，何況與內地相比，具有不一樣意義的重要性，也就是這個運動應該是使本島人作為真正日本人的所謂皇民化運動，以及是成為南方據點臺灣、躍進臺灣推進力的運動。」古蕙華，〈日治後期臺灣皇民化運動中的圖像宣傳與戰時動員（1937～1945）〉，（國立臺灣師範大學歷史學系碩士論文，中華民國100年1月），頁1～2。

〔註22〕國民勞務手帳法：昭和16年（1941），日本發動太平洋戰爭，戰時體制的影響

業者受政府列管，以備軍需工業之徵用。

　　在此情形之下，王漢松由當時雇主鹿港吳隨意家具店店主吳田，向「臺中州指物裝飾商組合聯合會」提出「勞務申告書」（19 歲，1941）（如圖 3-12）。在本項資料中，「勞務申告書」中記載王漢松原籍鹿港，年齡 19 歲，技能為家具工，就職於吳隨意家具店，雇主吳田，就職前商號為藝巧家具店，雇主陳斗。王漢松在前職月薪為壹圓，現職增加為壹圓貳拾錢。臺灣總督府彰化郡登錄官廳交付「國民勞務手帳——建具指物工——彰化郡（17）308」乙冊（20 歲，1942）（如圖 3-13〜3-15）與「體力手帳——指物工」〔註23〕（如圖 3-16）。

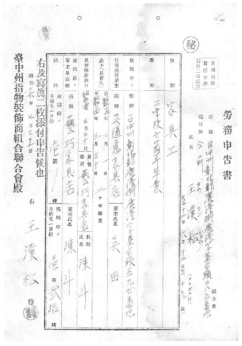

圖 3-12：王漢松「勞務申告書」，時年 19 歲（1941）（王肇楠提供）

　　　　就更為明顯。因應於此日本政府在頒布「國家總動員法（昭和 13 年 1938）」、
　　　　「國民徵用令（昭和 14 年 1939）」後，於昭和 16 年（1941）頒布「國民勞務
　　　　手帳法」，這是對 14 歲以上、未滿 60 歲的技術勞務從業者進行正式管制的法
　　　　律，臺灣有不少勞工因此而被要求登錄，國民勞務手帳中記載著個人身家、所
　　　　從事職業、居住就業異動等詳細資料，以便未來軍需工業可進行徵用動作。諸
　　　　葛正，《日治後期臺灣木工藝產業的環境成長與臺灣木工藝產業的環境成長與
　　　　相關產品、技術上的變化》，（朝陽學報第十三期，2008 年 9 月），頁 437。
〔註23〕體力手帳——指物工：王漢松當時年齡為 19 歲，於昭和 17 年 8 月由鹿港街
　　　　長田口茂雄擔任體力檢查施行者，職業登記為指物見習工，身長 167.3 糎，體
　　　　重 42.0 瓩。記事（疾病及異常指導與其他）：營養補續需要。

圖 3-13：王漢松「國民勞務手帳」封面與　圖 3-14：王漢松「國民勞務手帳」內頁
封底，時年 20 歲（1942）（王肇楠提供）　1-2，時年 20 歲（1942）（王肇楠提供）

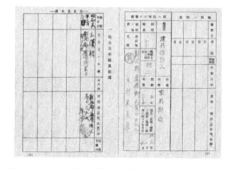

圖 3-15：王漢松「國民勞務手帳」內頁 5-　圖 3-16：王漢松「體力手帳」封面與封
6，紀載「建具指務工──家具製造」時　底，時年 20 歲（1942）（王肇楠提供）
年 20 歲（1942）（王肇楠提供）

　　當時的臺灣時空背景為日本帝國海軍對美國海軍夏威夷珍珠港海軍基地偷
襲作戰，太平洋戰爭爆發（1941）。在王漢松的「國民勞務手帳」內頁中的各項
紀載提供了非常詳細的資料，如在鹿港與高雄家具店的任、離職與月薪紀錄。
王漢松出師時的月薪為一圓，月薪最高時為二圓五十錢，到高雄時的月薪僅有一
圓三十一錢，反映臺灣的社會經濟隨著戰爭的失利而影響著匠師的月薪金額。

　　王漢松在鹿港的工作有藝巧家具店 1 年（17 歲，1939），月薪一圓（如圖
3-17）。吳隨意家具店 3 年（17～20 歲，1939～1942），月薪一圓二十錢（如圖
3-18）。木村家具店〔註 24〕2 年（20～22 歲，1942～1944），月薪達二圓五十錢，
增加一倍，這是因為王漢松說：「我就跟頭家陳斗、吳田、陳厚仁講我要作件
的，頭家有同意，所以我是每一天透早到工場，做到晚上日頭下山看不到工作
物之後，再走回家。三天早，賺一工、三冬早，賺一冬〔註 25〕。我一年只有休

────────────────

〔註 24〕木村家具店：店主為陳厚仁，其址登載為彰化郡鹿港街大有口 399。
〔註 25〕三天早，賺一工、三冬早，賺一冬：意為更早起工作三天，就多賺得了一天的
　　　　工資；三年起來得早，就等於多做了一年的活。

過年、清明、端午、中秋四個節日，星期六、日攏去工場工作，頭家也不會管你，只要開門，關門的時候注意安全一下就可以。我攏沒有休息去玩，因為我知道工夫錢是艱苦錢，所以我要認真賺錢，只有比別的師傅更打拼，才能改善厝內的經濟環境。」（如圖 3-19～3-20）。

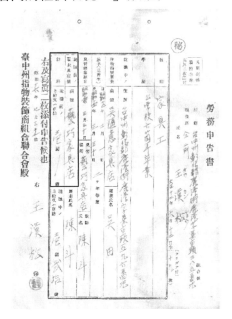 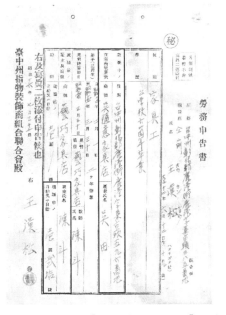

圖 3-17：漢松「勞務申告書」內「就職前ノ雇主及商號」紀載為藝巧家具店，「給料」現職中月給又八日給：壹圓，時年 19 歲（1941）（王肇楠提供）

圖 3-18：王漢松「勞務申告書」內「就職中ノ住所商號雇主」紀載為吳隨意家具店。「現職中月給又八日給」給料：壹圓 20 錢，時年 19 歲（1941）（王肇楠提供）

 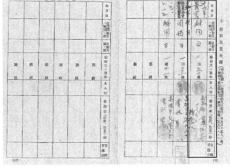

圖 3-19：王漢松「就業ノ場所登記欄」，右起第 1 欄登記為「鹿港木村家具店」，時年 20 歲（1942）（王肇楠提供）

圖 3-20：王漢松「給料及賃金欄」，右起第 1 欄登記為鹿港木村家具店，給料又八賃金：2 圓 50 錢，時年 20 歲（1942）（王肇楠提供）

　　在昭和 16 年間（1940～1942），當時由於歐美人士喜愛一種笠仔（檜木帽）〔註26〕，有日本貿易商在鹿港委託代工製作笠仔，所以鹿港就有人接受委託開笠仔店〔註27〕製作這種笠仔交給日本貿易商外銷歐美。這位店頭家就請王漢松到笠仔店內的工廠以鉋刀鉋出鉋刀鎌〔註28〕，稱為鉋笠仔草〔註29〕，王漢松改進長細光鉋之限制，將日本檜木以手鉋刀鉋成厚度平均，且不變形、不斷裂之笠仔草，深受店頭家稱讚（如圖3-21～3-22）。

圖 3-21：王漢松鉋笠仔草，拍攝於 1998 年（王肇楠提供）

〔註26〕笠仔：臺語音 lueh-a，為日治時期，歐美仕女甚為喜愛之物，戴於頭上遮蔽陽光，類似現代的帽子。其材質為由日本運來之日本檜木，經長細光鉋鉋成木薄片，厚度約 0.04mm，經專用手捻台捻成串狀，再編成一頂「笠子」，重約四錢，戴在頭上時就會聞到一股檜木香味，輕而舒適。陳慶芳，〈捕捉鹿港柴絲草傳奇〉，（彰化縣政府發行，民國 94 年 1 月）。

〔註27〕笠仔店：為臺灣人開設的店，專門產製笠仔帽，交給日本貿易商外銷到歐美。日本貿易商從日本進口日本檜木，長度約 5 尺（152 公分）、寬度約 3 寸（9 公分）、厚度約 5 寸（15 公分）。先交由木匠鉋出鉋刀鎌，一束 50 條，在一端打結後，稱為笠仔草，交給店頭家，以件論酬。店頭家再轉交給女工以手捻台捻成一串串的條絮狀，稱為紡笠仔。再轉交給編帽女工編成帽子，稱為打笠仔，專供外銷歐美，賺取外匯。

〔註28〕鉋刀鎌：臺語音 kau-dou-len，指木材經由鉋刀鉋出的細薄木片。

〔註29〕笠仔草：臺語音 lueh-a-tsháu，指木材經由鉋刀鉋出的細薄木片，專供紡笠仔使用。

圖 3-22：編製完成之笠仔（檜木帽），拍攝於 1998 年（王肇楠提供）

四、漢式家具之外的日、美家具再精進時期（22～28 歲，1944～1950）

在昭和 19 年（1944），因為日本在太平洋戰爭中逐漸失利，臺灣社會風聲鶴唳，鹿港也經濟停頓，謀生不易。王漢松在在其他司阜的介紹之下，到高雄市「清水家具店」〔註30〕進入「高雄海軍警備司令部甲級軍官用左營家具製造廠」，製造日式甲級軍官用家具，月薪一圓三十一錢。首先，衣著要求整齊乾淨，一律使用鉋刀、日本鋸等手工具製作，以そくい（米糊）〔註31〕作為黏著劑，在器面上黏貼薄皮〔註32〕，再以鉋刀細鉋平整光滑，不准使用砂布磨光，製作完成後的家具稱為「白身」（未上漆）〔註33〕，再交給日本上漆師，以うるし（生漆）〔註34〕上漆後，其平整光亮的程度，可以對著器面梳頭髮，要求

〔註30〕清水家具店：店主為日本人清水晃，其址登載為高雄市大港 650。

〔註31〕そくい：日文 Sokui，為日本指物工（家具）木匠使用的黏著劑，製作方法以米蒸熟後磨成細粉狀，以水調拌成黏稠狀，即可使用，本段文字由王漢松講述提供，匠師習稱名稱為「米糊」。

〔註32〕薄皮：臺語音 pòh-phuê，木作專有名詞，指以原木細細鉋出的很薄的原木皮，厚度約 0.02-0.05mm。

〔註33〕白身：臺語音 pèh-sin，指家具製作組合完成的階段，尚未上漆。

〔註34〕うるし：生漆，Urushi。為使用漆樹流出來的天然生漆，髹塗在器物上，稱為漆器。

精密程度甚高（如圖 3-23～3-25）。當時社會動盪不安，謠傳美軍將轟炸高雄，所以王漢松在同年 7 月 15 日請辭解雇，回到鹿港照顧父母。同年 10 月 12 日美軍派出 130 架 B-29 轟炸機轟炸高雄，史稱高雄大空襲〔註35〕。

昭和 20 年（1945）3 月，盟軍轟炸鹿港，在大街崎仔腳落下炸彈，造成崎仔腳、宮后、城隍廟、媽祖宮等地災情嚴重，媽祖宮後殿受損，居民死傷慘重，王漢松一家搬遷到鄉下地區投靠親戚，躲避市區的空襲。同年 8 月 15 日，日本天皇宣布無條件投降，王漢松時年 17 歲至 22 歲（1939～1944）。

第二次世界大戰終戰後（1945），日本離開臺灣，由南京國民政府指派陳儀〔註36〕接收臺灣，成立臺灣省行政長官公署〔註37〕與臺灣省警備總司令部〔註38〕，同時任命陳儀兼任臺灣省警備總司令部總司令，臺灣省行政長官公署公布「臺灣省管理糧食臨時辦法」，延續日治末期「總徵收總配給」制度。當時鹿港經濟一片蕭條，民不聊生，民國 35 至 38 年（1946～1949）這 3 年半，每年平均物價漲幅達 922%。影響所及，造成鹿港米價一日三市，王漢松每日辛勤賺得的工資猶不能購得適當米糧以溫飽。

因臺灣通貨膨脹，民眾對臺銀發放浮濫的舊臺幣失去信心，為了維持臺灣貨幣體系的流通，臺灣銀行特別發行「定額本票」與原有的舊臺幣共同流通，面值有伍仟圓、壹萬圓、拾萬圓、最後甚至發行壹佰萬圓面值的本票，臺灣通膨的惡化程度可想而知（1948）。民國 38 年（1949）6 月 15 日「新臺幣發行

〔註35〕高雄大空襲：美國所組的同盟國，在二戰末期空襲轟炸臺灣重要軍事設施，在 1944 年 10 月 12 日對高雄發起對軍事機構的空襲行動。

〔註36〕陳儀：（1883～1950），浙江紹興人。日本陸軍大學畢業，中華民國陸軍二級上將，國民黨政學系成員。戰後擔任臺灣省行政長官兼臺灣省警備總司令部總司令，任內發生 228 事件，為事件中爭議政治人物之一。陳明通，《派系政治與陳儀治臺論》，（中央研究院中山人文社會科學研究所專書（31），1993 年 11 月出版），頁 223～302。

〔註37〕臺灣省行政長官公署：臺灣省行政長官公署是臺灣交由中華民國治理初期的最高行政機關，民國 34 年（1945）9 月 1 日成立、民國 36 年（1947）5 月 16 日解散。蘇瑤崇，《臺灣省行政長官公署與臺灣總督府體制之比較研究》，（財團法人二二八事件紀念基金會，2004 年）。

〔註38〕臺灣省警備總司令部：臺灣警備總司令部（簡稱臺灣警備總部、警備總部、警總）是中華民國政府曾在臺灣設置的一個公共安全維護機關，隸屬於中華民國國防部，民國 81 年（1992）警總改制為海岸巡防司令部。蘇慶軒，《國民黨政府的戰爭規劃與威權統治：臺灣警備總司令部的戰時職能及其威權控制的作用（1958～1972）》，（政治科學論叢，第 64 期，2015 年 6 月），頁 137～168。

辦法」頒佈，規定新臺幣 1 元兌換美金 2 角。換言之，1 元美金可兌換新臺幣 5 元，再以 1 元美金折合舊臺幣 20 萬元為標準，規定舊臺幣 4 萬元折算新臺幣 1 元，造成人民資產一夕之間巨大的貶值〔註39〕。

在如此嚴峻的社會環境下，王漢松辛苦累積的積蓄一夕之間驟貶蒸發，只得離開鹿港，往更高工資且相對穩定的臺北士林「華森家具店」〔註40〕工作，專門製作駐臺美軍軍官〔註41〕訂製之美國式家具〔註42〕。因美國式家具大多是較為大型粗獷的，且製作方式如整體造形、應用榫卯結合、裝飾題材、線腳樣式、板材處理等都和日本式家具有很大之不同，而這也考驗著司阜隨機應變的技術程度。

另外，王漢松還要參照美國鄉村雜誌內的家具圖片，再手繪草圖給訂製的美軍軍官看，並且接受美軍軍官更改圖稿。所以一張圖通常是改了兩三回才定稿，然後再畫一張確定的圖樣做最後的確認。而在「華森家具店」內除了店頭家會畫以外，司阜就只有兩人會畫，而王漢松即是其一。而圖樣經過美軍軍官確認之後，即開始製作。美軍軍官所訂製的美國式家具都有一個用料上的特點，就是其材質使用進口泰國柚木，抽屜牆等內板材都指定要使用臺灣樟木。有很多的師傅在製作之前沒有先想好各個製作過程，所以往往做到一半就無法接續，店頭家就會請王漢松去幫忙解決，而王漢松因製作手藝精巧，而由剛開始的在店裡製作及指導其他司阜技術方面的問題，逐漸的獲得當時駐臺美軍軍官喜愛與指定製作，甚至會私下給王漢松一些美金與黃金當作酬謝。當美軍軍官們輪調回美國時，家具亦一併裝船運回美國本土。每當他們駐足欣賞由王漢松所精心製作的家具，從形式的濃纖合度、比例的完美、各構件間的合理分配、打開抽屜，聞到濃濃的臺灣樟木香味時，就會勾起無限回憶，懷念在臺

〔註39〕簡榮聰主修，《臺灣近代史　經濟篇》，（南投，臺灣省文獻委員會，1995 年）。
〔註40〕華森美國家具店：Watson Furniture（1939～1950），位於臺北士林，專門接受駐臺美軍軍官訂製家具。
〔註41〕駐臺美軍軍官：其源起大約在臺灣終戰之後，即有在臺灣辦公的美軍顧問團團員以「美軍聯絡組」（American Liaison Group）自稱，駐紮於臺北士林、天母地區。
〔註42〕美國式家具：為以依照美國式家具樣圖樣或圖稿由臺灣匠師在臺灣製作之意，而一般匠師統稱美國式家具為「美式仔」。駐臺美軍軍官駐紮於臺北士林、天母地區，即有家具店標榜製作美國式家具以售予美軍軍官。而當時美金兌臺幣之匯率相當高，故利潤相當好。但因受普通司阜無法製作，故通常店頭家都會四處徵求會製作之司阜，王漢松即是以此方式到臺北受聘。

灣的種種回憶及所欣賞的臺灣家具司阜王漢松之妙手巧藝（如圖 3-26～3-31）。

在民國 36 年（1947）2 月 27 日下午，王漢松一如往常於下午 5 時多下班，和工場內的司阜們一起到臺北市太平町〔註43〕附近吃東西和逛逛。沒想到親身經歷了 228 事件的發生現場。造成全臺灣的動亂與軍事鎮壓，也由於經歷了此　事件，促使王漢松結束在臺北的工作，回到鹿港，王漢松時年 23 至 28 歲（1945～1950）。

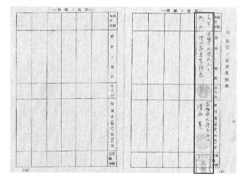

圖 3-23：王漢松「居住ノ場所異動欄」，記載為高雄市「清水家具裝飾店」，店主為清水晃，時年 22 歲（1944）（王肇楠提供）

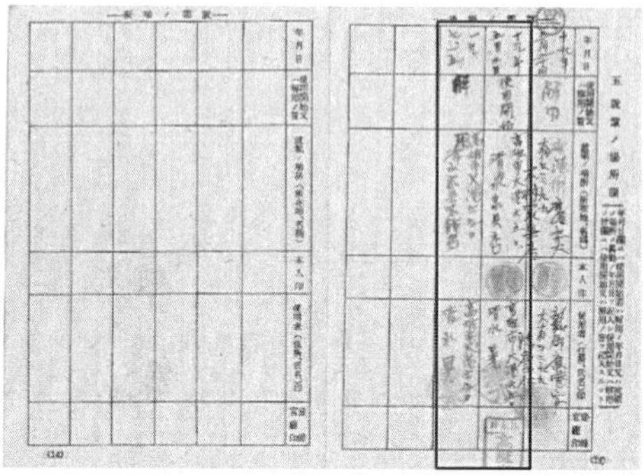

圖 3-24：王漢松「給料及賃金欄」，右起第 2-3 欄登記為高雄市清水家具店，給料又賃金：1 圓 31 錢，時年 22 歲（1944）（王肇楠提供）

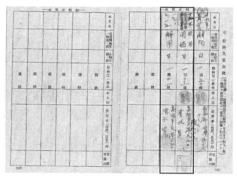

圖 3-25：王漢松「給料及賃金欄」，右起第 2-3 欄登記為高雄市清水家具店，給料又賃金：1 圓 31 錢，時年 22 歲（1944）（王肇楠提供）

〔註43〕太平町：今為臺北市重慶北路與南京西路交叉點附近。

圖 3-26：王漢松於臺北士林華森家具店手繪美軍家具全頁圖稿，時年 23～28 歲
（1945～1950）（王肇楠提供）

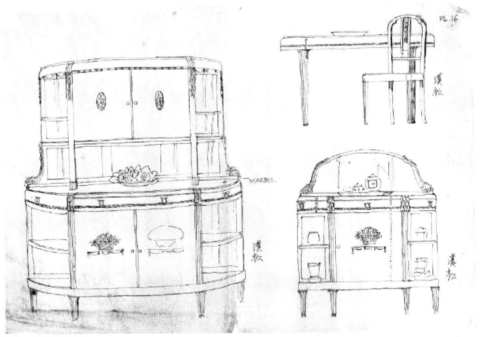

圖 3-27：王漢松於臺北士林華森家具店手繪美軍家具全頁圖稿，時年 23～28 歲
（1945～1950）（王肇楠提供）

圖 3-28：王漢松於臺北士林華森家具店手繪美軍家具全頁圖稿，時年 23～28 歲
（1945～1950）（王肇楠提供）

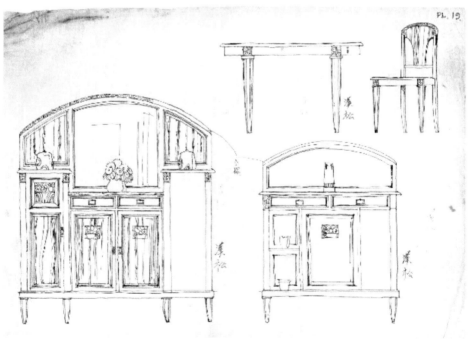

圖 3-29：王漢松於臺北士林華森家具店手繪美軍家具全頁圖稿，時年 23～28 歲
（1945～1950）（王肇楠提供）

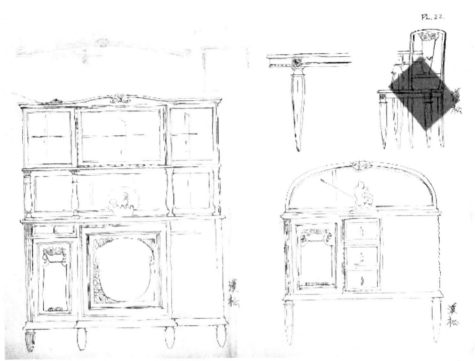

圖 3-30：王漢松於臺北士林華森家具店手繪美軍家具全頁圖稿，時年 23～28 歲
（1945～1950）（王肇楠提供）

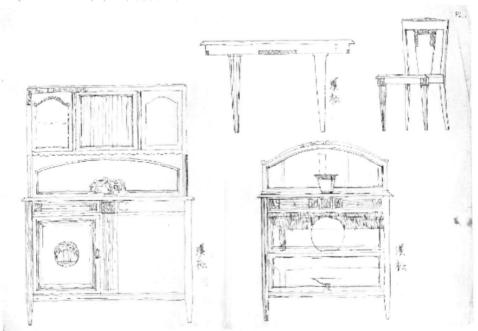

圖 3-31：王漢松於臺北士林華森家具店手繪美軍家具全頁圖稿，時年 23～28 歲
（1945～1950）（王肇楠提供）

五、技術茁壯展露頭角時期（28～48 歲，1950～1970）

　　當時常回鹿港的王漢松，因為已屆結婚之適當年齡（如圖 3-32），所以在鄰居媒婆楊郭春的介紹之下，認識了住在同鎮洛津里桂花巷 19 號〔註44〕，林明、林施滿〔註45〕之次女林月裡小姐。由父親王茲枝批算手書「庶績咸熙」〔註46〕紅簽（如圖 3-33），擇定吉日，於 27 歲結婚（1949）。結婚之後王漢松尚常回臺北工作，於長女出生後返回鹿港，生養兒女（1950）。

　　王漢松以 20 年的時間（1950～1970），在鹿港各家具工廠歷練，學習各家具行的經營之道與各木工廠木工司阜的專門技術與各家之長，作為增進與提升日後創業時自己經營事業與技術程度。

　　時任臺灣省政府主席兼臺灣省警備總司令陳誠頒布臺灣省戒嚴令〔註47〕（1949），當時的社會非常不安，王漢松雖然已經結婚，但是仍然選擇暫時留在臺北士林，一方面是當地有美軍駐紮，治安較好。一方面也是工資可以相對較高與穩定，讓王漢松可以存錢作為積蓄。

　　當時，鹿港一般家具店頭家的第一代都是先從學習家具木工技藝出師後，累積資本開設家具店營業，附設木工廠，再請家具木工司阜進廠製作家具供店面銷售。第二代成年之後，大多會跟在父親身邊學作生意，不會進入工廠學習木工技術，在第一代店頭家退休之後繼承家業繼續經營，所以第二代大多不諳木工技術與實務經驗。

　　王漢松在鹿港各家具店與工廠歷練期間，用心的觀察各家家具店的店頭家是如何經營事業，有哪一些是要注意的。當時已經有一些家具店由第二代接

〔註44〕現為鹿港鎮洛津里成功路 66 之 1 號。

〔註45〕林明、林施滿：為王漢松之岳父、母，育有長女林若蘭、長子林得福、次女林月裡、三女林翠娥、次子林德典、四女林彩鳳、五女林青梅、三子林得富等。

〔註46〕庶績咸熙：為擇日紅簽頁首所題，其意為眾多的功業。語出《書經‧堯典》：允釐百工，庶績咸熙。

〔註47〕臺灣省戒嚴令：正式名稱為《臺灣省政府、臺灣省警備總司令部布告戒字第壹號》，是由時任中華民國臺灣省政府主席兼臺灣警備總司令陳誠於民國 38 年（1949）5 月 19 日頒布的戒嚴令，宣告自同年 5 月 20 日零時（中原標準時間）起在臺灣省全境實施戒嚴，至民國 76 年（1987）由時任總統蔣經國宣布同年 7 月 15 日解除該戒嚴令為止，共持續 38 年 56 天。以臺灣省來說，第一次戒嚴是二二八事件發生時，由時任臺灣省行政長官兼警備總司令陳儀所發布，此次是第二次實施戒嚴。該戒嚴令實行時期又被稱為「戒嚴時代」或「戒嚴時期」。戴寶村，《解嚴歷史與歷史解嚴：高中歷史教科書內容的檢視》，（臺灣文獻季刊第 58 卷第 4 期，2007 年 12 月 31 日），頁 399～426。

手經營，因為較為沒有製作家具的實際經驗，在面對客戶提出新的要求與工廠內司阜的工作安排，往往捉襟見肘，因此需要如王漢松有實務經驗的司阜擔任中間溝通的橋樑。所以王漢松是由店頭家邀請成為司阜頭，幫助店頭家面對客戶繪製新式樣家具圖樣，備妥需要的各種木材再交代給工廠內的木工司阜製作，在司阜遇到製作困難無法解決時，提出巧妙的解決方法，讓家具可以更漂亮與理想，打理工廠所需要使用及購買的木材，而且可以觀察學習技術較好的木工司阜的專門技術，王漢松以人格信用獲得店頭家與司阜們的信任，讓他在這 20 年可以學到經營的訣竅，作為增進與提升日後創業時自己經營事業與技術程度，王漢松當時為 28 歲至 48 歲（1950～1970）。

 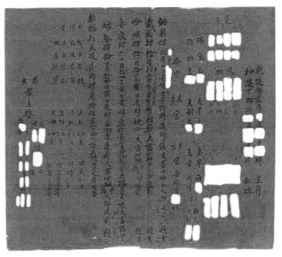

圖 3-32：王漢松 28 歲之照片，拍攝於 1949 年（王肇楠提供）

圖 3-33：王茲枝批算手書「庶績咸熙」王漢松結婚吉課紅簽，王茲枝時年 60 歲，王漢松時年 28 歲（1949）（王肇楠提供）

六、工藝成熟時期（48～80 歲，1970～2002）

　　王漢松在經過 20 年的歷練，在 48 歲（1970）決定創業成立「漢松藝術創作坊」，即身兼老闆與司阜，所以能夠發揮自己的創意及技術，而不會受到制肘。而且對聘請的司阜也一樣的要求技術及工法，在細節的地方也一絲不苟，一定要求到盡善盡美，用材也是力求質精。所以在客戶們累積滿意的結果，王漢松的家具品質才能在鹿港地區逐漸的展露頭角，一點一滴的累積漢師的手

路很「幼」（精緻）的聲譽。

王漢松在本時期共有 4 個階段的作品發展，第 1 個階段是製作現代風格的家具，計有 10 年的時間（48～58 歲，1970～1980）；第 2 個階段是製作現代改良神櫥，計有 9 年的時間（58～67 歲，1980～1989）；第 3 個階段是回到傳統風格的傳統家具，計有 13 年的時間（67～80 歲，1989～2002）；第 4 個階段是以傳統工法將百年傳統神桌與家具進行修復，計有 6 年的時間（74～80 歲，1996～2002）。

在經過了 20 年的歷練家具製作技術後，在第 9 個孩子出生的同年，因為已經 48 歲，王漢松決定要自己創業，所以以標會方式準備了五萬元，王漢松擔任頭家與司阜頭，承租民宅閒置空間作為家具工廠，找幾位和得來的司阜一起製作家具，成立「漢松藝術創作坊」。使用的木材以臺灣檜木為大宗，向鹿港有名的料館〔註48〕買木材，不買來路不明的木材。這種以承租工廠的方式進行設廠、製作與銷售至王漢松逝世為止，這段期間共有 32 年（48～80 歲，1970～2002）。因向房東承租的工廠或因房東自有他用、或是租約到期等等的原因，共遷徙了 7 次之多，這也說明了一個現象，就是傳統行業的獲利有限。隨著當時的臺灣經濟起飛，王漢松仍然堅持臺灣傳統的工匠精神〔註 49〕與日本職人精神〔註50〕，絕不偷工減料，也絕不敷衍了事。這個個性特質，除了自學徒階段培養的毅力與專業技術（14～17 歲，1936～1939），經歷了日治時期、國民政府時期、回鹿港歷練 20 年。在創業前，已經累積了 34 年的經歷，看遍了各家家具店形形色色的經營方式與木工司阜各種各樣製作家具的態度，最後堅持以臺灣傳統的工匠精神與日本職人精神來經營，以誠實信用為原則。從中可以觀察到，王漢松雖然並無為謀求暴利而致富，但是留傳下來的臺灣傳統的工匠精神與日本職人精神與誠實信用的原則。在王漢松創業時期，適逢臺灣政治相對穩定，經濟型態從農業經濟發展為工商與貿易經濟，他在之前所累積的名聲之下，以小型家具工廠製作方式，既是頭家也是製作司阜，也要求工廠內司阜製作的精密度要好，所以設計製作的家具卓有聲譽。王漢松第 1 次租於

〔註48〕料館：為鹿港木工司阜稱呼木材行的習稱。

〔註49〕工匠精神：自我深度探求技術，對於自己的作品擁有相當的自信，不因為金錢或時間的限制而妥協，而只要是答應接下的工作，即使最終導致利益上的損失，也會全力完成。

〔註50〕日本職人精神：職人しょくにん（Shokunin）是一種透過自己熟練的技術與雙手打造作品，在日本江戶時代的士農工商當中屬於「工」，但在悠久的日本歷史當中，職人是一種受人民尊重的職業。

鹿港景福巷〔註51〕開設工廠為創業初期，製作現代風格的家具，床，衣櫥，桌椅等，銷售給鹿港各家具行（48～49 歲，1970～1971）。

　　王漢松在第 1 個階段是製作現代風格的家具，作品有客廳組（長椅、桌子、椅子）與房間組（床、衣櫃、梳妝台、梳妝椅），計有 10 年的時間（48～58 歲，1970～1980）（如圖 3-34～3-41）。工廠第 2 次遷移承租於鹿港金盛巷〔註52〕（49～52 歲，1971～1974），工廠第 3 次遷移承租於鹿港復興路〔註53〕（52～53 歲，1974～1975），本年首次購買豐原正光木工機器公司〔註54〕電力木工機械手壓鉋機〔註55〕（如圖 3-42）、平鉋機〔註56〕（如圖 3-43～3-44），此為王漢松工廠進入電力輔助生產的一個新階段。

圖 3-34：王漢松製作現代風格家具──書桌，時年 48～57 歲（1970～1979）
（王肇楠提供）

〔註51〕今蘇府三王爺廟附近，鹿港鎮景福巷內。

〔註52〕今鹿港鎮金盛巷內。

〔註53〕今鹿港鎮民權路 82 號，中華電信局附近。

〔註54〕正光木工機器廠：1966 年創立，當時位於豐原鎮頂街里豐勢路 51 號，電話 3587。

〔註55〕手壓鉋機：手壓鉋機主要功能是將木材鉋削成直面以及直角面。

〔註56〕平鉋機：平鉋機的功能是鉋削上下平行的材面之厚度。

圖 3-35：王漢松製作現代風格家具──多格櫥，時年 48～57 歲（1970～1979）
（王肇楠提供）

圖 3-36：王漢松製作現代風格家具──扶手椅，時年 48～57 歲（1970～1979）
（王肇楠提供）

圖 3-37：王漢松製作現代風格家具——八角桌，時年 48～57 歲（1970～1979）
（王肇楠提供）

圖 3-38：王漢松製作現代風格家具——衣櫥，時年 48～57 歲（1970～1979）
（王肇楠提供）

圖 3-39：王漢松製作現代風格家具──雙鏡台，時年 48～57 歲（1970～1979）
（王肇楠提供）

圖 3-40：王漢松製作現代風格家具──酒櫃，時年 48～57 歲（1970～1979）
（王肇楠提供）

圖 3-41：王漢松製作現代風格家具全組家具，時年 48～57 歲（1970～1979）
（王肇楠提供）

圖 3-42：手壓鉋機，於民國 60 年間購入（1971）（王維元攝，2022 年）

圖 3-43：平鉋機，於民國 60 年間購入（1971）（王維元攝，2022 年）

圖 3-44：平鉋機銘牌（王維元攝，2022 年）

　　工廠第 4 次遷移承租於鹿港三條巷 11 號〔註 57〕（53～58 歲，1975～
1980），受到鹿港中山路百年老字號茂順中藥行〔註 58〕陳老闆請託為其店中重
新製作乙座中藥櫃，在王漢松精心製作之下，採用臺灣檜木材質，以榫卯結構

〔註 57〕 今鹿港北頭土地公廟旁三條巷內。
〔註 58〕 茂順中藥行：成立於同治 5 年（1866），由鹿港陳姓望族所設立，最初以從大
　　　　 陸進口名貴藥材及中醫治療為本業，位於彰化縣鹿港鎮中山路 196 號。

製作，放置中藥的抽屜與內小方格皆以梧桐木製作，因為梧桐木沒有味道且吸潮性強，可以避免中藥材因久放受潮而變質，同年運抵茂順中藥行內放置使用，在製作過程中，陳老闆並沒有前往探視，王漢松詢問之後，陳老闆說：「漢司作的工作，免看一定水」〔註59〕（54 歲，1976）。此座中藥櫃使用至今民國111 年（2022）已有 46 年，觀察其結構及外觀仍相當完好，由此可見王漢松製作技術與對木材特性掌握得宜，享譽於鹿港，此即為證明，從外觀觀察，本座中藥櫥的主結構與抽屜經過頻繁使用仍然保持密合無鬆脫，反映出王漢松堅持的原則，歷經 46 年的歲月仍然保持完好（如圖 3-45）。

圖 3-45：王漢松承製之鹿港中山路百年老字號「茂順中藥行」中藥櫃，時年 54 歲（1976）（王肇楠提供）

　　工廠第 5 次遷回祖宅鹿港三條巷 8 號（58～64 歲，1980～1986），在此階段因為臺灣經濟發展，王漢松進行第一次轉型，將傳統三件式的供桌修改設計改良為神櫥〔註60〕。王漢松第 2 個階段是製作現代改良樣式的神櫥，因為臺灣經濟發展與社會型態的轉變，現代樣式家具與傳統的三件式供桌銷售量下

〔註59〕漢司作的工作，免看一定水：意為王漢松作的作品，不必擔心要常常監督觀察，放心的等待之後，完成的作品一定會非常漂亮。

〔註60〕神櫥：為上、下二座，龕式，可分拆與組合，下座另有一個四方桌，上座可供安置神明與祖先龕。

滑。所以王漢松進行第一次轉型，將三件式傳統供桌改良為上、下兩件組合式
神櫥，可以拆卸組合，方便運送與組裝，有三大類，第一類是「牌樓式」，是
在上座的頂部以斗栱方式製作（如圖3-46），第二類是「八仙」，是在上座的頂
部以一整片木板雕刻「八仙祝壽」作為主題製作（如圖3-47），第三類是「福
祿壽三仙式」，是在上座的頂部以一整片木板雕刻「福祿壽三仙」作為主題製
作（如圖3-48）。在本階段再購入圓盤鋸機（如圖3-49）、角鑿機（如圖3-50）
等木工電動機器。

　　工廠第 6 次遷移承租於鹿港鎮埔崙里崙仔巷 30 之 2 號〔註61〕（64～74
歲，1986～1996），工廠第 7 次遷移於鹿港鎮詔安里詔安巷 63 號迄今（74～80
歲，1996～ ）。

圖 3-46：王漢松設計製作之「牌樓式」神櫥，下座雕刻「四季堵」門扇，
中央部位有抽板，時年 58～64 歲，（1980～1986）（王肇楠提供）

〔註61〕今鹿港運動公園附近。

圖 3-47：王漢松設計製作之「八仙式」神櫥，上座兩側為鳳凰，下座桌子兩側為麒麟獻瑞雕刻，時年 58～64 歲，（1980～1986）（王肇楠提供）

圖 3-48：王漢松設計製作之「福祿壽三仙式」神櫥，上座兩側為半龍柱下座中央抽屜為鳳凰朝牡丹、兩側為麒麟獻瑞雕刻。桌子為四腳收納式，使用時可搬出，平時可收入下座內，節省空間，時年58～64 歲，（1980～1986）（王肇楠提供）

圖 3-49：萬能剪——圓鋸機，於民國 69 年間購入（1980）（王維元攝，2022 年）

圖 3-50：角鑿機，於民國 69 年間購入（1980）（王維元攝，2022 年）

　　王漢松第 3 個階段是回到傳統樣式與風格的傳統家具，計有 13 年的時間（67～80 歲，1989～2002）。

　　在臺灣政府開放大陸探親與投資（1989），家具製作產業是第一波外移到大陸設廠回銷至臺灣的產業之一，由臺灣的資金與技術人員到大陸指導當地廉價勞工，以簡單化的榫卯結構或是以螺絲固定的現代式家具，以超低價源源不絕的傾銷回臺灣，嚴重影響到臺灣本地的傳統家具工廠，造成本地的傳統家具工廠紛紛倒閉停業，連帶也影響王漢松的家具工廠營業額下滑，工廠內年長的司阜們逐漸的離職轉業或是退休。當時有王漢松的好友到大陸投資大型家具工廠，邀請王漢松與二位兒子到大陸擔任木工技術廠長，「以技術換股份」的非常優渥條件，但王漢松不為所動，予以婉拒，堅持臺灣的根要留在臺灣（1990）。

　　王漢松面對此嚴峻情形之下，觀察到社會上形成一股追求返璞歸真的臺灣民藝，對於臺灣早期家具與各式器物的追求蔚為風潮。經過審慎思考之後，毅然進行第二次轉型，改為臺灣傳統細木作家具父子個人工作坊的型態，以傳統工藝規制，設計、製作全榫卯傳統家具與供桌，重現王漢松自日治時期所學習的泉州派鹿港體樣式，歷經 54 年的淬鍊與昇華，王漢松所內化含蘊的傳統細木作技藝，以自身所保存傳統泉州派鹿港體的風格、體式、工料、工法、工序、術語、宜忌、榫卯樣式與名稱、各式手工具名稱與使用方法等等，製作各式傳統泉州派鹿港體家具與祭祀用具，深受社會各界好評與讚譽。

　　王漢松更重現於清朝、日治時期中部地區之「臺灣檜木入茄苳木」（異木鑲嵌）工法，本工法僅見臺灣官宦府邸之中，如霧峰林家「宮保第」第三進正身明間隔扇裙板（如圖 3-51），鹿港「辜顯榮府邸」（大和行）內花瓶臺家具（今財團法人鹿港民俗文物館）（如圖 3-52）。因為此工法曠日費時，精細繁複，所費不貲，所以至日治末期已經沒有匠師製作而消失不存。因此，王漢松不惜投入心血重現「臺灣檜木入茄苳木」（異木鑲嵌）製作，在整體造型上以「雅緻韻長」為傳統文化文人風格的展現。

　　本階段王漢松作品的特色為在家具的各面向皆以典雅細緻的製作方式表現，如以「祥雲昇龍奉桌組」為例，各構件以傳統細木作榫卯工法製作，虎口花柴以「透雕、清底、圓雕」雕刻技法表現出「祥雲昇龍」中香爐與篆龍紋樣，器面以「臺灣檜木入茄苳木」異木鑲嵌技法表現出「如意回紋」，桌腳的線條以「皇宮線」起線製作，顯現大器風範，本件作品集合榫卯、雕刻、

鑲嵌、起線等四項技法製作，充分表現出王漢松作品技藝純熟，典雅麗緻之大成。

其中的「臺灣檜木入茄苳木」工法為最大特色，其工序為在家具器面上以鑿刀鑿出紋樣的凹槽，再以茄苳木鑲嵌於內，本工法要求「密合緊入」（嚴絲合縫），在鑿凹槽時需要全神貫注，不能錯誤與錯位。製作完成後的底材外觀為淺色的臺灣檜木，表面上鑲有表材深褐色的茄苳木，團繞盤旋呈現出具有傳統意涵的圖紋，恰與臺南體「茄苳入石榴」鑲嵌工法底、表材互為相異，充分顯現出各地域的傳統文化內涵（如圖 3-53～3-57）。

王漢松即是以這種用心製作態度的傳統工法，傳授給長子王肇鉌、次子王肇楠，從工法、工序、術語、專有名稱、宜忌規制等傳統師徒傳承的專業知識。對於文化資產而言，王漢松呈現了泉州風格鹿港體式的傳統家具樣貌，知曉與傳承專業知識，提送的作品獲得國家各獎項的榮譽與典藏，是對王漢松具有的無形文化資產價值最高肯定。

圖 3-51：霧峰林家宮保第第三進正身明間隔扇裙板「博古圖」，深褐色即是「入茄苳木」鑲嵌工法（王維元攝，2022 年）

圖 3-52：鹿港辜顯榮府邸內花瓶臺家具，臺面板下「堅仔」構件「五福獻瑞」即是「入茄苳木」工法，本照片感謝鹿港民俗文物館授權使用（王肇楠提供）

圖 3-53：王漢松以鑿刀鑿出鑲嵌凹槽之神情，時年 76 歲，拍攝於 1998 年
（王肇楠提供）

圖 3-54：王漢松以茄苳木鑲嵌入凹槽之神情，時年 76 歲，拍攝於 1998 年
（王肇楠提供）

圖 3-55：王漢松以茄苳木鑲嵌入凹槽之神情，時年 76 歲，拍攝於 1998 年
（王肇楠提供）

圖3-56：王漢松以「臺灣檜木入茄苳木」（異木鑲嵌）工法製作「祥雲昇龍奉桌組」
作品局部特寫，時年76歲，拍攝於1998年（王肇楠提供）

圖3-57：王漢松製作「祥雲昇龍奉桌組」作品，時年76歲，拍攝於1998年
（王肇楠提供）

七、個人榮譽時期（58～80 歲，1980～2002）

本時期為探討王漢松自 58 至 80 歲辭世為止共 22 年的時間（1980～2002），經本研究整理之後，計有 6 項的表現：刊物登載、獲獎、家具修復、指導著作、技藝傳習、入祀於「鹿港錦森興小木花匠團」。

綜觀本時期的王漢松，以匠師為本，行績卓著。如將細木作工法、工序、術語、榫卯名稱等逐項敘述，供梓行出書；堅持將細木作技藝根留臺灣並傳授於第二代等等，其所識所行、臻藝精術，為鹿港細木作百年來之第一人並成為王漢松家族細木作傳承之始。

（一）刊物登載

鹿港尤增輝〔註 62〕經實地調查訪談認為，王漢松自 14 歲起拜師學藝，17 歲至 21 歲出師成為吳隨意家具店師傅，歷經日治、國民政府戰亂動盪時期，王漢松仍然堅持執業於傳統木工藝，沒有中途而廢，轉職另就，並自行創業，承製鹿港百年老字號的茂順中藥行中藥櫃，傳承鹿港傳統細木作工藝已有 43 年，於是列為《鹿港三百年》〔註 63〕工藝篇木器類〔註 64〕記載為著名老師傅，由戶外生活雜誌社出版，證明王漢松之細木作技藝已然深受各界肯定（58 歲，1980）（如圖 3-58）。

分類	特色	產品分售地		著名老師傅		老師傅外流
		過去	現在	過去	現在	
木器	1.中國南方傢俱的傳統式樣以閩南、泉州爲多、廣東式亦有，日據時代日式鏡臺，立櫥普遍流行。 2.式樣古意皆源傳統造形如八仙桌、供桌、衣櫃。 3.鹿港手工精良，古法筍頭銜接，牢固耐用、形態、規格全依古法。	泉州、牙口、澎湖（清時）北至板橋南至嘉義	全省（嗜好古式者）	施光銳 吳隨意	吳隨意傢俱店老師傅 王漢松	(1)散佈全省各地 (2)太民師被延請至新竹，造成新竹木器業之繁榮。

圖 3-58：《鹿港三百年》，頁 209（王肇楠提供）

〔註 62〕尤增輝：臺灣彰化鹿港人，1948～1980，筆名王堂燕、樓明月、伍風樓、高鴻雲。《鹿港斜陽》是尤增輝的第一本書，本書可以說是戰後臺灣民間研究鹿港的首部專書。

〔註 63〕尤增輝，《鹿港三百年》，（戶外生活雜誌社出版，1980 年）。

〔註 64〕工藝篇木器類：同上，頁 209。

（二）獲獎

王氏再以作品傳統漢式太師椅，榮獲臺灣省手工業研究所舉辦第三屆臺灣工藝設計競賽——金獎，作品榮獲永久典藏。創作構想與特色：「【傳統漢式太師椅】本太師椅係以本省產製之檜木用木榫方式構造而成，具有本土屬性，本太師椅造型簡潔、厚實、舒適，並以檜木原色構成，不塗裝，以手直接推光，以創造實木之感，保持木理、木紋、木色之美，是一組新設計最具有鄉土情懷的產品，實用美觀。」〔註65〕（73 歲，1995）（如圖 3-59～3-61）。

圖 3-59：文建會副主委劉萬航頒獎予王漢松，時年 73 歲，拍攝於 1995 年（王肇楠提供）

圖 3-60：王漢松金獎作品「傳統漢式太師椅」，時年 73 歲，拍攝於 1995 年（王肇楠提供）

圖 3-61：王漢松金獎作品「傳統漢式太師椅」獎狀，時年 73 歲（1995）（王肇楠提供）

圖 3-62：王漢松金獎作品「傳統漢式太師椅」，榮獲工藝中心指定為典藏之寶，民國 105 年（2016）（王肇楠提供）

〔註65〕臺灣省手工業研究所，《第三屆工藝之夢，設計與生活的對話》，（金獎／25／傳統漢式太師椅，創作構想與特色，1995 年 4 月出版），頁 7～8。

　　本組作品更榮獲國立臺灣工藝研究發展中心指定為「典藏之寶」〔註66〕，顯示出王漢松遵循傳統工法與規制製作的傳統漢式太師椅，能於獲獎之後歷經 20 年的歲月，再獲肯定而光輝更耀（2016）（如圖 3-62）。

　　王漢松堅持與力行於傳統細木作工藝的原則與實例，榮獲「第四屆全球中華文化藝術薪傳獎」〔註67〕民俗工藝獎，榮典於總統府晉見李登輝總統，李總統面致嘉許。例證王漢松不以眼前近利為騖，堅持原則的高瞻遠矚的明智睿慧（74 歲，1996）（如圖 3-63～3-68）。

圖 3-63：王漢松於總統府晉見李登輝總統，時年 74 歲，拍攝於 1996 年（王肇楠提供）

圖 3-64：王漢松於總統府晉見李登輝總統合影，時年 74 歲，拍攝於 1996 年（王肇楠提供）

圖 3-65：僑委會祝基瀅主委頒獎于王漢松，時年 74 歲，拍攝於 1996 年（王肇楠提供）

圖 3-66：文建會林澄枝主委恭賀王漢松並合影，拍攝於 1996 年（王肇楠提供）

〔註66〕國立台灣工藝研究發展中心，《典藏之寶》，（2016 年出版），頁 24～29。
〔註67〕全球中華文化藝術薪傳獎：中華民國資深青商總會為發揚傳統文化，於民國 84 年（1995）主辦「第三屆傑出中華文化藝術薪傳獎」，民國 85 年（1996）擴大主辦為「第四屆全球中華文化藝術薪傳獎」。

圖 3-67：王漢松「第四屆全球中華文化藝術薪傳獎」當選證書（1996）（王肇楠提供）

圖 3-68：第四屆全球中華文化藝術薪傳獎獎座（王維元攝，2022 年）

以作品富貴祝三多——書桌〔註 68〕作品，榮獲行政院文化建設基金管理委員會舉辦第五屆民族工藝獎——其他類三等獎，評審意見：「造型穩健大方，技巧純熟，以木材自然紋飾傳達純樸特質，富新人文風格」〔註 69〕（74 歲，1996）（如圖 3-69～3-70）。

圖 3-69：文建會主委林澄枝頒獎予王漢松，拍攝於 1996 年（王肇楠提供）

圖 3-70：王漢松作品「富貴祝三多——書桌」，拍攝於 1996 年（王肇楠提供）

以作品祥雲昇龍奉桌組，榮獲國立傳統藝術中心籌備處舉辦第一屆傳統工藝獎其他類三等獎，作品榮獲永久典藏。得獎評語：「造型頗富傳統風貌，製作及雕工精緻，色彩保留木材之本色、質感，整組作品搭配得宜」〔註 70〕

〔註68〕富貴祝三多——書桌：本作品陳設於書齋、書房之中，與太師椅搭配則為一組完整之漢式書桌，可供閱覽讀書之用。

〔註69〕國立歷史博物館，《第五屆民族工藝獎得獎作品專集》，（1996 年出版），頁 91～93。

〔註70〕國立傳統藝術中心籌備處，《第一屆傳統工藝獎作品集》，（1998 年出版），頁 106。

（76 歲，1998）（如圖 3-71～3-72）。

圖 3-71：文建會副主委劉萬航頒獎予王漢松，拍攝於 1998 年（王肇楠提供）

圖 3-72：王漢松父子得獎作品「祥雲昇龍奉桌」，拍攝於 1998 年（王肇楠提供）

　　王漢松以多年推廣臺灣傳統藝術教育事蹟，榮獲教育部頒「第一屆推廣藝術教育有功人員獎」〔註71〕（77 歲，1999）（如圖 3-73～3-75）。

圖 3-73：教育部長楊朝祥頒獎予王漢松，拍攝於 1999 年（王肇楠提供）

圖 3-74：教育部頒藝術教育獎座，拍攝於 1999 年（王肇楠提供）

圖 3-75：教育部頒藝術教育獎座，拍攝於 1999 年（王肇楠提供）

〔註71〕推廣藝術教育有功人員獎：教育部為表揚對藝術教育具有貢獻及服務績效之團體與個人，獎勵其對藝術教育卓越貢獻。

以作品玉堂富貴太師椅，榮獲日本國第 24 回日本手工藝美術展覽會之手藝新聞社賞（77 歲，1999）（如圖 3-76～3-77）。

圖 3-76：日本國第 24 回日本手工藝美術展覽會之手藝新聞社賞狀，拍攝於 1999 年（王肇楠提供）

圖 3-77：王漢松得獎作品「玉堂富貴」，拍攝於 1999 年（王肇楠提供）

（三）家具修復

王漢松除了製作家具之餘，也開始承攬其他委託修復的早期家具，如接受臺中市元保宮〔註 72〕之請，為其創廟同年眾弟子答謝製作之清乾隆 56 年款（1791）製作之大供桌〔註 73〕，擔任維修規劃計畫之主持人，指導王肇鈇與王肇楠依照傳統家具修復古法進行修復（74 歲，1996）（如圖 3-78～3-80）。

圖 3-78：臺中市元保宮清乾隆 56 年款（1791）製作之大供桌（王維元攝，2022 年）

〔註 72〕臺中市元保宮：俗稱大道公廟，此廟是乾隆 56 年（1791）冬建立，道光 26 年（1846）重修一次，大正 13 年（1924）再重修。廟宇正殿被列為臺中市三級古蹟，位於臺中市北區賴村里梅川西路 3 段 109 號。

〔註 73〕清乾隆 56 年款大供桌：上款文：乾隆伍拾陸年（1791）孟冬敬題；下款文：弟子黃正、賴懇、賴成、賴報、賴透、賴桃、賴斗、賴儀全答謝，今安置於臺中市元保宮凌霄寶殿一樓文物館內。

圖 3-79：臺中市元保宮清乾隆 56 年
款大供桌弟子仝答謝落款雕刻（王維
元攝，2022 年）

圖 3-80：臺中市元保宮清乾隆 56
年款大供桌落款雕刻（王維元攝，
2022 年）

　　彰化縣溪湖鎮楊奇朗先生之祖母楊女士的嫁妝富貴喜春梳妝台乙座〔註
74〕，於昭和 5 年（1930）由鹿港李氏家族李松林，李煥美司阜製作，因受損
非常嚴重，由王漢松指導王肇楠以一年的時間依照傳統家具修復技術逐序修
復完成（77 歲，1999）（如圖 3-81～3-82）。後由王肇楠以臺灣日治時期富貴喜
春梳妝台為引例，王漢松指導以一系列相關介紹與修復歷程記錄，獲得行政院
文化建設委員會獎助研究出版《臺灣梳妝台的研究與修復　以富貴喜春細木
作為例》〔註 75〕乙書。此為臺灣傳統工藝細木作匠師親自指導與著作之並獲得
政府獎助之始例，發軔於此（2003）（如圖 3-83）。

〔註 74〕陳淑美，《鹿港木雕藝師李煥美》，（作者兼出版，2019 年 5 月），頁 182。
〔註 75〕王肇楠，《臺灣梳妝台的研究與修復　以富貴喜春細木作為例》，（臺北，南天
　　　　書局發行，中華民國 92 年 8 月初版一刷）。

圖 3-81：富貴喜春梳妝台原受損情
形，拍攝於 1999 年（王肇楠提供）

圖 3-82：富貴喜春梳妝台修復完成，
王漢松合影，拍攝於 1999 年（王肇
楠提供）

圖 3-83：王漢松指導「臺灣梳妝台的研究與修復　以富貴喜春細
木作為例」出版（2003）（王肇楠提供）

　　受臺中市元保宮之請，製作「雙龍戲珠帶彩牌大神桌」乙座，今安置於
中殿文財神座前，為王漢松辭世前最後的作品（80 歲，2002）（如圖 3-84～
3-85）。

圖 3-84：王漢松於臺中市元保宮作品「雙龍戲珠帶彩牌」大神桌，時年 80 歲（2002）
（王維元攝，2022 年）

圖 3-85：王漢松於臺中市元保宮作品「雙龍戲珠帶彩牌」大神桌，民國 91 年壬午季
春立，時年 80 歲（2002）（王維元攝，2022 年）

（四）指導著作

　　受行政院文化建設委員會、財團法人國家文化藝術基金會補助，以自身所
保存之傳統工藝榫卯技術，指導王肇楠繪製、製作、拍攝榫卯實物，紀錄臺灣
匠師習稱之榫卯名稱，匠師習用術語，出版臺灣第一本《臺灣傳統細木作榫卯

集》〔註76〕，該本書為臺灣少數專以細木榫卯結構為專題之資料，在研究方面具有一定的學術性（76 歲，1998）（如圖 3-86～3-87）。

圖 3-86：王漢松指導王肇楠製作榫卯情形，時年 76 歲，拍攝於 1998 年（王肇楠提供）

圖 3-87：王漢松指導《臺灣傳統細木作榫卯集》出版，時年 76 歲，拍攝於 1998 年
（王肇楠提供）

　　指導王肇楠以得獎作品：一品富貴漢式太師椅為例，解析各項人文意涵與吉祥喻祝典故，進行各構件應用榫卯結合樣式與名稱等等之紀錄，為臺灣

〔註76〕王肇楠，《臺灣傳統細木作榫卯集》，（彰化，左羊出版社出版，1998 年）。

第一本以傳統太師椅為例解析的《王漢松作品集》〔註77〕出版（77 歲，1999）（如圖 3-88～3-90）。

圖 3-88：王漢松組合太師椅榫卯情形，時年 76 歲，拍攝於 1998 年（王肇楠提供）

圖 3-89：漢式太師椅，拍攝於 1998 年（王肇楠提供）

圖 3-90：王漢松指導《臺灣傳統細木作榫卯集》出版，時年 77 歲（1999）（王肇楠提供）

〔註77〕 王肇鋐、王肇楠、王督宜，《王漢松作品集》，（南投，董源藝術出版，2000 年）。

（五）技藝傳習

傳授長子王肇鍊學習細木作技藝（48歲，1970）；次子王肇楠學習細木作技藝（62歲，1984）；四女婿張春能拜岳父王漢松為師，學習傳統細木作工藝與傳統家具修復技術（69歲，1991）（如圖3-91）。

圖3-91：王漢松之四女婿張春能修復家具情形，拍攝於2014年（張春能提供）

任教於鹿港高中施顯達老師，因仰慕王漢松之細木作技藝，誠心拜訪長談之後，王漢松同意收為入門弟子，於假日期間傳授傳統細木作技藝，為王漢松之關門弟子（75～77歲，1997～1999）（如圖3-92）。

圖3-92：王漢松指導施顯達榫卯製作情形，拍攝於1997年（王肇楠提供）

　　王漢松受邀擔任民間藝術保存傳習計畫〔註 78〕「民間藝術——臺灣傳統
家具細木作藝人王漢松技藝傳習計畫第一、二期」〔註 79〕之傳習藝師，假大葉
大學設計暨藝術學院執行，此為政府文化機關邀辦臺灣傳統工藝細木作傳習
計畫之發軔。王漢松傳藝師將六十餘年之所學，規劃成三個學期之教學目標。
此為臺灣傳統工藝細木作匠師獲得政府將其精湛技藝與知識傳承於世，親自
授課指導之首例（78～79 歲，2000～2001）（如圖 3-93～3-96）。

圖 3-93：王漢松傳習計畫第一期上課情形，時年 78 歲，拍攝於 2000 年（王肇楠提供）

〔註78〕民間藝術保存傳習計畫：由文建會開始，對瀕臨失傳、人才日漸凋謝的民間藝
　　　　術，進行「搶救式」的紀錄，並慎重挑選具代表性之民間藝人與團體，將其精
　　　　湛技藝與知識傳承於世。民國 85 年（1996）7 月起這項計畫由國立傳統藝術
　　　　中心承接，持續進行至民國 92 年（2003）。執行方法分為調查研究、保存與傳
　　　　習三類。建構藝人的生命史，並藉傳習授藝的過程以影、音、文字與文物整理
　　　　等方式，記錄藝人精湛的技藝與容顏。
〔註79〕民間藝術——臺灣傳統家具細木作藝人王漢松技藝傳習計畫第一、二期：為
　　　　行政院文化建設委員會指導、國立傳統藝術中心籌備處委託大葉大學設計暨
　　　　藝術學院造形藝術學系執行。民國 89 年（2000）為第一期，民國 90 年（2001）
　　　　為第二期。民國 91 年（2002）為第三期，本案執行前，王漢松即與世長辭，
　　　　享年 80 歲。

圖 3-94：王漢松傳習計畫第一期結業式與藝生合影，時年 78 歲，拍攝於 2000 年
（王肇楠提供）

圖 3-95：王漢松傳習計畫第二期與學員合影，時年 79 歲，拍攝於 2001 年
（王肇楠提供）

圖 3-96：王漢松傳習計畫第二期結業式合影於大葉大學圖書館，時年 79 歲，
拍攝於 2001 年（王肇楠提供）

（六）入祀於「鹿港錦森興小木花匠團」

王漢松於 79 歲（2001）曾吟自撰詩一首：

一生作木一甲子，八十棲塵藝六十，歷盡秋霜春江暖，還期子孫永世賢〔註80〕。

　　王漢松受邀至鹿港民俗文物館內察看一批委託修復的館藏家具，在察看
完畢之後，突感身體不適，經送醫急救，於當日晚與世長辭，享年 80 歲（2002
年 1 月 7 日）。

　　哀承陳水扁總統賜頒匾額「藝壇貽徽」、教育部長曾志朗、立法院長王金
平、行政院文化建設委員會主任委員陳郁秀、副主任委員劉萬航、彰化縣長翁
金珠、鹿港鎮長李棟樑、鹿港民俗文物館長辜晏宏等各級機關長官賜頒輓聯，
於 1 月 14 日舉行告別式，由行政院文化建設委員會副主任委員劉萬航先生擔
任主祭官，各級機關長官與傳習藝生親臨祭奠，備極哀榮。

〔註80〕　本詩中之「棲塵」二字引自《三國志‧魏書‧諸夏侯曹傳第九》裴松之注引皇
　　　　　甫謐《列女傳》，意指人生無常。「歷盡秋霜」指王漢松歷經日治末期與國民政
　　　　　府初期社會劇烈動盪，以一身之工藝謀生之困難。「春江暖」指王漢松 70 歲
　　　　　（1992）之後受到國家肯定之意。請參閱附錄三、王漢松藝師訪談紀錄。

　　王漢松辭世後入祀於「鹿港小木花匠團錦森興諸先賢」中，受萬世各界香火之敬仰（如圖 3-97）。

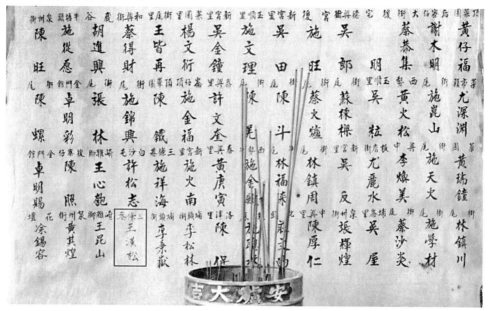

圖 3-97：鹿港小木花匠團諸先賢掛軸，最末行左起第 4 位為三條巷王漢松
（王維元攝，2022 年）

第二節　小結

　　王漢松 80 年的生命史（1923～2002），66 年的藝術創作（1936～2002），輔以當時政府體制橫跨日治、太平洋戰爭、國民政府治臺初期動盪不安、經濟起飛時期，恰好是臺灣近代史中最激烈動盪的年代。

　　王漢松身後列名於「鹿港小木花匠團錦森興諸先賢」掛軸中，受後世木作弟子香火奉祀，並開創四項臺灣第一之紀錄而發軔〔註81〕於此。

　　第一項為作品得獎：第三屆臺灣工藝設計競賽——金獎（1995）；「第五屆民族工藝獎——三等獎」（1996）；「第一屆傳統工藝獎——三等獎」（1998）。

　　第二項為指導專書出版：《臺灣傳統細木作榫卯集》（1998）；《王漢松作品集》（1999）；《臺灣梳妝台的研究與修復——以富貴喜春細木作為例》（2003），此為臺灣傳統工藝細木作匠師親自指導與著作之並獲得政府獎助之始例。

〔註81〕發軔：軔，支住車輪不使轉動的木頭。發軔指拿掉支住車輪的木頭，使車子開始行動。比喻新事物或新局面的開始。

　　第三項為榮銜：「第四屆全球中華文化藝術薪傳獎」（1996）；教育部「第一屆推廣藝術教育有功人員獎」（1999）。

　　第四項為技藝傳習：行政院文化建設委員會指導，國立傳統藝術中心委託大葉大學執行「王漢松技藝傳習計畫1～2期」，親自授課指導共2年（2000～2001）。

　　縱觀王漢松身處日治、國民政府時期、開放大陸設廠，在當時紛亂環境之中，以堅毅忍執的態度對應變局，身為社會階層中層的細木作匠師，歷練受雇於鹿港、高雄大港、臺北士林。創業成為老闆，堅持絕不偷工減料、信用至上的經營原則，傳授細木作工法於二子，並且以作品、事蹟等榮獲政府高度的肯定，與受邀擔任傳習計畫傳習師，授業於藝生。

　　王漢松堅持「貧不阻志、留名後世」的信念，則是深遠流長的成為第二代王肇鈵、王肇楠，第三代筆者王維元遵奉立業的王氏家學〔註82〕。

〔註82〕家學：家族世代相傳的學問。語出《後漢書‧卷六七‧黨錮傳‧孔昱傳》：昱少習家學，大將軍梁冀辟，不應。

第四章　王漢松工藝研究：材料、工具與工序、風格以及修復

　　本章以王漢松自日治昭和 11 年學藝至民國 91 年辭世（14～80 歲，1936～2002），66 年細木作技藝歷程中所學習與傳承的各領域作為研究主題，首先探討在臺灣近代史中，自日本治臺昭和時期轉換為國民政府初期社會動盪如何影響王漢松的作品風格與發展脈絡，以及在祭祀用具與家具所依循的傳統細木作規制「門光尺、丁蘭尺」應用範疇，常用的木材種類及使用的各類傳統手工具，傳統細木作的榫卯樣式與名稱、與傳統家具歷經使用之後受損的修復技術，並歸納出王漢松細木作家具特色。

　　本章關於王漢松工藝之研究，係依據採集自王肇楠提供之第一手未發表之資料，計有王漢松早期使用之各式手工具與現代手工具之對照、指導王肇楠製作之榫卯實物、各式手工示範操作照片等，共分為五節，依序探討傳統細木作規制與常用木材及手工具、傳統細木作的榫卯樣式與名稱、王漢松細木作家具製作工法、傳統家具修復與修復技術、王漢松細木作家具特色。

第一節　傳統細木作規制與常用木材及手工具

一、規制

　　臺灣每年的農曆五月初七日是傳統木作相關行業祖師爺魯班公〔註 1〕的

〔註 1〕魯班公：魯班（前 507 年～？），姬姓，公輸氏，名班，又稱公輸盤、公輸般，尊稱公輸子，是春秋末葉著名工匠家，被後世尊為中國工匠師祖。其事跡詳見

誕辰，距今已有兩千餘年，相傳魯班公發明了五寶〔註2〕，魯班尺又稱為門光尺〔註3〕。五寶具有實用功能，至今在傳統工藝界佔有一席之地，師傅們仍作為使用工具。門光尺則形成一種規制，界定了吉利與凶害，提供匠師在製作廟宇陽宅〔註4〕與家具時使用。

在規制方面，依據王漢松口述歷史資料〔註5〕得知，鹿港自清朝相沿而傳的規制主要有紅紗量尺寸〔註6〕、千斤門斗四兩厝〔註7〕點出了門光尺的重要性。一個門光尺長度合台尺〔註8〕為1尺4寸1分，以生、老、病、死、苦五字為基礎，劃分為八格，各有凶吉，依序為財、病、離、義、官、劫、害、本。口訣曰：財者財帛榮昌、病者災病難免、離者主人分張、義者主產孝子、官者主生貴子、劫者主禍妨蔴、害者主被盜侵、本者主家興崇〔註9〕。其中財、義、官、本字為吉，匠師於取利〔註10〕時需合於此四格，稱為合利〔註11〕。每一格內再細分四格，每格內各有二字，依次為財、病、離、義、官、劫、害、本等字，以「財頭本尾」〔註12〕為門光尺的判別基準。以尺寸來對應於門光尺字，

於墨子止楚勿攻宋一節：「公輸子，削木為鵲，成而飛之，三日不下，自以為至巧」。是以魯班被後世奉為工匠祖師，因此魯班又有魯班仙師、公輸先師、巧聖先師、魯班爺、魯班公、魯班先師及魯班祖師等稱呼。引自魯公輸，《繪圖魯班木經匠家鏡》，（育林出版社，2007年出版）。

〔註2〕五寶：斧頭、鋸子、墨斗、規矩、準繩。

〔註3〕魯班尺：又稱為門光尺：魯班公認為按魯班尺吉利尺寸確定的門戶，將會光耀門庭，給家庭帶來吉祥好運，所以又將魯班尺稱為門光尺。

〔註4〕陽宅：勘輿用詞，指陽間人居住的宅邸。

〔註5〕本章所引述之王漢松口述資料，係以尊重歷史文化資產的角度，還原百年來鹿港細木作技藝存在於師傅間的相關規制，以無形文化資產的內容進行文字紀錄，無涉於迷信與偏執，特此敘明。

〔註6〕紅紗量尺寸：指師傅在客戶家中需要以紅紗繩量取尺寸，不能直接以尺量，因為相傳尺是魯班公所傳，具有靈性，若是直接量神尊的尺寸的話，是對神明不敬，甚至神明會退神。

〔註7〕千斤門斗四兩厝：門斗為今之門框，魯班公認為一棟屋宅是門的尺寸是否依據門光尺開得合利最重要，就像是一千斤的重量。相形之下，屋宅本身就只有四兩輕。

〔註8〕台尺：台尺是臺灣傳統匠師所習慣採用的度量衡制度，為十進制，十厘為一分，十分為一寸，十寸為一台尺，十台尺為一丈，一台尺合30.3公分。

〔註9〕《魯班寸白集》，造門尺法論魯班周尺式內文。

〔註10〕取利：臺語音 tshú-lī，細木作術語，指選擇吉利之格利。

〔註11〕合利：臺語音 ha̍h-lī，細木作術語，指合於吉利之字，亦稱為有利。

〔註12〕財頭本尾：指魯班尺的第一格字財與最末格字本，匠師取其頭尾字為訣，以判別是否為魯班尺，避免與丁蘭尺混淆。

視其涵義來決定吉凶。家具需要以門光尺合利為遵循，如求取功名讀書用的書桌的合利標準為：順科〔註13〕、登科〔註14〕。如為新婚床的合利標準為：添丁〔註15〕、貴子〔註16〕、富貴〔註17〕等等。祭祀用供桌則因為桌上安奉神明與祖先，則需依照門光尺與丁蘭尺並取合利，一般民宅供桌之長度為 3 尺 5 寸〔註18〕、4 尺 2 寸〔註19〕、5 尺 7 寸〔註20〕、6 尺 4 寸〔註21〕、7 尺 1 寸〔註22〕，長度若再增加就已經是廟宇用供桌的規格。

（一）門光尺的涵義

門光尺（如圖4-1）主要應用在使用於廟宇、陽宅、神龕、供桌、居家家具等等。主要吉凶尺寸標準以總長度、總寬度、總高度之對應於魯班尺之吉凶格為準，合於吉則利，逢於凶則害。早期一般匠師會以長方形之木板自行製作一支門光尺包含台尺刻度，長度不拘。先在一邊劃出台尺的刻度以分、寸、尺為序，再於內側依照門光尺的規制劃出格線，並在格線內依序寫上門光尺字，此尺即可供匠師使用，快速的對照出台尺尺寸與門光尺的相互取用是否「合利」〔註23〕。現今則是以市售鋼捲尺最為便利，在白色尺面上以紅、黑雙色印刷，最上端為台尺，上欄為門光尺，下欄為丁蘭尺，最底端為公尺。吉利的格數與門光尺字以紅色表示，凶害的格數與魯班尺字以黑色表示。一般人如對門光尺不瞭解的話，仍然可以紅為吉〔註24〕的原則自行視別是否合利。因此，鋼捲尺所標示的門光尺與台尺，因具有取用的便利性而成為日常生活中常使用的工具。而從此一現象可以證明，二千餘年前的魯班公發明的門光尺依然具有其實用價值而流傳至今，並為社會大眾所接受與使用。本研究將傳統木作匠師

〔註13〕順科：考試順利高中之意。
〔註14〕登科：考試錄取之意。
〔註15〕添丁：生子之意。
〔註16〕貴子：日後能顯貴的子嗣之意。
〔註17〕富貴：有財有勢之意。
〔註18〕3 尺 5 寸：門光尺義格大吉，丁蘭尺興格貴子。
〔註19〕4 尺 2 寸：門光尺本格興旺，丁蘭尺旺格納福。
〔註20〕5 尺 7 寸：門光尺財格寶庫，丁蘭尺義格益利。
〔註21〕6 尺 4 寸：門光尺官格順科，丁蘭尺財格財德。
〔註22〕7 尺 1 寸：門光尺財格財德，丁蘭尺官格進寶。
〔註23〕王漢松依此規範自製一枝尺，雙面，一面書寫門光尺字，另一面書寫丁蘭尺字。
〔註24〕紅為吉：一般而言，紅色代表吉祥色，黑色代表凶害色。故以紅色代表吉利之意，黑色代表凶害之意。

所運用的門光尺及其對應涵義，做一初步之探討，其內文與涵義略敘如下：

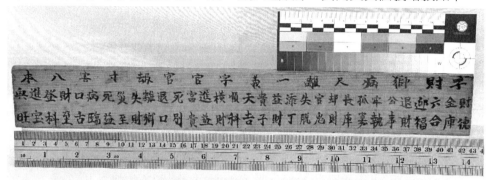

圖 4-1：王漢松於 1950 年手寫毛筆字之門光尺（王維元攝，2022 年）

財格：財字臨門仔細詳，外門招得外財良，若在中門常自有，積財需用大門當。中房若合姿於上，銀帛千箱與萬箱，木匠若能明此理，家中福祿自榮昌。**財德**：指在錢財、德行方面有所表現。**寶庫**：得到或收藏寶物的庫房。**六合**：合和美滿。六合為天地四方。**迎福**：迎接幸福與福氣。

病格：病字臨門招疫病，外門神鬼入中庭，若在中門逢此字，災須輕可免為聲。更被外門相照對，一年兩度送尸靈。於中若要無兇福，廁上無疑是好親。**退財**：破財。**公事**：因公而生的案件官司。**牢執**：牢獄之災。**孤寡**：孤兒寡母。

離格：離字臨門事不祥，仔細排來在甚戶，若在外門并中戶，子南父北自分張，房門必主生離別，夫婦恩情兩處忙，朝夕家中當作閑，棲惶無地禍誰當。**長庚**：監獄。**劫財**：破耗損財。**官鬼**：官煞引起之事。**失脫**：物品失落、人離散。

義格：義字臨門孝順生，一字中字最為真，若在都門招三婦，廊門淫婦戀花聲，於中合字雖為吉，也有興災害及人，若是十分無災害，只有廚門實可親。**添丁**：生子。**益利**：增加錢財利祿。**貴子**：日後能顯貴的子嗣。**大吉**：吉利吉祥。

官格：官字臨門自要詳，莫教安在大門場，需防公事親州府，富貴中庭房自昌，若要房門生貴子，其家必定出官廊，富家人家有相壓，庶人之屋實難量。**順科**：考試順利高中。**橫財**：意外之財。**進益**：收益增進。**富貴**：有財有勢。

劫格：劫字臨門不足誇，家中日日事如麻，更有害門相照看，凶來疊疊害無

差，兒孫行劫身遭苦，作事因循劫害家，四惡四凶星不吉，偷人物件害
其他。**死別**：永別。**退口**：指有孝服之事。**離鄉**：離鄉背井。**財失**：財
物損失、遺失。

害格：害字安門用細尋，外人多被外人臨，若在門內多興禍，家財必被賊來
侵，兒孫行門于害字，作事須因破其家，良匠若能明此理，管教宅主永
興隆。**災至**：災殃罹患。**死絕**：死得乾乾淨淨。**病臨**：罹患疾病。**口舌**：
爭執爭吵。

本格：本字開門大吉昌，尺頭尺尾正相當，量來尺尾需當吉，此到頭上財上
量，福祿乃為門上致，子孫必出好兒郎，時師依此仙賢造，千倉萬箱有
餘糧。**財至**：財到。**登科**：考試錄取。**進寶**：招財進寶。**興旺**：興盛旺
盛。

（二）丁蘭尺的涵義

丁蘭尺主要應用在使用於陰宅〔註25〕、墳墓、祖先龕〔註26〕等等，相傳
為漢朝二十四孝的丁蘭刻木事親〔註27〕典故所引申，主要吉凶尺寸標準以總
長度、總寬度、總高度之對應於丁蘭尺之吉凶格為準，合於吉則利，逢於凶則
害。一個丁蘭尺長度合台尺為一尺二寸八分，**38.8** 公分，劃分為十格，各有凶
吉，依序為丁、害、旺、苦、義、官、死、興、失、財。每一格又分四小格，
各有代表吉凶文字，分別是：

丁格：**福星**：帶來幸福、希望的人或事物。**及第**：科舉應試中選。

　　　財旺：錢財富足易得官做。**登科**：科舉時代應考人被錄取。

害格：**口舌**：吵架。**病臨**：疾病來臨。**死絕**：死得乾乾淨淨。**災至**：災殃禍患
到。

旺格：**天德**：上天化育萬物的恩澤。**喜事**：婚嫁或一切值得慶賀的事。**進寶**：
招進錢財和珍寶。**納福**：避邪致祥。

〔註25〕陰宅：陰宅，風水學名稱，就是安葬祖先靈柩的地方，是祖先得以長眠安息的
　　　地方，故稱之為陰宅。陽宅要看風水，陰宅也要講究風水。

〔註26〕祖先龕：又稱公媽龕，是供奉祖先靈位的小型類仿殿宇造型的龕體。

〔註27〕丁蘭刻木事親：丁蘭是東漢時期的人物，其生平記載於《二十四孝》「刻木事
　　　親」。相傳丁蘭娶了妻，依然每日對父母的木雕像必恭必敬，每天早晚亦向木
　　　雕像打照呼。丁蘭的太太感到好奇，想了解究竟。妻子用針來刺木像，而木像
　　　竟然流血，而且眼泛淚光。於是，丁蘭把妻子休棄。引自維基百科
　　　https://zh.wikipedia.org/wiki/%E4%B8%81%E5%85%B0（查詢日期：111 年 5 月
　　　16 日）。

苦格：**失脫**：物品失落、人離散。**官鬼**：指有官煞引起之事。**劫財**：破耗及耗
　　損財。**無嗣**：沒有繼承的人，沒有後代。

義格：**大吉**：非常吉利。**財旺**：自己的財運很強，很多。**益利**：增加了財資利
　　祿。**天庫**：本命財庫。

官格：**富貴**：有財有勢。**進寶**：招財進寶。**橫財**：意外之財。**順科**：順利功過
　　考試而獲高中。

死格：**離鄉**：離開家鄉。**死別**：永別。**退丁**：減人口，人口不興旺。**失財**：失
　　掉錢財。

興格：**登科**：考試錄取。**貴子**：日後能顯貴的子嗣。**添丁**：生男孩。**興旺**：興
　　盛旺盛。

失格：**孤寡**：孤兒寡母。**牢執**：指牢獄之災。**公事**：因公而生的案件官司。**退
　　財**：損財、破財之意。

財格：**迎福**：迎接幸福利益。**六合**：天地四方合和美滿。**進寶**：招財進寶。**財
　　德**：在錢財、德行方面有表現。

二、木材種類

（一）臺灣林木分佈與主要林場

　　臺灣山區的地理環境，適宜森林的生長，據〈台灣地誌〉〔註28〕一書中所
做的調查顯示，有經濟價值的樹木，約達 200 種，其中闊葉樹計 154 種，針葉
樹 20 種，外來樹 26 種。臺灣林業的開發，主要是日治時期大量引進許多技
術，促進了臺灣的林業發展，一些特產的針葉樹，都是在此時期大量加以利用。
到了日治末期，伐木事業更加速發展，在昭和 17 年（1942）時，臺灣國有林
的面積，已佔當時林地面積的 89%。至民國 48 年（1959）時，臺灣共有大小
林場 39 處，面積合計約為 43 萬公頃，其中主要的林場有阿里山、八仙山及太
平山等三處林地。

　　阿里山林場：主要林區位在阿里山鐵路的沿線，紅檜，扁柏、台灣杉、鐵
杉與松樹，稱為「阿里山五木」。其中以紅檜與扁柏為主，而闊葉樹枝中的櫧
類、楠木及烏心石等，亦屬良好之木材，以嘉義為主要的貯木場。

　　八仙山林場：其分佈範圍包括大甲溪及大安溪的中上游，總面積達 85 萬
公頃，樹種以扁柏、紅檜、鐵杉、松與杉木等為主，以豐原為主要的貯木場。

〔註28〕陳正祥，《台灣地誌》，（南天書局，1993 年 10 月 1 日）。

　　太平山林場：在宜蘭蘭陽溪上游兩側，林區以垂直分佈，海拔 750～1200 公尺之間為樟木、楠木、楮木與櫟木等，海拔 1200 公尺以上漸見紅檜混生，海拔 1800～2000 公尺則為優良的紅檜與扁柏的純林，以羅東為木材之集散地。

（二）家具常用的木材種類與特性

　　一般而言，在清朝或以前，家具所運用的材料以低海拔或平地所產之樹種為主，有楠木、樟木或其他雜木等，偶有肖楠混於其中。到日治時期家具所運用的材料以臺灣檜木、肖楠等為主。楠木、樟木或其他雜木等，則零散地應用於抽屜、格板等構件〔註29〕。茲將各種材料之特性，分述如下：

　　臺灣檜木：有臺灣紅檜與臺灣扁柏兩種，一般匠師的習用語將臺灣紅檜稱為メニキ（Meniki），又稱為薄皮。將臺灣扁柏稱為ヒノキ（Hinoki），又稱厚殼。臺灣檜木，其邊心材顏色不同，但界線並不分明，年輪極狹。木材輕軟，纖維較直絲，富耐蝕性及耐蟻性，乾燥容易，且少反曲變形，收縮性小。臺灣檜木製成製品〔註30〕時之木紋有徑材，直絲，マサ（Masa）（如圖 4-2）；與弦材，山頭花，モグ（Mogu）（如圖 4-3）之分〔註31〕。

　　肖楠：肖楠主要分佈於本省中部及中部海拔 300～1900 公尺處之山地溪谷或懸崖，常與闊葉樹混生，因位於低海拔，故開採較早。肖楠俗稱黃肉，因其邊心材界線不明，邊材淡黃褐色，心材黃褐色，年輪不明，木理通直均勻，耐蟻性甚佳，乾燥較慢，收縮性稍大。此種木頭在臺灣常被用來製作高級家具的主要材料。

　　楠木：為早期家具的主要材料之一，屬闊葉樹種。在臺灣主要是用以指稱大葉楠及紅楠兩種樹種。大葉楠材質堅硬度適中，耐摩擦與衝擊，易乾燥，鉋削及雕刻容易。紅楠材質堅硬中庸，劈裂稍難。鉋削等加工容易，鉋面略光滑，砂磨後可生光澤，乾燥情形、塗裝與吸著性亦不錯。

　　樟木：亦是早期家具的主要材料之一，主要分佈在北部海拔 1200 公尺，南部海拔 1800 公尺以下的山地或平地，中部以北分佈情形較多，常與楠木類、楮木類混生。具樟腦芳香，為雕刻的主要樹種，其木材性質軟硬中庸，耐朽性

〔註29〕林仁政、洪國榮、彭秀鳳，《木材利用觀》，（國立中興大學林業研究季刊中文版第二十三卷，第一號，2001 年 3 月 1 日）。

〔註30〕製品：匠師術語，指原木經過製材所鋸切成統一規格的木材。

〔註31〕李建緯、楊朝傑、吳盈君，《西螺福興宮嘉慶年款翹首供桌研究》，（財團法人雲林縣西螺福興宮，2022 年 4 月），頁 145～146。

強，保存期長，鉋削與雕刻等加工容易。俗稱花樟之弦切面具有美麗花紋，可做花板與貼面之用，其乾燥情況良好，少翹曲變形乾裂，收縮性亦小〔註32〕。

圖 4-2：臺灣檜木，徑材、直絲、マサ（Masa）（王維元攝，2022 年）　　圖 4-3：臺灣檜木，弦材、山頭花、モグ（Mogu）（王維元攝，2022 年）

三、手工具種類

　　在早期臺灣的細木作匠師因是受雇的關係，店頭家只提供工場場地、作椅與木料，匠師須自備一整組的手工具，基本上有四大類，數量不拘，以一個手提長布袋裝妥，方便攜至工場內使用。若一段時間後轉職至其他工場時，只要將自己的手工具裝妥在手提長布袋內即可，而王漢松剛出師時亦是如此。在王漢松開設工廠之後（1970），隨著製作家具樣式的增多，手工具的樣式與數量也隨之增加，而且手工具會因為使用而磨損，此時匠師需要自行研磨各式手工具至鋒利，以繼續使用，當手工具磨損至不能使用時，就需要再新購買以繼續

〔註32〕王瀛生，林裕仁，《台灣產重要商用木材彩色圖鑑》，（行政院農業委員會林業試驗所，中華民國 88 年 12 月）。

使用（如圖 4-4〜4-5）。

　　從王漢松自昭和 14 年（1939）出師所購買的手工具，在開設工廠時大量的添購或自製，至今民國 110 年（2021），歷經 82 年的歲月，所保留至今之各式手工具約有一千餘把。本研究將王漢松早期與現在第二代王肇鈺、王肇楠所使用之各式手工具擇要進行攝影，以紀錄傳統手工具之年代轉變與形式之差異。

　　本節依據王漢松所使用及保留之細木作傳統工具，依照使用功能分四大類，依序為鉋刀類、鑿刀類、鋸子類、其他類等，進行手工具名稱，使用方法之講述。

（一）鉋刀類

　　臺灣式鉋刀源起自原鄉泉州，為鉋身、鉋刀手、鉋刀舌、疊舌等組合而成。鉋刀之主要功能為將木材表面鉋平整。臺式鉋刀與日式鉋刀最大的差別在於鉋刀握把（手）的有無，日式鉋刀沒有鉋刀握把（手）。臺式鉋刀為匠師雙手握住鉋刀握把（手）由後往前推動鉋刀進行鉋光，日式鉋刀為匠師雙手握住鉋身的前後端，由前往後推動鉋刀進行鉋光。鉋刀以長度作為名稱，如 8 寸鉋刀，即鉋刀長度為 8 寸，依此類推。師傅自備的鉋刀規格通常為 1 尺 7 寸、1 尺 2 寸、8 寸、6 寸、4 寸等規格的鉋刀。鉋刀類可再細分為線刀、溝鉋刀、邊鉋刀、圓鉋刀、曲面鉋刀等。

1. 平鉋刀

　　平鉋刀的用途為「鉋平」（術語），效果為將木料表面粗糙不平的部分，經由平鉋刀細鉋成平整與光滑，以利於後續工作之用。本類平鉋刀有 1 尺 7 寸拖刀，1 尺 2 寸長細光鉋刀、8 寸細光鉋刀、6 寸細光鉋刀、4 寸小光鉋刀、台直鉋刀、圓底鉋刀、銅塵路──圓線、銅塵路（如圖 4-6〜4-14）。

圖 4-4：王漢松研磨鉋刀舌　　　　圖 4-5：王漢松調整鉋刀情形
　　（王肇楠提供）　　　　　　　　　（王肇楠提供）

圖 4-6：1 尺 7 寸拖鉋刀，為王漢松使用（王維元攝，2022 年）

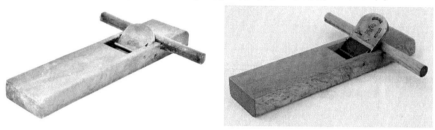

圖 4-7：1 尺 2 寸細光鉋刀，左為王漢松使用，右為現代樣式（王維元攝，2022 年）

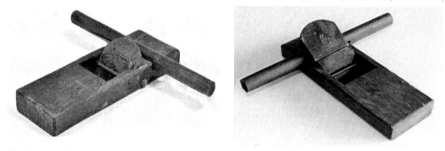

圖 4-8：8 寸細光鉋刀，左為王漢松使用，右為現代樣式（王維元攝，2022 年）

圖 4-9：6 寸細光鉋刀，左為王漢松使用，右為現代樣式（王維元攝，2022 年）

圖 4-10：4 寸細光鉋刀，左為王漢松使用，右為現代樣式（王維元攝，2022 年）

圖 4-11：台直鉋刀，王漢松使用
（王維元攝，2022 年）

圖 4-12：圓底鉋刀，王漢松使用
（王維元攝，2022 年）

圖 4-13：銅塵路──圓線，王
漢松使用（王維元攝，2022 年）

圖 4-14：銅塵路，王漢松使用
（王維元攝，2022 年）

2. 線刀

　　線刀的用途主要在於「起線腳」（術語），效果為將家具構件表面的邊角部分，經由線刀細鉋成具有凹、凸、圓弧形狀的線條形狀，具有裝飾性的特色。本類線刀有戶西線鉋刀、雙馬鼻敏鉋刀（如圖 4-15～4-16）。

圖 4-15：戶西線鉋刀，王漢松使用（王維元攝，2022 年）

圖 4-16：雙馬鼻敏鉋刀，王漢松使用（王維元攝，2022 年）

3. 溝鉋刀

溝鉋刀的用途主要在於「邊含」（術語），效果為將家具側滑式門框構件表面鉋出凹槽，門扇的上下側鉋出凸槽，如此門扇即可置入門框內滑動。本類溝鉋刀有桮仔邊鉋刀、外根鉋刀、台式嵌槽鉋刀（如圖 4-17～4-19）。

圖 4-17：桮仔邊鉋刀，王漢松使用（王維元攝，2022 年）

圖 4-18：外根鉋刀，王漢松使用（王維元攝，2022 年）

圖 4-19：台式嵌槽鉋刀，王漢松使用（王維元攝，2022 年）

4. 邊鉋刀

　　邊鉋刀的用途主要在於「邊鉋線腳」（術語），效果為將家具構件的邊角或是需要內側凹槽時使用。本類邊鉋刀有捻賭斜角鉋刀、清含底鉋刀、雙面圓線律鉋刀、剾邊鉋刀、邊鉋刀、中入線刀鉋（如圖 4-20～4-25）。

圖 4-20：捻賭斜角鉋刀，王漢松使用
（王維元攝，2022 年）

圖 4-21：清含底鉋刀，王漢松使用
（王維元攝，2022 年）

圖 4-22：雙面圓線律鉋刀，王漢松使用
（王維元攝，2022 年）

圖 4-23：剾邊鉋刀，王漢松使用
（王維元攝，2022 年）

圖 4-24：邊鉋刀，王漢松使用
（王維元攝，2022 年）

圖 4-25：中入線刀鉋，王漢松使用
（王維元攝，2022 年）

5. 圓鉋刀

　　圓鉋刀的用途主要在於「起椗、奈線」（術語），效果為將家具構件的邊角鉋出線腳，以內圓鉋刀鉋出的線腳為「圓線、椗線」（外圓形），以外圓鉋刀鉋出的線腳為（奈線）（內凹形），本類圓鉋刀有 2 寸外圓鉋刀、8 分內圓鉋刀（如圖 4-26～4-27）。

圖 4-26：2 寸外圓鉋刀，王漢松使用（王維元攝，2022 年）　　圖 4-27：8 分內圓鉋刀，王漢松使用（王維元攝，2022 年）

6. 曲面鉋刀

　　曲面鉋刀的用途主要在於「鉋線腳」（術語），效果為將家具構件的圓弧形狀的邊角，以曲面鉋刀修鉋出圓順的線腳，本類曲面鉋刀有南京鉋刀、滾鉋（如圖 4-28～4-29）。

圖 4-28：南京鉋刀，左為王漢松使用，右為現代樣式（王維元攝，2022 年）

圖 4-29：滾鉋，左為王漢松使用，右為現代樣式（王維元攝，2022 年）

（二）鑿刀類

在臺灣傳統大木作、小木作、細木作匠師使用的鑿刀習稱為「木工鑿刀」，特色為有木柄握把可以握持使用，稱呼鑿刀名稱則受日治時期的影響，習慣將鑿刀以日式名稱為習稱，如「追入鑿刀」即為打鑿刀，鑿刀刃較厚，木柄握把頂端有鐵箍，以鐵鎚敲擊握把，可進行較深的鑿孔（如圖 4-30）。

「平待鑿刀」即為修鑿刀，鑿刀刃較薄，木柄握把無鐵箍，以手施力進行榫孔的修飾平整（如圖 4-31）。

「丸鑿刀」即為圓鑿刀，鑿刀刃厚薄皆有，木柄握把有無鐵箍亦皆有，可以進行構件外型圓弧的修飾平整（如圖 4-32～4-33）。

而木雕匠師使用的鑿刀則習稱為「刻花鑿刀」，特色為沒有木柄，以整枝鋼質打造使用（如圖 4-34～4-35）。

以王漢松為例，自備的鑿刀規格通常為 1 分、2 分、3 分、4 分、5 分、6 分、8 分、1 寸的追入鑿（打鑿刀）、平待鑿（修鑿刀）各一組。以刀刃寬度作為名稱，如 1 寸鑿刀，即刀刃寬度為 1 寸，依此類推。

圖 4-30：1 寸追入打鑿刀，左為王漢松使用，右為現代樣式（王維元攝，2022 年）

圖 4-31：1 寸平待修鑿刀，左為王漢松使用，右為現代樣式（王維元攝，2022 年）

圖 4-32：5 分丸鑿（圓鑿刀），為王漢松使用（王維元攝，2022 年）

圖 4-33：8 分丸鑿（圓鑿刀），為王漢松使用（王維元攝，2022 年）

圖 4-34：8 分平嘴雕刻刀，為王漢松使用（王維元攝，2022 年）

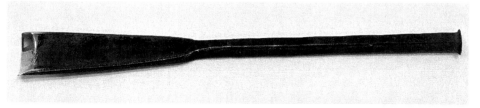

圖 4-35：8 分內圓雕刻刀，為王漢松使用（王維元攝，2022 年）

（三）鋸子類

臺灣式的鋸子源起自原鄉福建泉州，因為有木框，一面有鋸條，習稱為臺灣鋸，依據鋸齒的形狀可分為剪仔（如圖 4-36）〔註 33〕、卸仔（如圖 4-37）〔註 34〕。在日治時期則傳入日本製造之日本夾背鋸（如圖 4-38）、日本雙面鋸（如圖 4-39），主要功能為將木材進行橫斷與縱斷的鋸切，師傅需自備上述的

〔註 33〕剪仔：臺語音 tsián-na，木作術語，指鋸子鋸切方向與木紋成 90 度者稱之。
〔註 34〕卸仔：臺語音 siè-a，木作術語，指鋸子鋸切方向與木紋成平行者稱之。

鋸子。在使用之後會鈍銼，匠師需要自己以細銼刀將鋸齒研磨至銳利（如圖 4-40～4-45）。

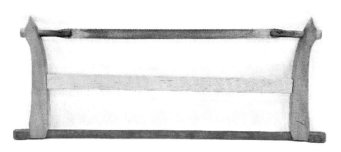

圖 4-36：臺灣鋸──剪仔（橫斷）現代樣式（王維元攝，2022 年）

圖 4-37：臺灣鋸──卸仔（縱斷）現代樣式（王維元攝，2022 年）

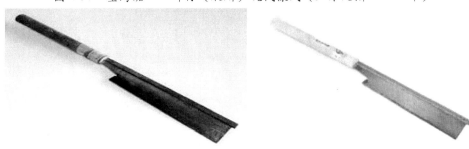

圖 4-38：日本鋸（夾背鋸），左為王漢松使用，右為現代樣式（王維元攝，2022 年）

圖 4-39：日本雙面鋸，左為王漢松使用，右為現代樣式（王維元攝，2022 年）

圖 4-40：王漢松以細銼刀研磨臺灣鋸鋸齒（王肇楠提供）

圖 4-41：王漢松自製之細銼刀——分解（王肇楠提供）

圖 4-42：王漢松自製之細銼刀（王肇楠提供）

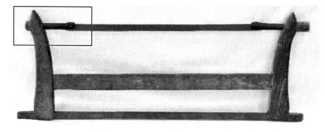

圖 4-43：王漢松研磨後之臺灣鋸，可以觀察到本把鋸子已歷經非常多次之研磨
（王維元攝，2022 年）

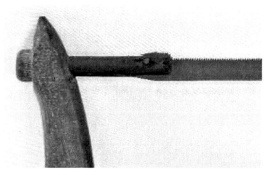

圖 4-44：王漢松研磨後之臺灣鋸條特寫，可以觀察到本把鋸子已歷經非常多次之研磨，鋸條的寬度已經磨耗甚多（王維元攝，2022 年）

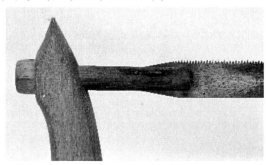

圖 4-45：新的臺灣鋸條特寫，寬度為標準尺寸（王維元攝，2022 年）

（四）其他類

在手工具使用上非屬於上述三類者，皆歸於本類。如 1 尺 7 寸直角尺、三尺竹尺、不鏽鋼摺尺、棋車（圓規）、割木刀、直角規（90 度角規）、硬斜規（45 度角規）、軟斜規（自由角度規）、玄能（平頭鎚）、8 分尖尾鎚、3 分尖尾鎚、木工筆、枰尺、拖孔規、尖尾刀、九層木帖木、油石、砥石、棕刷、油管、木柄尖鑽（如圖 4-46～4-67）。

圖 4-46：1 尺 7 寸直角尺，左為王漢松使用，右為現代樣式（王維元攝，2022 年）

圖 4-47：三尺竹尺，王漢松使用（王維元攝，2022 年）

圖 4-48：不鏽鋼摺尺，王漢松使用（王維元攝，2022 年）　圖 4-49：棋車（圓規），王漢松使用（王維元攝，2022 年）

圖 4-50：割木刀，左為王漢松使用，右為現代樣式（王維元攝，2022 年）

 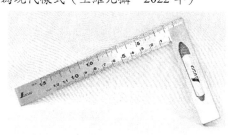

圖 4-51：直角規（90 度角規），左為王漢松製作使用，右為現代樣式
（王維元攝，2022 年）

 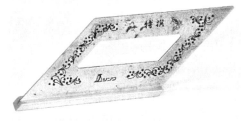

圖 4-52：硬斜規（45 度角規），左為王漢松製作使用，右為現代樣式
（王維元攝，2022 年）

圖 4-53：軟斜規，左為王漢松製作使用，右為現代樣式（王維元攝，2022 年）

圖 4-54：玄能（平頭鎚），左為王漢松使用，右為現代樣式（王維元攝，2022 年）

圖 4-55：8 分尖尾鎚，左為王漢松使用，右為現代樣式（王維元攝，2022 年）

圖 4-56：3 分尖尾鎚，左為王漢松使用，右為現代樣式（王維元攝，2022 年）

圖 4-57：木工筆，王漢松使用（王維元攝，2022 年）

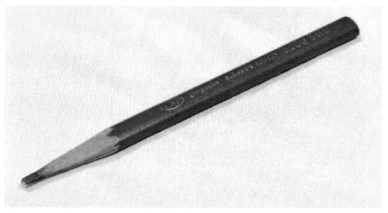

圖 4-58：現代樣式木工筆（王維元攝，2022 年）

圖 4-59：枰尺——組合，王漢松製作使用（王維元攝，2022 年）

圖 4-60：枰尺——分解，王漢松製作使用（王維元攝，2022 年）

圖 4-61：拖孔規，左為王漢松使用，右為現代樣式（王維元攝，2022 年）

圖 4-62：尖尾刀，左為王漢松使用，右為現代樣式（王維元攝，2022 年）

圖 4-63：九層木帖木，左為王漢松使用，右為現代樣式（王維元攝，2022 年）

圖 4-64：砥石，左為王漢松使用，右為現代樣式（王維元攝，2022 年）

圖 4-65：棕刷，左為王漢松使用，右為現代樣式（王維元攝，2022 年）

圖 4-66：油管，左為王漢松使用，右為現代樣式（王維元攝，2022 年）

圖 4-67：木柄尖鑽，王漢松製作使用（王維元攝，2022 年）

第二節　傳統細木作的榫卯樣式與名稱

本節以王漢松將傳統細木作最重要的榫卯名稱與樣式，匠師專用術語與名稱敘明，從王漢松所使用以臺語古音發音以標註專用術語與名稱，逐件指述名稱作為註記，由王肇楠依樣製作成榫卯實物，此為臺灣第一位以匠師身分首為之作《臺灣傳統細木作榫卯集》〔註35〕，成為珍貴的無形文化資產，榫卯共計六大類，35 種榫卯。榫卯名稱後括弧內之榫卯名稱則引自《明式家具研究（文字卷）》〔註36〕、《明式家具珍賞》〔註37〕，本研究依六大類各擇數種作為記述（如圖 4-68～4-77）。

一、基本結合

圖 4-68：飼三角扉榫（薄板加穿帶）　　　圖 4-69：元寶榫（厚板加銀錠榫）
　　　　（王肇楠提供）　　　　　　　　　　　（王肇楠提供）

二、平板角結合

圖 4-70：三角榫（平板三角出榫結合）　　圖 4-71：穿含帶暗榫（平板橫槽與嵌槽
　　　　（王肇楠提供）　　　　　　　　　　加半直榫結合）（王肇楠提供）

三、橫豎材丁字形結合

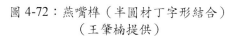

圖 4-72：燕嘴榫（半圓材丁字形結合）　　圖 4-73：剪合榫（方材不透內單邊鳩
　　　　（王肇楠提供）　　　　　　　　　　尾榫加楔釘）（王肇楠提供）

〔註35〕 王漢松指導，王肇楠著，《臺灣傳統細木作榫卯集》，（左羊出版社，中華民國
　　　　87 年），頁 10～79。

〔註36〕 王世襄，《明式家具研究（圖版卷，文字卷）》，（南天書局，1997 年），頁 101
　　　　～120。

〔註37〕 王世襄，《明式家具珍賞》，（南天書局，1998 年）。

四、直材結合

圖 4-74：暗閂四角牙榫（單平肩半直榫加楔釘）（王肇楠提供）

五、直材交叉結合

圖 4-75：硬斜翹皮光榫（方材單對角斜切加單平肩加出透直榫）（王肇楠提供）

圖 4-76：硬斜合角暗榫（方材對角斜切加半直榫）（王肇楠提供）

圖 4-77：三面岔角榫（粽角榫）（王肇楠提供）

第三節　王漢松細木作家具製作工法

　　本節所研究的傳統細木作工法（臺語音 kang-huat，指各項技法的工作方法）、工序（臺語音 kang-sū，指製作傳統家具之各個特定的工作順序，以完成整個製作過程的各項加工），依據王漢松之口述資料，其中的匠師專用術語與技法名稱等，係以臺語發音加以註記說明，從中加以研究王漢松所保存之臺語術語，為閩南語泉州古音中的「文讀音」（文讀音屬閩南泉州人學習各朝代官話讀書之音，再經過語音的自然變化而逐漸形成），如「門光尺」（bûn-kong-tshioh）須以「文讀音」發音才是正確的匠師使用術語，本節為王漢松以一件傳統家具的各工法為範例，完整的進行探討與研究，並加以敘述講解，藉以了解王漢松如何進行各項之工法與工序，成為無形文化資產中傳統工藝細木作技藝的全面性呈現與內涵〔註38〕。

一、出圖

　　臺語音 tshut-tôo，匠師術語，為匠師親自手繪圖稿之意，出為動詞，指畫出線條。圖是名詞，指畫製完成的圖樣。此為進行家具製作的第一個步驟，主要在於與客戶討論訂製家具的造形式樣、尺寸合利、使用材質、榫卯作法、雕刻圖案、鑲嵌技法等等項目，再徒手繪製圖樣，與客戶討論，若能合於客戶心意，就可以定圖，繪製實樣圖以製作家具（如圖 4-78）。

圖 4-78：出圖，拍攝於 1998 年（王肇楠提供）

〔註38〕王肇銖、王肇楠、王督宜，《王漢松作品集》，（董源藝術，中華民國 88 年）。

二、打板仔

臺語音 phah-pān-ná，匠師術語，打為動詞，指畫出線條。板仔是名詞，指畫製完成的木板。以直角尺與木工筆在一片木板上依照出圖的樣式與各構件的尺寸與位置畫出相對應的線條，畫製完成的木板稱為板仔，司阜即可以此板仔即可製作出一件家具（如圖 4-79）。

圖 4-79：打板仔，拍攝於 1998 年（王肇楠提供）

三、揀料

臺語音 kíng-liāu，匠師術語，揀為動詞，指挑選之意。料是名詞，指木材。依照實樣圖所標示的尺寸與使用的材質，進行挑選木料，將各構件需要使用的木料規格自薹料（臺語音 dǔn-liāu，匠師術語，薹為囤積之意，指木材購入後囤積於倉庫內的陰涼處風乾備用）區搬出，由司阜以目測方式逐枝的檢視木料，將木料檢視合格完成後即可進行下一個工序（如圖 4-80）。

圖 4-80：揀料，拍攝於 1998 年（王肇楠提供）

四、鉋料

臺語音 kāu-liāu，匠師術語，指以鉋刀將木材表面細鉋平整之意。將挑選合格的木材，先剪料（臺語音 tsián-liāu，匠師術語，指以鋸子將木材鋸截成需要的長度），鉋曲角（臺語音 kāu-khut-kak，匠師術語，指以鉋刀將木材相臨的兩個面鉋成 90 度，曲角即是 90 度之意），鉋寬厚（臺語音 kāu-khuah-gāu，匠師術語，指以鉋刀將木材鉋成需要的寬度與厚度）（如圖 4-81）。

圖 4-81：鉋料，拍攝於 1998 年（王肇楠提供）

五、剎紾

臺語音 suah-tsîn，匠師術語，剎（suah）為動詞，指畫出線條。紾（tsîn）是名詞，指以木工筆畫出的線條。以木工筆、直角尺等將木料依照板仔所定的尺寸剎紾在木料表面，內容包含各榫頭與榫孔的位置（如圖 4-82）。

圖 4-82：剎紾，拍攝於 1998 年（王肇楠提供）

六、鑿孔

臺語音 tshàk-khang，匠師術語，指鑿榫孔。以各種手工具如 8 分尖尾鎚、打鑿刀將木料鑿出榫孔（如圖 4-83）。

圖 4-83：鑿孔，拍攝於 1998 年（王肇楠提供）

七、作榫

臺語音 tsoh-sún，匠師術語，指作榫頭，以鋸子將木料鋸出榫頭（如圖 4-84）。

圖 4-84：作榫，拍攝於 1998 年（王肇楠提供）

八、刻花

臺語音 khik-hue，匠師術語，指以各式雕刻刀在構件上雕刻出圖案。將家具中有雕刻的構件，另外交給雕刻司阜進行雕刻，而雕刻的圖樣與雕刻工法由家具司阜依照與客戶討論確定的內容請雕刻司阜配合雕刻（如圖 4-85）。

圖 4-85：刻花，拍攝於 1998 年（王肇楠提供）

九、鬥

臺語音 dàu，匠師術語，指將各構件組合起來。將各枝木料依序組合成一件家具（如圖 4-86）。

圖 4-86：鬥，拍攝於 1998 年（王肇楠提供）

十、抾光

臺語音 khioh-Kng，匠師術語，指以鉋刀將器面鉋光亮。以 8 寸細光鉋刀在家具表面再仔細鉋光一次，將表面的些微高低誤差細鉋平整（如圖 4-87）。

圖 4-87：桌面抾光，拍攝於 1998 年（王肇楠提供）

十一、白身

臺語音 pėh-sin，指經過組合完成，尚未上漆前的家具，即稱為白身（如圖 4-88）。

圖 4-88：八仙桌──白身，拍攝於 1998 年（王肇楠提供）

十二、上漆

以噴塗上漆的方式，經過數道的噴塗上漆，乾燥後砂磨，再噴塗上漆重複數次，俟漆面完全乾燥後，再搬運回家具店內（如圖 4-89）。

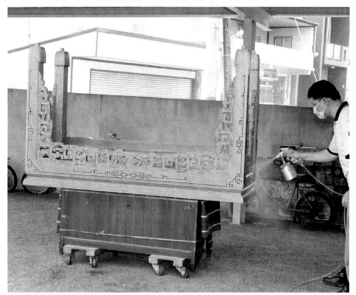

圖 4-89：長案桌——上漆，拍攝於 1998 年（王肇楠提供）

十三、作品完成

上漆完成的家具，即可通知客戶來家具店內檢查確認是否有依照約定製作，確認無誤之後，即可以搬運至客戶處進行安放（如圖 4-90）。

圖 4-90：作品安放於客戶宅邸，本圖感謝成美公堂授權使用，拍攝於 1998 年
（王肇楠提供）

第四節　傳統家具修復與修復技術

　　王漢松接受一件「富貴喜春梳妝台」的修復委託（77 歲，1999）與出版（2003），以「修舊如舊」的修復原則依照傳統匠師的修復工法與工序等進行修復，並將各構件名稱與術語具體且清楚地闡述並接受紀錄發表，成為臺灣傳統細木作匠師第一人。

　　在傳統家具歷經長久的使用之後，常有各種使用的損傷，構件的鬆脫佚失，遭受鼠齧蟲蝕，造成家具的受損。當需要進行修復時，需要委請會製作家具的師傅進行，因為修復家具是反向工作，司阜以實作經驗判斷何處受損與佚失，以正確的步驟程序拆卸各構件，再將受損與佚失的構件依照原樣原工法仿作，再逐序的組裝成原樣。而在評估何處受損與佚失時，師傅需要注意每一個環節，盡量保留原家具之外觀，若有先人墨寶時則要保留不可磨滅，因為這是家族的共同情感。

　　本節依據王漢松指導於第二代王肇鈺、王肇楠應該如何進行百年傳統家具受損修復之工法、工序等，整理出六大程序，以修復日治時期溪湖「富貴喜春梳妝台」（1999）為例，詳列如下〔註39〕（如圖 4-91～4-107）：

一、文史彙整

　　傳統細木作家具文物從製作完成歷經數十年甚至百年的歲月保存至今，透過相關文獻資料與前人研究等層面進行蒐集與探討，以建立傳統細木作家具文物之文史資料。

二、基本資訊建立

　　在傳統細木作家具文物修護前，藉由對於傳統細木作家具文物本身的歷史背景、匠師派別、使用材料、工藝技法的分析與研究，有助於修復方案的擬定與修護工作進行。

三、修護前分析

　　進行傳統細木作家具文物現況描述與紀錄，包含受損現況結構、材質、劣化狀況、其他觀察等項。依匠師經驗法則分析，了解傳統細木作家具文物於修

〔註39〕王肇楠，《臺灣梳妝台的研究與修復以『富貴喜春──細木作為例》，（南天書局，2003 年），頁 47～99。

護前的資訊，例如材質為何？製作工藝技法以及受損程度等。

四、擬訂修護方案

　　先依匠師經驗法則還原製作工序，並觀察是否曾經前人修復與原存樣式差異部位，根據不同的損壞狀況，尋找適當的修護方法進行修復。將傳統細木作家具文物損壞或部分遺失的部分修補，使其外觀更具完整性，或更趨近於傳統細木作家具文物原本的狀態。

五、修護程序

　　本階段可分為乾式清潔、溼式清潔、結構榫卯組合加固、受損部位以原材質填補、缺損佚失構件依原樣仿作、全色。

六、修護完成

　　傳統細木作家具文物經過前述五項程序之後為修護完成。

圖 4-91：富貴喜春梳妝臺修復前
　　——正面，拍攝於 1999 年（王肇
楠提供）

圖 4-92：富貴喜春梳妝臺修復前——
正面，拍攝於 1999 年（王肇楠提供）

圖 4-93：富貴喜春梳妝臺修復前──背面，拍攝於 1999 年（王肇楠提供）

圖 4-94：富貴喜春梳妝臺修復前──桌面板，拍攝於 1999 年（王肇楠提供）

圖 4-95：梳妝臺拆卸之後，依照各構件相關位置排列，拍攝於 1999 年（王肇楠提供）

圖 4-96：以「滾鉋刀」將「腳蹄尾彎台」修鉋圓角，拍攝於 1999 年（王肇楠提供）

圖 4-97：以「2 分編含鉋刀」在左右橫頭杠鉋出 2 分含，拍攝於 1999 年
（王肇楠提供）

圖 4-98：以「長細光鉋刀」鉋平「配底板」，拍攝於 1999 年（王肇楠提供）

圖 4-99：以「臺灣鋸」鋸出「配底板」缺口，拍攝於 1999 年（王肇楠提供）

圖 4-100：依照原存花柴樣式，以舊木料雕刻仿作，拍攝於 1999 年（王肇楠提供）

圖 4-101：以「3 分內圓鉋刀」，將桌裙鉋出「3 分圓線腳」，拍攝於 1999 年
（王肇楠提供）

圖 4-102：以「4 寸鉋刀」鉋出「長方三角形茄苳木片」角度，拍攝於 1999 年
（王肇楠提供）

圖 4-103：以「2 分內圓鉋刀」，將左右直柱鉋出「2 分圓線腳」，拍攝於 1999 年
（王肇楠提供）

圖 4-104：以「外圓鉋刀」修飾「塔頭蓋」，拍攝於 1999 年（王肇楠提供）

圖 4-105：以「內圓鉋刀」鉋出「批手巾圓車栒」，拍攝於 1999 年（王肇楠提供）

圖 4-106：以「8 分尖尾鎚」組合「批手巾圓車栒」，拍攝於 1999 年（王肇楠提供）

圖 4-107：王漢松與「富貴喜春梳妝臺」修復完成，拍攝於 1999 年（王肇楠提供）

第五節　王漢松細木作家具特色

從家具發展歷史來說，每個時期都有其特定的造型與風格，中外皆然；所以木作家具的評價，是在於能體現固定的傳統形制、流行裝飾風尚之外，更講究作工、結構、尺度、比例、雕飾及巧思的創意；如從此一觀點評鑑當今臺灣傳統家具匠師，則鹿港王漢松的作品，正是此業的佼佼者；不僅如此，王氏一門也都盡得真傳，尤其是榫卯之間的準確、精細作工最被稱讚。

傳統中國家具以條狀線形的輕巧結構為尚，再搭配框架的板面，也因此成就了更繁複的榫卯變化。但王漢松不僅深諳於傳統家具之榫卯結構，還能揉合日治時代昭和年間流行的歐陸「新藝術」洋風的流暢與婉柔雕飾、以及車櫃鏇木的律動，再加上戰後美國式大型明快風格家具設計製作的經驗，助使他回鹿港創業以後的作品，除保存傳統儀式性空間的家具規格形制、構件元素之外，還可以見到增添新意的流露，相當調和、自然且不做作，同時在家具的尺度上略有修正，使能符合人體工學及起居使用合宜的作品。

王漢松的作品風格如同其人，整體架構是含蓄、工整而敦厚的，但細節上卻能有所揮灑；無論是線腳、鑲嵌異木或墨繪紋飾，必然完整、妥貼。他的成就是多方面的，人文素養豐厚不僅見之於家具上的題材與雕飾、如刀筆的法書得自於內在剛毅的涵養，還有一手精準、順暢的家具素描稿，其上常有一供亮麗的盆花。每次見面時那抹自信、安逸、和氣謙沖的微笑，更令人舒坦。

其實王漢松的成就早有定論；在《鹿港手工藝的過去與未來研究》、《鹿港三百年》二書即以王漢松為今之傳統家具代表人物，王漢松願放下已得的盛名還選送作品參加各種徵件展而不計名次，為的是提醒、展現傳統家具的美及其價值，以免藏諸銘山而匿跡，出書的目的更是見證風華的另類示範，值得典藏久遠〔註40〕。

綜合前述各節之探討與研究，王漢松細木作工藝共 66 年的藝術歷程，整理出王漢松之師承、年序、風格、技法、傳承與傳習技藝，成為王漢松與傳承給第二代最大的風格與特色，茲敘述如下：

一、師承完整的鹿港細木作先賢

王漢松受習於陳斗，陳斗受習於施天火（俗稱和尚頭）司阜，由此可知王漢松技藝可上溯兩個世代，為鹿港細木作一脈師承履跡，可證之於光緒年間

〔註40〕王肇楠，《王漢松作品集》，（董源藝術發行，中華民國 88 年），頁 8。

鹿港「小木花匠團錦森興諸先賢」掛軸（1876）。

二、藝術年序跨越兩個政治體制

王漢松出生於日治大正 12 年（1923），國民政府接收臺灣（1945），為臺灣近代史中最為風雨飄搖，動盪不安的階段，王漢松堅持一以貫之，方能成就一代大師。

三、作品風格

（一）漢式泉州風格鹿港體式

王漢松習藝於鹿港傳統細木作家具至出師（14～17 歲，1936～1939），以具有漢式泉州古風之韻著稱的鹿港地區，拜師於街尾陳斗先生。出師後受鹿港吳隨意家具店、木村家具店聘請成為家具司阜（18～21 歲，1940～1943）。

（二）日式甲級軍官家具

進入「高雄海軍警備司令部甲級軍官家具製造廠」擔任木工司阜，王漢松從漢式傳統家具轉為製作日式甲級軍官家具，此為第二項技藝的增進（22 歲，1944）。

（三）美國式家具

到臺北士林「華森美國家具店」，專為美軍駐臺軍官設計、製作美國式家具，王漢松從製作日式甲級軍官家具轉為製作美國式家具，此為第三項技藝的增進（23～28 歲，1945～1950）。

（四）技藝歷練

在鹿港各家具工廠擔任木工司阜，以 20 年的時間學習各家之長，增進己身木作技藝的程度（28～48 歲，1950～1970）。

（五）創業設立工廠

王漢松在 48 歲起，創立「漢松藝術創作坊」迄今，承製各種精緻華美的現代家具以及後期的傳統家具（48～80 歲，1970～2001）。

四、細木作技法的多樣化

王漢松以 66 年的細木作經歷，超過一甲子的歲月，讓技藝融勻於臻善作品並各顯風華。如漢式泉州派鹿港體的家具，以穠謙合度的體式設計製作，展

現泉州賡傳至鹿港的悠久古風，雅形典致之韻。

（一）細木作技術的官方認證

王漢松獲得臺灣總督府核給「國民勞務手帳——建具指物工」與「體力手帳——指物工」（1942），證明王漢松之習藝內容與就業場所合於臺灣總督府頒布「國民勞務手帳法」規定（1941）。

（二）傳統規制

遵循臺灣傳統文化中民宅家具與供具所需遵守的尺制與規範，如祭祀供桌需爰遵門光尺與丁蘭尺之合利，祖先龕則需遵丁蘭尺之合利規制，以符傳統文化之規範，亦為無形文化資產重要條件。

（三）傳統製作工序

傳統匠師於學徒養成時，即須學成之必備技藝，從手繪圖稿開始，後續為打版仔、挑選木料、鉋平木料、剎紟、榫卯製作、鬥、細部修飾、上漆、作品完成等各個階段。

（四）選材特色

王漢松採購臺灣檜木上等材作為製作家具的材料，但是價格高昂。並且需要以自然乾燥法貯存達數年以上，才能進行製作。

（五）榫卯技法

以講究榫卯製作工法，以嚴絲合縫的榫卯技法製作，所製作的家具可以耐受數十年的使用仍堅固如初。

（六）異木鑲嵌技法

王漢松再現「臺灣檜木入茄苳木」的異木鑲嵌技法施作於器面上，展現鹿港細木作技藝的精緻華麗，精心創作「祥雲昇龍奉桌組」獲得「第一屆傳統工藝獎三等獎」，作品並榮獲永久典藏（76 歲，1998）。

五、傳承

王漢松以保留完整的鹿港細木作技法與術語，傳承給第二代王肇鉌、王肇楠，並指導次子王肇楠將之成為臺灣首部論述與專著《臺灣傳統細木作榫卯集》（76 歲，1998）。

六、傳習技藝

　　王漢松以 60 年的藝術歷程（1939～1999）接受行政院文化建設委員會指導，國立傳統藝術中心委託大葉大學設計暨藝術學院執行「民間藝術台灣傳統家具細木作藝人王漢松技藝傳習計畫第一～二期」擔任傳習藝師，成為臺灣首位傳統細木作匠師成為國家委託執行的藝師（78～79 歲，1999～2000）（如圖4-108）。

圖 4-108：王漢松於大葉大學傳習教室內上課，拍攝於 2000 年（王肇楠提供）

第五章　王漢松家族細木作技藝傳承世序

　　鹿港王漢松家族細木作技藝傳承，在 50 年代開始臺灣社會經濟型態從農工經濟轉變為貿易商業經濟起飛〔註1〕之下，鹿港已經沒有年輕人願意進入這個行業，形成傳統細木作的斷層。本章敘明王漢松的第二代王肇鈺、王肇楠，第三代王維元是在何種情況下傳承與傳習，使這門無形文化資產得以傳承與保存。

　　在家族傳承的背景，王漢松的第二代長子王肇鈺於 18 歲（1970）時，因為父親「缺少人手幫忙工作」而入門成為細木作司阜。而王漢松所傳次子王肇楠 17 歲（1984）時，以「當兵前尚年輕」而成為學徒，先習此技在身並且出師。第三代王維元在大慶高中畢業後（19 歲，2015），拜父親王肇楠為師，很多到工作室拜訪的賓客皆如是言：「你的爺爺，伯父，父親都很有名，家族的技藝很珍貴，希望你可以繼續傳承下去」，成為筆者入門的契機，在出師後繼續於本藝學習迄今。

　　本章藉由筆者訪談王漢松家族第二代王肇鈺（伯父）、王肇楠（父親）的口述歷史〔註2〕，從中探討王漢松技藝之傳承脈絡。以及面對低價傾銷進口家具的衝擊下，堅持家傳「子子孫孫永寶用，世世代代傳香火」原則與信念，以

〔註 1〕經濟起飛：1950～1980 年代是俗稱的臺灣經濟奇蹟，臺灣走的是後發工業國家的道路。透過二次世界大戰後的產業全球化，跨國公司在全世界尋找成本更低的生產基地。臺灣憑著廉價的勞工和生產線，以加工出口的工業帶動經濟發展。

〔註 2〕王肇鈺、王肇楠口述歷史，請參閱附錄 5、7。

接受委託訂製方式接受客戶訂製作品。另受臺中市文化資產處委託，以傳統工法進行一般古物〈大北門曲奏迎神匾〉修復與複製案（2018）。在另一方面則較為特殊，為「卜筶」方式，如嘉義新港奉天宮「四街祖媽」以此方式指定由王肇楠製作龍椅（2014）與神轎製作（2021）、永靖「成美公堂」以此方式指定由王肇楠修復、製作公媽廳內的公媽龕等與神明廳內的神桌等祭祀用器具（2014）。續由王肇楠傳承於第三代王維元的習藝年代、動機背景與契機，與各時期具有代表性與印象深刻的事情，匯集整理，以瞭解鹿港傳統工藝細木作技藝，在民間的環境之下，面對社會型態的轉變與傳統工藝的式微，20 世紀以後王漢松家族是如何的傳承，與匠師堅持的信念，讓鹿港王漢松家族傳承至第三代迄今與家學特色。

表 5-1：鹿港王漢松傳承表

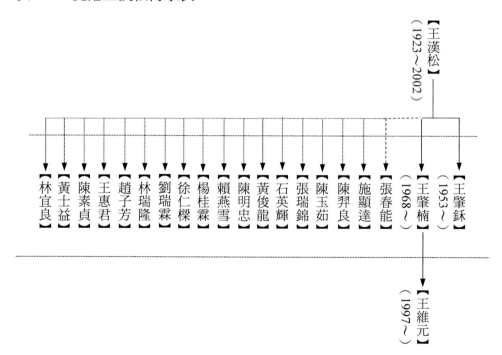

1：——— 直線為直系血親，傳承於第二代王肇鋭、王肇楠，第三代王維元。

2：------- 長虛線為姻親，張春能為四女婿。

3：——— 短虛線為傳習計畫藝生。

王維元製表，製表時間民國 111 年。

第一節　王肇鈵技藝歷程

　　王肇鈵為王漢松長子，出生於鹿港三條巷祖宅（1953），鹿港文開國小畢業（1965），沒有繼續升學國中。當時王漢松雖然已經是木匠司阜，但是並沒有要求王肇鈵進入木工職業，由此可以窺知在民國 54 年代時，鹿港的年輕人就已經不把學習細木作技藝列為第一優先，而是改變謀職方式，到都市或是較為有前途的工廠學習，所以王肇鈵在鹿港地區各工廠當學徒以及到彰化市的五金行站店頭學作生意（13～18 歲，1965～1970）。

　　王肇鈵會拜師學藝的原因，是因為其父王漢松成立漢松藝術創作坊（1970），王肇鈵 18 歲，因為工廠缺少人手，父親王漢松就希望王肇鈵能幫忙做家具。所以，王肇鈵就遵傳統師徒制，拜父親王漢松學習細木作技藝，成為學徒。經過 3 年 4 個月後學成出師（22 歲，1974），隨侍於父親王漢松側，繼續學習更高級的技術。王肇鈵自 18 歲（1970）成為學徒出師後迄今已有 52 年的藝術歷程（1970～2022），各方面的經歷本研究整理如下：獲獎（46～49 歲，1998～2001）；技藝傳習（46～49 歲，2002～2006）；家具文物修復（57～67 歲，2010～2019）；文化部傳統匠師（63 歲，2015）；彰化縣政府頒傳統匠師證（66 歲，2018）；彰化縣政府指定技術保存者兩項（67 歲，2019）等榮銜。

　　王肇鈵自幼時起，便在祖父王茲枝、父親王漢松的身邊耳濡目染學習於傳統家風之中。自 18 歲（1970）起學習到精湛的細木作技藝，但這些精湛的技藝是如何習得？在本節中以王肇鈵藝術歷程訪談紀錄〔註 3〕觀察王肇鈵的藝術歷程與如何進行學習的過程。在整理王肇鈵技藝歷程可以分為：出生、國小入學與出外謀職；拜父親王漢松學藝；獲獎與進行傳習等四個時期，以下依王肇鈵訪談紀錄對於各時期分別進行敘述。

一、出生、國小入學與畢業與出外謀職（1953～1970）

　　王肇鈵出生於民國 42 年（1953），為王漢松之長子。7 歲入學於鹿港文開國民小學（1959），13 歲畢業（1965）。畢業之後沒有繼續升學國中，而是選擇另外謀職工作。當時王漢松於鹿港的各家具工廠擔任司阜頭的職務，雖然王漢松本身是家具司阜，但是並沒有建議王肇鈵進入家具領域，而是尊重王肇鈵的個人意願，另謀他職，以圖高就。這個現象，正說明了鹿港的傳統工藝細木作

〔註 3〕王肇鈵先生口述，訪談地點泓澤藝術創作坊，請參閱附錄五，民國 111 年 4 月
　　　　3 日訪談（2022）。

家具的實況，就是臺灣的經濟已經逐漸轉型為工商業型態，年輕人已經可以有更好、更多收入的職業，而非是三年四個月的學徒習藝，僅有微薄的理髮錢而已。這個時期，已經是距離王漢松當時習藝（1936）僅有 30 年（1965），顯見臺灣經濟與社會發展之迅速與鹿港環境的轉變。

二、習藝與出師（1970～1996）

王肇鉌在經過 5 年的出外歷練學習之後，適巧王漢松決定自己開業成立「漢松藝術創作坊」（1970），而且王肇鉌也覺得需要轉換職業，想說還是學習一技之長比較適合自己的個性。所以就回鹿港拜入父親王漢松的門下，成為家具的學徒，一步一步的學習，開啟了王肇鉌的細木作技藝生命歷程（1970～）（如圖 5-1）。

王肇鉌在習藝期滿出師之後，仍然繼續跟隨在王漢松身邊，因為藝海無崖，細木作家具的技術是非常多樣與精細巧緻的，出師只是代表習得基本技藝，想要更上層樓，就需要司阜的繼續指導，這樣才能事半功倍，尤其是司阜就是自己父親，能更直接的學習其中精華之所在。王肇鉌在這個階段充分的自王漢松身上親炙親學的學習了 22 年，讓其技藝提升至另一個更高的境界（22～44 歲，1974～1996）（如圖 5-2）。

圖 5-1：王漢松示範手工具之情形，拍攝於 1997 年（王肇鉌提供）

圖 5-2：王漢松指導王肇鈺組合之情形，拍攝於 1997 年（王肇鈺提供）

三、榮銜、獲獎、傳習、家具修復（1996～）

　　王肇鈺在本階段之藝術表現，陸續獲得政府機關獎項的肯定，在榮銜方面
受文化部指定「細木類傳統匠師」〔註4〕（2015）（如圖 5-3）；彰化縣政府頒
證「彰化縣傳統匠師」〔註5〕（2018）（如圖 5-4～5-5）；彰化縣政府指定兩項
登錄：1.認定「傳統工藝細木作保存者王肇鈺」〔註6〕、2.認定「傳統家具製作
及修復技術保存者王肇鈺」〔註7〕（2019）（如圖 5-6～5-8）。

　　在獎項方面，榮獲國立傳統藝術中心籌備處「第一至三屆傳統工藝獎」
（46～48 歲，1998～2000）（如圖 5-9）以及「第一屆國家工藝獎」的肯定（49
歲，2001）（如圖 5-10）。

　　在進行傳習方面為榮獲行政院文化建設委員會指導，國立傳統藝術中心

〔註4〕文化部傳統匠師：文化部審查通過細木類傳統匠師，（104 文傳 30019）（2015）。
〔註5〕彰化縣傳統匠師：彰化縣政府頒證（府授文戲字第 A61070008295 號）（2018）。
〔註6〕彰化縣政府登錄「細木作」為傳統工藝，認定王肇鈺為保存者，「傳統工藝細
　　　木作保存者王肇鈺府授文演字第 10704332240 號」（2019）。
〔註7〕彰化縣政府登錄「傳統家具製作及修復技術」為文化資產保存技術，認定王肇
　　　鈺為保存者，「傳統家具製作及修復技術保存者王肇鈺府授文演字第
　　　1070448469A 號」（2019）。

委託大葉大學設計暨藝術學院造形藝術系承辦之「臺灣傳統細木作家具技藝傳習計畫第一至第三期」之「傳習師」（50～52 歲，2002～2004）。

在家具修復方面，為國立臺灣傳統藝術總處籌備處委託〈傳統藝術中心廣孝堂木作仿作暨修復計畫〉（57 歲，2010）；「魏成美堂公媽廳」修復與複製案（63 歲，2015）；「魏成美堂神明廳」修復與複製案（65 歲，2017）；臺中市文化資產處委託一般古物〈大北門曲奏迎神匾〉修復與複製案（66 歲，2018）；鹿港民俗文物館委託〈清朝太子樓梳妝臺〉修復案（67 歲，2019）。

綜上所述，王肇鈵身為王漢松第二代長子，受習於父親王漢松所傳授之技藝，在出師以後一直追求自身工藝技術之提升，獲得國家級獎項的肯定，文化部傳統細木作匠師資格與彰化縣政府指定兩項技術保存者榮銜，顯示出王肇鈵在臺灣無形文化資產傳統工藝細木作領域中所具備的技藝成就。在成就上獲得文化部指定細木類傳統匠師（63 歲，2015）；獲得彰化縣政府指定登錄：1.「傳統工藝細木作保存者王肇鈵」、2.「傳統家具製作及修復技術保存者王肇鈵」（67 歲，2019）。

圖 5-3：文化部公告，拍攝於 2015 年（王肇鈵提供）　　圖 5-4：彰化縣傳統匠師證書，拍攝於 2018 年（王維元翻拍，2022 年）

圖 5-5：彰化縣傳統匠師授證典禮，拍攝於 2018 年（王肇鈺提供）

圖 5-6：彰化縣長王惠美頒授技術保存者證書，拍攝於 2019 年（王肇鈺提供）

圖 5-7：傳統工藝細木作保存者王肇鈵證　　圖 5-8：傳統家具製作及修復技術保存者
書（王維元翻拍，2022 年）　　　　　　王肇鈵證書（王維元翻拍，2022 年）

圖 5-9：「第一屆傳統工藝獎」領獎，拍攝於 1998 年（王肇鈵提供）

圖 5-10：「第一屆國家工藝獎」領獎，拍攝於 2001 年（王肇鈵提供）

四、具代表性作品

　　本節探討王肇鈵技藝歷程迄今 52 年（1970～2022）之經歷，整理出具代表性作品兩大類，第一類為依循傳統家具工法製作之兩件作品，分別為：

　　第一件為作品「一路連科」漢式祖先龕，獲得「第一屆國家工藝獎——其他類佳作獎」，為王肇鈵以傳統榫卯工法、木雕工法進行製作，作品反應傳統文化中關於祖先龕的「丁蘭尺——合利」規制，以及雕刻主題「一路連科」的應用，成為保存民俗文化之特色的祭祀祖先器具〔註8〕（49 歲，2001）（如圖5-11）。

　　第二件為國立臺灣傳統藝術總處籌備處委託〈傳統藝術中心廣孝堂木作仿作暨修復計畫〉的仿製「祖先龕」，原祖先龕已經佚失，僅有舊照片數幀作為製作參考。王肇鈵先至廣孝堂內丈量相關尺寸，再仔細檢視舊照片中的相關細節，以傳統榫卯工法、木雕工法、安金工法等進行祖先龕「依樣仿製」，於

〔註 8〕國立臺灣工藝研究所，《第一屆國家工藝獎作品集》，（國立臺灣工藝研究所，中華民國 90 年 8 月），頁 70～71。

同年製作完成並安置於傳統藝術中心廣孝堂原位〔註9〕（57歲，2010）（如圖5-12～5-20）。

圖 5-11：「一路連科」漢式祖先龕，拍攝於 2001 年（王肇鈺提供）

圖 5-12：王肇鈺製作廣孝堂祖先龕過程，拍攝於 2010 年（王肇鈺提供）

〔註 9〕王肇楠，《傳統藝術中心廣孝堂木作仿作暨修復計畫期末報告書》，（國立臺灣傳統藝術總處籌備處，中華民國 99 年 11 月）。

圖 5-13：王肇鈵製作廣孝堂祖先龕過程，拍攝於 2010 年（王肇鈵提供）

圖 5-14：王肇鈵製作廣孝堂祖先龕過程，拍攝於 2010 年（王肇鈵提供）

圖 5-15：廣孝堂祖先龕木雕構件，拍攝於 2010 年（王肇鈺提供）

圖 5-16：安金箔工法，以毛筆將金箔黏貼木雕構件表面，拍攝於 2010 年
（王肇鈺提供）

圖 5-17：作安金箔工法，以馬蹄刷將金箔掃亮，拍攝於 2010 年（王肇鈺提供）

圖 5-18：安金箔工法製作完成，拍攝於 2010 年（王肇鈺提供）

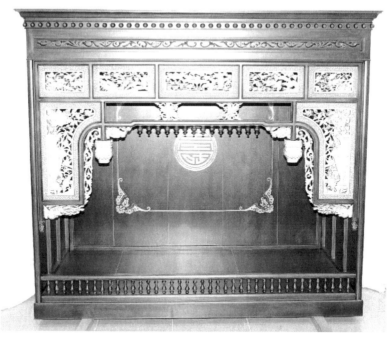

圖 5-19：仿製廣孝堂祖先龕完成，拍攝於 2010 年（王肇鈺提供）

圖 5-20：王肇鈺於宜蘭傳藝中心廣孝堂祖先龕前合影，拍攝於 2010 年
（王肇鈺提供）

　　第二類為傳統家具一件，為財團法人彰化縣私立鹿港民俗文物館委託〈太子樓梳妝臺〉修復案，本件「太子樓梳妝臺」為館藏清朝時期文物，歷經百年

歲月有受損遺缺，經過王肇鈇以「解體修復」方式進行修復，受損構件施以同材質局部修補、佚失構件以原樣進行仿製、缺色部位以原彩礦物彩進行全色，歲月使用痕跡則保留，於同年製作完成並安置於鹿港民俗文物館內原位〔註10〕（67 歲，2019）（如圖 5-21～5-30）。

圖 5-21：太子樓梳妝台受損情形，拍攝於 2019 年（王肇鈇提供）

圖 5-22：以原材質進行局部修補，拍攝於 2019 年（王肇鈇提供）

〔註10〕 王肇楠，《太子樓梳妝臺修復專輯》，（財團法人彰化縣私立鹿港民俗文物館，中華民國 108 年 9 月），感謝財團法人彰化縣私立鹿港民俗文物館同意無償授權引用相關圖片，謹此致謝。

圖 5-23：以鑿刀將蛀蝕部位鑿除，拍攝於 2019 年（王肇鈺提供）

圖 5-24：以鑿刀將蛀蝕部位鑿除，拍攝於 2019 年（王肇鈺提供）

圖 5-25：以原材質進行局部修補完成，拍攝於 2019 年（王肇鈺提供）

圖 5-26：王肇鈺以夾具將梳妝台加固組合，拍攝於 2019 年（王肇鈺提供）

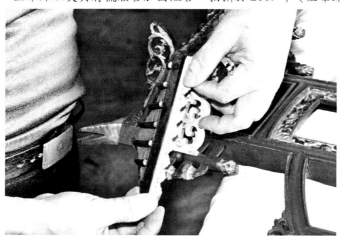

圖 5-27：梳妝台屋頂簷板佚失依樣仿作情形，拍攝於 2019 年（王肇鈺提供）

圖 5-28：太子樓梳妝台上彩全色，拍攝於 2019 年（王肇鈺提供）

圖 5-29：鹿港民俗文物館館藏「太子樓梳妝台」修復前，拍攝於 2019 年
（王肇鈵提供）

圖 5-30：王肇鈵修復「太子樓梳妝台」完成，拍攝於 2019 年（王肇鈵提供）

第二節　王肇楠技藝歷程

　　王肇楠為王漢松次子，出生於民國 57 年（1968），就讀鹿港鎮文開國民小學、鹿港國民中學畢業（1975～1984）。在王肇楠就讀國小時，父親王漢松將家具工廠遷移回三條巷祖宅（1975～1986）。王肇楠鹿港國中畢業之後（17 歲，1984），就與幾位國中同學到臺中一家國際貿易公司謀職，面試通過之後，在離鄉就職前幾天，父親王漢松對王肇楠語重心長的說了一段話，這段話讓王肇楠思考之後改變心意，未到臺中國際貿易公司上班，留在鹿港向父親王漢松拜師學習傳統細木作技藝。開啟了白天當木工學徒（17～21 歲，1984～1988），晚上就讀臺中明道高職補習學校的生涯（17～20 歲，1984～1987）。

　　王肇楠退伍後（23 歲，1990），臺中國際貿易公司的經理打電話聯絡，再次邀請去上班，王肇楠就準備前往臺中上班。當時臺灣政府開放前往大陸投資（1989），臺灣家具廠商紛紛前往投資設廠再以大量且低廉價格傾銷回臺灣，造成本土家具製造廠商紛紛倒閉或轉業。連帶鹿港的王漢松工廠也深受影響，銷售情形低迷，工廠內原有的幾位木工司阜也陸續離職轉業或退休。

　　剛好，王肇楠的軍中同袍去歐洲旅遊回臺灣，特地餽贈禮品給王肇楠，其中的一句話：「你作的家具在歐洲博物館是收藏展示的」而為契機，竟然啟發了王肇楠意想不到的心念，讓王肇楠從當兵前只是一位餬口的木匠，就要離開已經沒落的木匠職業，到臺中國際貿易公司上班。瞬間自我認知為身處寶山，身懷珍貴細木作技藝的匠師，心態從「會作就好」轉變為「這樣怎麼作？為什麼要這樣作？這樣作是為什麼？」的大哉問。

　　於是王肇楠開始著手訪談記錄父親王漢松所保留之珍貴的歷史書面資料，陸陸續續尋找空閒時間提問各項問題，訪談紀錄時間自民國 79 至 90 年（23～34 歲，1990～2001），記錄王家家族祖傳留存各項書面資料與老照片數百幀，文字紀錄達數萬字，建構王漢松藝術生命史與詳實記錄鹿港三百餘年傳統細木作技藝與世代師徒相傳且僅存於匠師之間流通的榫卯樣式、名稱、技法、術語、工料、工法、工序、工具、規制等等。這份累積的珍貴資料，是由一位木工司阜王肇楠自動自發所進行採集與記錄，讓王肇楠成為首位匠師出身且能提筆著撰的作者。

　　綜上所述，在鹿港三百餘年的木匠世代師徒傳承中，「口述心傳，不立文字」的體系，王肇楠已經是最末一代。以一介師承父親王漢松以傳統學徒出身之細木作匠師第二代，在當時臺灣受台商家具業傾銷嚴重影響之下，王肇楠本

可離開本業至臺中任職，應可自圖溫飽於無虞。然而，王肇楠卻在因緣際會之下，回到最初始的本業——木匠，獨自走出一條在臺灣發軔初始之路，以匠師資格，自行紀錄發表臺灣傳統細木作家具之榫卯工法、鑲嵌工法、製作工序、使用工具、專業術語、專業技法、風格、體式等等，以匠師之身份親自進行稱謂註記、攝影紀錄，並深自耘耕、親力親為。此為臺灣與鹿港目前首位全由匠師自身所建構之珍貴第一手文化資產傳統工藝細木作資料，呼應於文化資產保存法之施行，顯現王肇楠於傳統細木作技藝在文化資產範疇中之璀璨價值，以書簡梓行、傳承延續細木作技藝。

財團法人國家文化藝術基金會委託鹿港左羊出版社黃志農老師，承作一項關於臺灣傳統工藝鹿港細木作榫卯專書的出版計畫（1996）。黃志農老師拜訪王漢松與王肇楠討論這項計畫，王漢松深深覺得這個計畫非常有文化價值，就與王肇楠一同進行。在斟酌書名時，王肇楠參考了父親王漢松與其他做家具師傅的自我職業習稱為「作幼木」，以及日治時期《南部臺灣誌》調查報告內容中，以《安平縣雜記》為基礎進行更加細的分類，如木匠分為「粗木匠」、「嫩木匠」、「細木匠」三種，王肇楠遂決定以《臺灣傳統細木作榫卯集》作為書名，以 2 年時間逐項製作榫卯實物、自購底片相機、棚燈、以 E-6（正片）拍攝、撰寫文稿、編輯至完稿與印刷完成本書之出版（31 歲，1998）。

王肇楠自 17 歲成為學徒出師後迄今已有 37 年的藝術歷程（17～55 歲，1984～2022），各方面的經歷本研究整理如下：獲獎（31～39 歲，1998～2006）；家具文物修復（32～55 歲，1999～2022）；家具木工技術士證（34 歲，2001）；技藝傳習（35～55 歲，2002～2022）；大學任教（37 歲～，2004～）；臺中市政府頒第一屆大墩工藝師（38 歲，2005）；個展（39～47 歲，2006～2014）；文化部細木作「傳統匠師」（46 歲，2013）；彰化縣政府頒傳統匠師證（51 歲，2018）；彰化縣政府指定兩項技術保存者（52 歲，2019）與政府相關登載等經歷。

在本節中以王肇楠藝術歷程訪談紀錄〔註 11〕，以觀察王肇楠的技藝歷程與如何進行學習的過程。在整理王肇楠藝術歷程可以分為：1.出生、國中畢業與出外謀職；2.拜父親王漢松學藝、就讀高職補習學校與出師；3.發現身處寶山的契機；4.隨侍父親王漢松繼續成長；5.出書、技術士檢定、期刊發表與擔任教職；6.獲獎、個展與進行傳習；7.家具文物修復等七個階段，以下依王肇

〔註11〕王肇楠先生口述，訪談地點泓澤藝術創作坊，請參閱附錄七，民國 111 年 5 月 18 日訪談（2022）。

楠訪談紀錄對於各階段分別進行敘述。

一、出生、國中畢業與出外謀職（1968～1984）

　　王肇楠出生於民國 57 年（1968），為王漢松之次子（如圖 5-31～5-32）。
8 歲入學於鹿港文開國民小學至 14 歲畢業（1975～1981），就讀鹿港國中至 17
歲畢業（1981～1984）。當時王漢松已經將家具工廠遷入三條巷祖宅，所以王
肇楠在下課後與星期假日都要幫忙搬木材，整理木材等瑣碎雜務，不能跟同學
出去玩，讓王肇楠自幼在心中就萌生長大後不要當木匠的念頭。

　　王肇楠於鹿港國中畢業之後沒有繼續升學高中，而是選擇與國中同學一起
到臺中市的國際貿易公司面試謀職，並獲得錄取可以上班，並且包含食宿，王
漢松表示高興與贊成。王漢松之所以沒有反對，是希望王肇楠可以有一個比木
匠更有前途的職業，因此不希望王肇楠進入家具這一行。這個現象，說明了鹿
港的傳統工藝細木作家具業在民國 73 年（17 歲，1984）時就已經是沒落的行
業，鹿港的年輕人已經沒有人願意拜師學藝成為學徒。臺灣的經濟已經轉型為
工商業型態，年輕人都往都市集中，往更有前途、更多收入的職業投身於其中。

圖 5-31：王茲枝抱王肇楠（時年 2 歲）於祖宅前照片，拍攝於 1970 年
（王肇楠提供）

圖 5-32：王漢松抱王肇楠（時年 2 歲）於祖宅前照片，拍攝於 1970 年
（王肇楠提供）

二、拜父親王漢松學藝、就讀高職補習學校與出師（1984～1988）

就在王肇楠準備出發去臺中市的國際貿易公司上班的前幾天，因為父親王漢松的一席話，讓王肇楠的人生規劃大轉彎，從要離開當時已經是日暮西山的鹿港木匠行業，前往臺中市的國際貿易公司，再回到原點學木工，兩者的前途實有天壤之別。但，或許是祖父王茲枝在取名中的「楠」字，隱藏了屬猴的王肇楠應該在「木」的相關行業中為業。王肇楠看到父親王漢松已經 61 歲了（1984），仍辛勤工作的身影，心中仍嚮往到臺中國際貿易公司的大好前途，在取捨之下，因著王漢松的一席話，王肇楠一念之間選擇了學習王漢松技藝為當兵前的技藝，暫時拋棄了臺中國貿公司的前途，心中滿滿不捨。王肇楠說：「在我款〔註12〕行李時，我父親就跟我講：阿楠啊，你現在才 17 歲，要等 3 年後才會等做兵〔註13〕。你出外為前途打拼是很好的代誌，我不敢耽誤你。但是你若是做不好，被人辭頭路，一年換 24 個頭家，閣返厝食尾牙〔註14〕。我

〔註12〕款：臺語音 khuán，指收拾行李之意。

〔註13〕等做兵：指國中畢業 17 歲，政府規定男子 20 歲起要服兵役，所以會有 3 年的空窗期，一般企業公司大都不願意錄用國中剛畢業的男生，因為很快的就要服兵役，而且服完兵役之後，大多不會繼續留在原公司上班。

〔註14〕一年換 24 個頭家，閣返厝食尾牙：臺灣諺語，是用來諷刺人做事的定力不夠，無法專心學習，時常見異思遷，以至不斷的更換工作，到最後真的是一事無成。

看你就利用這 3 年，跟在我的身邊，加減學一些工夫。雖然工字袂出頭〔註15〕，現在作木也無少年人要學，但是醜醜也是進士骨〔註16〕，暗時〔註17〕再去讀一間夜間部，補一個高中學歷，這樣時間沒有浪費。等你 23 歲退伍以後，若是沒興趣不要吃作木這途飯〔註18〕，你尚無〔註19〕可以去菜市場幫人磨菜刀、磨剪刀，你就不會去餓到。哪是攏沒興趣也可以出外，去都市食頭路〔註20〕打拼，也不會太晚，這樣好不好？」。

因此，王肇楠決定白天拜父學藝，晚上就讀明道高級職業補習學校電子設備修護科，這個決定，讓王肇楠成為鹿港最後一位拜師學藝的細木作學徒，也影響著王肇楠往後的人生路途，此為王肇楠入門拜師習藝的初心與第一個契機（17 歲，1984）。

三、發現身處寶山的契機（1990～2002）

在王肇楠當學徒初始時，王漢松就對王肇楠親口說出：**在家無師徒，學藝無父子**〔註21〕，在學藝工作時，如有犯錯，王漢松就會對王肇楠施以捻目瞤皮〔註22〕作為處罰。或是不小心被工具割傷手指而鮮血直流時，沒有去診所消毒包紮傷口，而是隨手拿一條鉋刀鐮〔註23〕纏繞在受傷的部位，口中唸：鵁鴞鵁鴞，沙子准藥〔註24〕。王肇楠就是在此嚴格的要求下學藝，在期滿「出師」之後，同時也取得了明道高職補校的學歷，在 21～23 歲入伍服役與退伍

〔註15〕工字袂出頭：臺語俗諺，指做工的人只能賺微薄的工資，很難有出頭天的機會。

〔註16〕醜醜也是進士骨：臺語俗諺，bái- bái-mā-sī-tsìn-sū-kut，指至少也有一樣有用可取之處。

〔註17〕暗時：臺語，指晚上的時間。

〔註18〕這途飯：臺語，指這一個職業之意。

〔註19〕尚無：臺語音 siōng-bô，指最少之意。

〔註20〕食頭路：臺語音 tsiah-thâu-lōo，指上班、就業之意。

〔註21〕在家無師徒，學藝無父子：此為王漢松對王肇楠用心之處，在學習技藝，王漢松就是司阜而不是父親，場所的不同，角色也是不同，藉此要求王肇楠要有正確的觀念，請參閱附錄七、王肇楠司阜訪談紀錄。

〔註22〕捻目瞤皮：臺語音 liām-bák-tsiu-phuê，為以拇指與食指，將上眼皮用力捏緊往前拉，用意在於告誡王肇楠不能隨便製作而產生錯誤，請參閱附錄七、王肇楠司阜訪談紀錄。

〔註23〕鉋刀鐮：臺語音 khau-do-lien，指以鉋刀將木料鉋出的薄木片。

〔註24〕鵁鴞鵁鴞，沙子准藥：臺語音 bā-hiòh-bā-hiòh-sua a-tsún-iòh，鵁鴞為老鷹的臺語，本句話意為老鷹在天上飛，地上的沙子可以當作藥來治療傷口。

（1988～1990）。退伍之後的王肇楠，再次接到了臺中國際貿易公司經理的電話，希望王肇楠能再到其公司上班，且提供相當優裕的待遇。相形之下當時的鹿港木工藝產業，幾乎被大陸傾銷的低廉家具所衝擊而紛紛倒閉或轉業。連帶王漢松經營的家具工廠也遭受影響，司阜們陸續離職改行，王肇楠面對此惡劣環境之下，就答應前往臺中國際貿易公司就業。

當時，王肇楠軍中同袍至歐洲旅行回臺，專程至鹿港致送禮物，看到王肇楠所製作之傳統家具，說出一段話，讓王肇楠自心發出「身處寶山而不自知」之念，這個念頭讓王肇楠開始有別於其他匠師的想法與做法，此為最為特殊之處，這是第二個契機。

王肇楠說：「我當兵時很好的兵仔伴去歐洲旅遊回來，特地來鹿港送禮物給我，當他看到我父親跟我製作的傳統家具時，睜大眼睛一直看，很驚訝的說：啊你在做這個喔？很不簡單喔，我去歐洲參觀博物館的時候，有一間大的展示廳，用玻璃封起來，講是東方藝術館，要收錢的，裡面擺的就是你們做的這款家具，真讚喔。」

在臺灣民間的習慣，傳統家具就只是家具而已，當時很多人在家中長輩過世之後，會把用過的家具燒掉，或便宜的賣掉換成新的，或遭小偷被竊，子孫並不會想要珍惜保留下來。而當時臺灣有很多的「古物販仔」〔註25〕，廉價收購精美傳統家具與文物，轉賣給歐美的收藏家。因此當王肇楠聽到這些話的時候才恍然大悟，原來身在寶山而不自知。歐美國家對藝術是最重視的，還耗費鉅資將臺灣傳統家具與文物裝船運回國，開闢專館珍藏展示，顯示歐美的收藏家與博物館重視這隱藏在內珍貴的文化與工藝技術而且珍藏闢館展示。對照出王肇楠是剛學成的木匠，但是對所做的傳統家具卻不知道其內涵，讓王肇楠以「求知求理，探微入深」的態度，面對細木作技藝的崇高殿堂，這是第二個契機（23歲，1990）。

王肇楠從當木匠只是為賺食〔註26〕會作就好，退伍後轉變為「這樣怎麼作？為什麼要這樣作？這樣作是為什麼？」的態度，而態度轉變就會產生行為的改變。所以王漢松隨機而教、因作而範、因範而作的為師為父之道，讓王肇楠學習甚麼是更好，更精美的技術與其理之所在。

〔註25〕古物販仔：指專門收購臺灣早期文物的人士。

〔註26〕賺食：臺語音 thàn-tsiàh，指賺錢、謀生，討生活之意。

同時，王肇楠開始詢問王漢松細木作的工料〔註27〕、榫卯工法〔註28〕、雕刻工法〔註29〕、工序〔註30〕、工具〔註31〕、規制〔註32〕、各類家具〔註33〕、各部位名稱〔註34〕、匠師所使用的僻話（工夫話、專業術語）逐項進行調查紀錄與分析。後續將傳統的文化資產細木作進行一系列的紀錄與發表，成為臺灣第一位由細木作司阜執筆寫書的人。

王肇楠表示：「以前我父親曾對我說過：工夫人四兩鉋刀萬斤筆〔註35〕，一般作木的司阜要再拿筆寫字是很困難的，在鹿港從來沒有人這樣作過。我是木匠學徒出身的作木師傅，我可以寫出臺灣第一本的細木作的書，我父親也很高興，說我阿公曾說我命中有帶文昌、學堂，時間機會一到，就會顯現出來」。

王漢松讓王肇楠親侍於側，學習珍貴的臺灣諸多形而上的文化層面與形而下的高深技術與工法，此為王肇楠學習最為豐富的階段，並成為王肇楠往後最重要的資產，這是第三個契機（23～35歲，1990～2002）。

王肇楠說：「我父親曾在我當學徒時講過兩句話，讓我印象深刻至今，這幾句話就是：為惡，如磨刀之石，不見其損，時有所消；為善，如沐春之禾，不見其長，日有所增〔註36〕（如圖5-33～5-34）。當時是在民國76年（1987）講的，現在是民國111年（2022），已經是34年了」。

由前述可知，王肇楠在習藝階段，王漢松將磨刀石磨久之後石面必然會磨

〔註27〕工料：指製作家具時使用的木材，如檜木、楠木、烏心石等。

〔註28〕榫卯工法：指製作榫卯時所使用的工法。

〔註29〕雕刻工法：指雕刻時所使用的工法，如透雕、清底雕、圓雕等。

〔註30〕工序：指匠師在製作時的過程與順序。

〔註31〕工具：指匠師在製作時所使用的工具，如鉋刀類、鑿刀類、鋸子類、其他類等。

〔註32〕規制：如門光尺、丁蘭尺使用範疇與擇吉原則。

〔註33〕各類家具：傳統家具可概分為椅凳類、桌案類、櫃架類、床榻類、其他類等四大類。

〔註34〕各部位名稱：指匠師在製作家具時所口述的名稱，如椅腳、力水、堅仔、桌面等。

〔註35〕四兩鉋刀萬斤筆：指匠師每日使用鉋刀非常熟練，但是要拿筆寫字卻有如萬斤般重。

〔註36〕為惡，如磨刀之石，不見其損，時有所消；為善，如沐春之禾，不見其長，日有所增：此為王漢松對王肇楠所言之語句，第一句舉木匠每日都要磨刀之石為例，每次磨刀，堅硬的磨刀石都會消耗一點點，久了之後就會有很明顯的凹陷。第二句舉春耕時，農夫插秧於田，秧苗沐浴於春初暖日，每一天都會長大一點點，一百多天之後就可以長成稻子，滿穗收割。引喻為人處事的原則，戒惡莫作，以善為之，履跡皆在，時至日顯之意。

損內凹，以此現象轉化成傳統工藝中的人生哲學融入於其中，以臨機教育，口述心傳的方式，點點滴滴的淺移默化於王肇楠的思想觀念中，養成王肇楠出師之後，對於客戶所訂製的作品，一如其父王漢松的標準般，用心製作，注重細節，以最好的作品呈現，這也是另一種的父傳子受的匠師態度傳承。

圖 5-33：新的磨刀石，石面平整（王肇楠提供）

圖 5-34：舊的磨刀石，中央石面已經磨耗內凹（王肇楠提供）

四、出書、技術士檢定、期刊發表與擔任教職（1998～）

王肇楠在本項的成績，顯現出獨特的一面，王肇楠經過豐富的學習之後，歷練沉澱出深厚的傳統文化與技藝的增進，在「財團法人國家文化藝術基金會」與「鹿港左羊出版社」黃志農老師的邀請之下，王肇楠認為臺灣傳統工藝細木作應該建立具有專文專述的實物、文字、圖稿的資料，就將訪談王漢松的資料加以整理，配合應用於傳統家具之各式榫卯樣式製作實物共六大類、35 種（如圖 5-35）、註記臺灣匠師稱謂與術語，再獨資自購專業底片相機〔註 37〕、測光表〔註 38〕、燈光〔註 39〕、腳架〔註 40〕等拍攝與編版，以《臺灣傳統細木

〔註 37〕專業相機：Leica-R6.2、Leica-M6TTL、MP；Hasselblad 503Cxi；Contax G2+ Carl Zeiss Hologon 16mm。
〔註 38〕測光表：Minolta IVF，5 度反射式對光鏡。
〔註 39〕燈光：Broncolor Visatec Solo 1600B；Metz 45 CT-4。
〔註 40〕腳架：GITZO G120。

作榫卯集》為書名印行，此為臺灣第一本由細木作匠師王肇楠全程自行製作出版之書籍（31 歲，1998）（如圖 5-36），以及後續出版的《王漢松作品集》（32 歲，1999）（如圖 5-37）、《臺灣梳妝台的研究與修復以富貴喜春——細木作為例》（36 歲，2003）（如圖 5-38）、《榫卯乾坤 傳統細木作藝術之美 王肇楠作品集》（39 歲，2006）（如圖 5-39）。

王肇楠說：「我在民國 87 年（1998）10 月的某一天下午 2 點多，剛好我父親在調整鉋刀時被我看到，我就拿出 Hasselblad 503Cxi 相機，以 E-6（正片）拍我父親當時的神情，這張照片就用在第二本書王漢松作品集的第 95 頁。當時是太陽自然光，我父親在調整鉋刀，左手握著 1 尺 6 寸的長鉋刀，右手拿著 8 分尖尾鎚，神情是專注的，雙眼銳利、全神貫注的注視與調整鉋刀的神情，彷彿全世界只有我父親犀利的眼神注視著鉋刀，其他的都不存在。匠師魂的顯現，是不意之中的自然流露，剎那即永恆。拍到這張照片，讓我深深覺得我花了一百多萬的相機金錢，能換到這一張剎那經典的照片，就值得永恆了」（如圖 5-40）。

王肇楠以傳統匠師的技術，參加國家考試通過，取得中華民國「家具木工乙級技術士證照」〔註41〕（34 歲，2001）（如圖 5-41）。他以匠師出版著作與執行傳習計畫的經歷，受國立傳統藝術中心邀請，在「民間藝術保存傳習計畫綜合論壇——界限的穿透」，發表「民間藝術傳統細木作之保存、活化與創新——以細木作家具藝人王漢松技藝傳習計畫與跨領域傳習計畫為例」等等的研討會論文數篇〔註42〕（36～43 歲，2003～2010）（如圖 5-42）；發表在國內

〔註41〕 家具木工乙級技術士證照：技術士證編號：012-002824，民國 90 年 11 月 4 日起生效。

〔註42〕 研討會論文計有：1.王肇楠，《民間藝術傳統細木作之保存、活化與創新——以細木作家具藝人王漢松技藝傳習計畫與跨領域傳習計畫為例，民間藝術保存傳習計畫綜合論壇——界限的穿透研討會》，（國立傳統藝術中心，2003），頁 39～52；2.王肇楠，《鹿港傳統工藝細木作之傳承與發揚——以藝師王漢松之技藝成就與技藝傳承為例》，（2004 彰化研究兩岸學術研討會——鹿港研究，彰化縣文化局，2004），頁 5-1～5-25；3.王肇楠，《魯班尺、人因工程應用於『太子樓』梳妝台尺寸設計之探討》，（保存樂透、文資開獎——2005 文化資產保存維護研究論文發表會，國立文化資產保存研究中心籌備處，2005），頁 59～74；4.王肇楠，《臺灣傳統細木作家具之供桌形制的相關研究：以臺南與鹿港為例》，（2009 年中原大學室內設計系第 8 屆國際學術研討會，中原大學，2009），頁 111～133；5.王肇楠，《從地域性探討台灣傳統細木作供桌家具之形制研究：以台南與鹿港為例》，（設計學研究第 13 卷第 1 期，中原大學室內設計系第 8 屆國際學術研討會，2010），頁 115～138。

期刊上的文章數篇〔註43〕；發表在彰化文獻兩篇〔註44〕。

圖 5-35：三面岔角榫（王肇楠提供）

圖 5-36：臺灣傳統細木作榫卯集封面　　　　圖 5-37：王漢松作品集封面
　　　　（王肇楠提供）　　　　　　　　　　　　（王肇楠提供）

〔註43〕期刊論文計有：1.王肇楠，《堅持一種人文關懷　王漢松的藝術生命史》，（傳統藝術雙月刊第 16 期，2000），頁 29～32；2.王肇楠，《淺談台灣傳統細木作運用於民宅之功能──以鹿港為例》，（文化視窗第 16 期，2001），頁 76～80；3.王肇楠，《鹿港婚姻禮俗與嫁妝家具》，（傳統藝術雙月刊第 82 期，2009），頁 54～58。

〔註44〕彰化文獻兩篇：1.王肇楠，《從供桌形式差異探討鹿港工藝特色》，（第 8 期彰化文獻，彰化縣文化局，2006），頁 33～62；2.王肇楠，《從「瓜瓞綿綿」太師椅探討鹿港嫁妝家具的特色》，（第 10 期彰化文獻，彰化縣文化局，2007），頁 143～162。

圖 5-38：台灣梳妝台的研究與修復以「富　　圖 5-39：榫卯乾坤傳統細木作藝術之美
貴喜春」細木作為例封面（王肇楠提供）　　封面（王肇楠提供）

圖 5-40：王漢松調整鉋刀神情照片，時年 76 歲，王肇楠拍攝於 1999 年
（王肇楠提供）

圖 5-41：王肇楠家具木工乙級技術士證書（王肇楠提供）

圖 5-42：國立傳統藝術中心發表論文，拍攝於 2003 年（王肇楠提供）

其後，王肇楠的傳統細木作技藝受到大專院校的肯定，受中原大學聘為助理教授級專業技術人員〔註45〕（42～51歲，2009～2018），以及大葉大學聘為講師級專業技術人員及助理教授級專業技術人員〔註46〕（37歲～，2004～）。

五、榮銜、獲獎、個展與進行傳習（1998～）

此時期王肇楠提送創作作品參加競賽，並且獲得獎項的肯定，受邀於政府文化機關舉行個展，並將受傳自王漢松之技藝，於學校進行教育傳承推廣，讓社會大眾有機會透過實作，領略感受傳統細木作技藝之精華。獲得擔任文建會「傳習計畫傳習師」、文化部文化資產局頒給「細木作傳統匠師」、臺中市政府頒給「第一屆大墩工藝師」、彰化縣政府頒給「細木作與傳統家具製作與修復技術保存者」榮銜等等，可見王肇楠一路以來的堅持，歷經歲月，益顯光華。

在榮銜的部分，他榮獲臺中市政府「第一屆大墩工藝師」〔註47〕（38歲，2005）（如圖5-43）、文化部「細木類傳統匠師」〔註48〕（46歲，2013）（如圖5-44）、彰化縣政府「彰化縣傳統匠師」〔註49〕（51歲，2018）（如圖5-45～5-46）、彰化縣政府指定登錄1.「傳統工藝細木作保存者王肇楠」〔註50〕（如圖5-47～5-48）、2.「傳統家具製作及修復技術保存者王肇楠」〔註51〕（52歲，2019）（如圖5-49）、彰化縣文化局邀請設計暨製作「第21屆磺溪美展」獎座〔註52〕（53歲，2020）（如圖5-50～5-51）。

〔註45〕中原大學聘為助理教授級專業技術人員2009～2018。
〔註46〕大葉大學聘為講師級專業技術人員2004～2012，升等為助理教授級專業技術人員2012迄今。
〔註47〕大墩工藝師：臺中市政府頒發「第一屆大墩工藝師」（府授文推字第0940116528號）（2005）。
〔註48〕文化部傳統匠師：文化部文化資產局審定「傳統匠師」資格（登記字號：細木──102文傳30195）（2013）。
〔註49〕彰化縣傳統匠師：彰化縣政府頒證（府授文戲字第A61070008295號）（2018）。
〔註50〕彰化縣政府登錄「細木作」為傳統工藝，認定王肇楠為保存者，「傳統工藝細木作保存者王肇楠府授文演字第10704332240A號」（2019）。
〔註51〕彰化縣政府登錄「傳統家具製作及修復技術」為文化資產保存技術，認定王肇楠為保存者，「傳統家具製作及修復技術保存者王肇楠府授文演字第1070448469B號」（2019）。
〔註52〕磺溪美展：彰化縣政府主辦磺溪美展，全國的水墨膠彩、油畫水彩、書法篆刻、立體工藝及攝影等5類藝術創作者參賽。

圖 5-43：第一屆大墩工藝師證書，拍攝　　圖 5-44：文化部「傳統匠師」公告，
於 2004 年（王肇楠提供）　　　　　　　拍攝於 2013 年（王肇楠提供）

圖 5-45：彰化縣傳統匠師授證典禮，拍攝　　圖 5-46：彰化縣傳統匠師證書，拍攝
於 2018 年（王肇楠提供）　　　　　　　　於 2018 年（王肇楠提供）

圖 5-47：彰化縣長王惠美頒授技術保存者證書，拍攝於 2019 年（王肇楠提供）

圖 5-48：無形文化資產──細木作登錄
認定王肇楠證書（王肇楠提供）

圖 5-49：無形文化資產──傳統家具製
作及修復技術登錄認定王肇楠證書（王
肇楠提供）

圖 5-50：「第 21 磺溪美展」製作講座　　圖 5-51：王肇楠設計製作之「第21屆
感謝狀（王肇楠提供）　　　　　　　磺溪美展」獎座（王肇楠提供）

　　王肇楠在獲獎的部分，榮獲國立傳統藝術中心籌備處「第一至三屆傳統工
藝獎」（31～33 歲，1998～2000）（如圖 5-52）、「第一、五、六屆國家工藝獎」
（34 歲，2001；38 歲，2005；39 歲，2006）。

圖 5-52：劉萬航、王漢松與王肇楠於第 1 屆傳統工藝獎得獎作品前合影，
拍攝於 1998 年（王肇楠提供）

　　王肇楠在受邀舉辦個展的部分，榮獲鹿港民俗文物館邀請舉辦「鹿港民俗文物館 31 週年館慶——鹿港傳統家具邀請展暨館藏家具展」（37 歲，2004）（如圖 5-53）、臺中市文化局邀請舉辦「榫卯乾坤　王肇楠個展」（39 歲，2006）、彰化縣文化局邀請舉辦「文化，技藝，傳承　王肇楠細木作個展」（40 歲，2007）、受鹿港鎮公所邀請舉辦「榫卯之美——王肇楠細木作個展」（46 歲，2013）、民國 106 年受頂新和德文教基金會邀請舉辦「魯班之秘　榫卯之美——王肇楠細木作個展」（50 歲，2017）（如圖 5-54）。

圖 5-53：鹿港民俗文物館 31 週年館慶——鹿港傳統家具邀請展暨館藏家具展，承辜濂松館長蒞臨指導合影，拍攝於 2004 年（王肇楠提供）

圖 5-54：頂新和德文教基金會邀請舉辦「魯班之秘榫卯之美——王肇楠細木作個展」，拍攝於 2017 年（王肇楠提供）

　　王肇楠在受邀進行傳習的部分，王漢松在大葉大學執行一項「臺灣傳統家具細木作藝人王漢松技藝傳習計畫」，共進行 2 年，王肇楠擔任助教（33～34歲，2000～2001）。在王漢松辭世之後，在文建會劉萬航副主委與傳統藝術中心柯基良主任的鼓勵與支持，延續這個傳習計畫並更名為「臺灣傳統家具細木作技藝與漆器傳習計畫」三期，由王肇鈺與王肇楠共同擔任老師〔註53〕（35～37 歲，2002～2004）（如圖 5-55）。以及國立傳統藝術中心邀請擔任「臺灣傳統細木作家具暑期教師研習營——研習師」（36～37 歲，2003～2004）。

圖 5-55：王肇楠於傳習計畫上課時講解鉋刀情形，拍攝於 2003 年（王肇楠提供）

六、家具文物的修復（1999～）

　　傳統家具歷經家族世代的使用，所承載的是家族中共同的美好與回憶，祖先購置的太師椅、書桌，歷經數代的傳承，當後世子孫坐在太師椅上，書桌上放上一杯清茗，回想雖然祖先已經不在了，但是留下了珍貴的太師椅與書桌，

〔註53〕91 年度「臺灣傳統細木作家具技藝傳習計畫」；92 年度「臺灣傳統細木作家具、漆器技藝跨領域傳習計畫」；93 年度「臺灣傳統細木作家具、漆器技藝跨領域傳習計畫第二期」。

讓後世子孫可以繼續使用，就像是祖先仍在世般，溫暖的懷抱著後世子孫，這份溫暖，就是家族中最珍貴的資產。

傳統家具歷經世代的使用之後，造成家具的受損及構件佚失，會有受損的情形產生。因此，在家具文物的修復上，以經驗法則而言，要由會作的細木作匠師來進行修復，因匠師知道如何製作家具順向的工法與工序。在進行修復時，需要進行各構件的拆卸，而拆卸的步驟就是組裝的反向工序，所以會製作的匠師，就會拆卸，將受損的各構件與榫卯樣式依原樣進行修補修復。

王肇楠在學習修復家具的階段，始自於王漢松受臺中市元保宮之請，為其清朝乾隆56年（1791）製作之大供桌進行修復，王肇楠受王漢松的實例指導，逐步逐序的拆卸與修補施作，再進行組裝修復完成，延續了臺中市元保宮建廟時弟子敬獻大供桌的壽命（29歲，1996）（如圖5-56）。

第二件修復案例為溪湖楊奇朗先生委託一件其祖母在日治時期出閣的嫁妝梳妝台，這件梳妝台已經受損得非常嚴重，即將解體散構。楊先生希望可以修到完整的狀態，讓他可以賭物思情，懷念祖母對他的溫暖。王肇楠深受感動這份孝心，同意進行修復，以一年的時間仔細修復完成，運回楊宅，讓這件祖母嫁妝梳妝台陪伴楊先生，一如其祖母仍在世般（32～33歲，1999～2000）。在修復過程中王肇楠進行修復紀錄與增加相關論述，獲行政院文化建設委員會獎助研究出版《台灣梳妝台的研究與修復　以富貴喜春細木作為例》〔註54〕，本書是臺灣第一本由官方獎助研究，鹿港第一代修復匠師王漢松指導，第二代修復匠師王肇楠親自修復、親自記錄、親自寫作的傳統家具修復的專書（36歲，2003）（如圖5-57～5-60）。

第三件修復案例為受臺中市文化資產處委託執行一般古物「大北門曲奏迎神匾」修復與複製案，「大北門曲奏迎神匾」為清代建省首位知縣黃承乙所獻，因中度颱風蘇迪克（2015）吹襲而掉落損壞。原匾以原榫卯工法修復完成，由臺中市文化資產處典藏，複製匾依照原匾之工法製作之後，復懸於原處臺中公園望月亭內〔註55〕（51歲，2018）（如圖5-61～5-63）。

第四件修復案例為彰化永靖「成美公堂」魏應充董事長委託將「成美公

〔註54〕 王肇楠，《台灣梳妝台的研究與修復　以富貴喜春細木作為例》，（行政院文化建設委員會獎助研究，南天書局出版，中華民國92年8月初版）。

〔註55〕 計畫主持人張春能、協同主持人王肇楠著，《大北門曲奏迎神匾調查研究暨修復計畫結案報告書》，（臺中市文化資產處委託，中華民國107年4月）。

堂」內的「公媽廳」與「明聖鸞堂」內的現存文物修復與佚失文物進行仿作，擔任修復計畫的主持人。分兩個階段執行，第一個階段是進行「公媽廳」的仿作暨修復，王肇楠遵從傳統規制與民俗禮儀，在「公媽廳」的公媽龕修復上，以修舊如舊、原有必有的原則之下，考據老照片，將已失落的構件，繪製圖樣，依樣仿作，原樣修復完成〔註56〕（47～48歲，2014～2015）（如圖5-64），第二階段「明聖鸞堂」的扶鸞神桌與神桌等依照原樣仿作修復完成〔註57〕（50歲，2017）（如圖5-65）。

圖5-56：臺中市元保宮清乾隆56年款（1791）製作之大供桌（王維元攝，2022年）

〔註56〕計畫主持人王肇楠著，《魏成美堂公媽廳仿作暨修復紀錄成果專輯》，（頂康開發股份有限公司委託，中華民國104年11月）。

〔註57〕計畫主持人王肇楠著，《魏成美堂神明廳明聖鸞堂仿作暨修復紀錄成果專輯》，（頂康開發股份有限公司委託，中華民國106年11月）。

圖 5-57：富貴喜春梳妝台受損情形，
拍攝於 1999 年（王肇楠提供）

圖 5-58：富貴喜春梳妝台受損情形，拍
攝於 1999 年（王肇楠提供）

圖 5-59：富貴喜春梳妝台修復完
成，拍攝於 1999 年（王肇楠提供）

圖 5-60：「臺灣梳妝台的研究與修復　以富
貴喜春細木作為例」封面（王肇楠提供）

圖 5-61:「曲奏迎神」原匾修復完成，拍攝於 2018 年（王肇楠提供）

圖 5-62:「曲奏迎神」仿作匾額製作完成，拍攝於 2018 年（王肇楠提供）

圖 5-63：王肇楠與「曲奏迎神」仿作匾額復懸於臺中公園內望月亭合影，
拍攝於 2018 年（王肇楠提供）

圖 5-64：成美公堂祖先廳公媽龕修復完成復位，王肇楠合影，拍攝於 2015 年，本照片感謝成美公堂授權使用（王肇楠提供）

圖 5-65：成美公堂明聖鸞堂供桌修復與新作完成復位，王肇楠合影，拍攝於 2017 年，本照片感謝成美公堂授權使用（王肇楠提供）

七、具代表性作品

　　本小節探討王肇楠習藝歷程迄今 37 年（1984～2022）之經歷，整理出具代表性作品三大類，第一類為依循傳統家具「榫卯工法」與「臺灣檜木入茄苳」異木鑲嵌工法製作之「方正圓融」方櫃，本件作品為王肇楠獲得「第一屆大墩工藝師」榮銜後（38 歲，2005），受臺中市文化局邀請「榫卯乾坤　王肇楠個

展」發揮特色工法製作本件「方正圓融」方櫃〔註58〕（39歲，2006）（如圖5-66～5-67）。

圖 5-66：王肇楠製作之「方正圓融」方櫃，拍攝於 2006 年（王肇楠提供）

圖 5-67：王肇楠製作之「方正圓融」方櫃，拍攝於 2006 年（王肇楠提供）

第二類為以「卜筶」方式榮獲永靖百年家族「成美公堂」祖先與神明同意修復委託為公媽廳與神明廳內的百年公媽龕與奉祀神桌等進行修復與仿製。在進行修復計畫前，王肇楠先行撰寫《魏成美堂公媽廳與神明廳修復規畫書》〔註59〕（46歲，2013），由魏家宗親在公媽廳與神明廳內以「卜筶——聖筶」

〔註58〕王肇楠，《榫卯乾坤　傳統細木作藝術之美　王肇楠作品輯》，（臺中市文化局，中華民國 95 年 8 月出版）。

〔註59〕計畫主持人王肇楠著，《魏成美堂公媽廳仿作暨修復規畫書》，（頂康開發股份有限公司委託，中華民國 103 年 3 月）。

獲得祖先與神明同意，委由王肇楠團隊進行本項修復與仿作計畫。其中，王肇楠遵循傳統規制將「公媽龕」自「成美公堂」請出移至鹿港修復工作室進行修復。以「公媽龕」老照片為基準，「公媽龕」歷經百年歲月有受損遺缺，以「修舊如舊、原有必有」的原則進行原樣修復，受損構件施以同材質局部修補、佚失構件以原樣進行仿製，歲月使用痕跡則保留，本「公媽龕」修復完成並安置於「成美公堂——公媽廳」內原位〔註60〕（48 歲，2015）（如圖 5-68～5-71）。

圖 5-68：王肇楠以直角尺測量尺寸，拍攝於 2014 年本照片感謝成美公堂授權使用
（王肇楠提供）

圖 5-69：王肇楠與成美公堂公媽龕修復完成後合影，拍攝於 2014 年，
本照片感謝成美公堂授權使用（王肇楠提供）

〔註60〕計畫主持人王肇楠著，《魏成美堂公媽廳仿作暨修復紀錄成果專輯》，（頂康開
　　　發股份有限公司委託，中華民國 104 年 11 月）。

圖 5-70：「成美公堂」公媽廳早期照片，本照片感謝成美公堂授權使用（王肇楠提供）

圖 5-71：「成美公堂」公媽龕修復完成，拍攝於 2017 年，本照片感謝成美公堂授權使用（王肇楠提供）

第三類為以「卜筶」方式恩承嘉義新港奉天宮「四街祖媽」以「三聖筶」指定王肇楠製作「四街祖媽——副駕」龍椅乙座，王肇楠遵循傳統規制以「紅

紗繩量吉」方式量取紀錄尺寸並繪製作草圖後返回鹿港，以榫卯工法、雕刻工法、安金工法進行龍椅製作完成，並回嘉義新港奉天宮正殿奉座〔註61〕（47歲，2014）（如圖 5-72～5-73）。

圖 5-72：「四街祖媽」副駕龍椅之榫卯樣式，拍攝於 2014 年（王肇楠提供）

圖 5-73：「四街祖媽」副駕龍椅製作完成，王肇楠合影，拍攝於 2014 年（王肇楠提供）

〔註61〕 王肇楠著，《新港奉天宮四街祖媽甲午年龍椅神座專輯》，（新港奉天宮四街祖媽金慶昌轎班會委託，中華民國 103 年 6 月）。

第三節　張春能技藝歷程

　　張春能出生於民國 51 年（1962），鹿港人。迎娶王漢松四女王純勉（1991），受岳父王漢松指導傳統細木作技藝成為學徒，迄今已有三十多年年的藝術歷程（29～60 歲，1991～2022），各方面的經歷本研究整理如下：文化部細木作傳統匠師；〔註 62〕南投縣政府指定「細木作——傳統家具修復」技術保存者〔註63〕（如圖 5-74～5-75），及家具修復技藝傳習〔註64〕（如圖 5-76）。

　　其他王漢松傳承者因族繁不及備載，本文不一一贅述。

圖 5-74：南投縣政府副縣長陳正昇頒授技術保存者證書，右為文化局長林榮森，拍攝於 2022 年（張春能提供）

圖 5-75：細木作——傳統家具修復技術保存者張春能證書，拍攝於 2022 年（張春能提供）

〔註62〕文化部細木類傳統匠師：文化部審定細木類傳統匠師：102 文傳 30245。
〔註63〕南投縣政府指定技術保存者：南投縣政府指定登錄「細木作——傳統家具修復」為南投縣傳統工藝，認定張春能為保存者，府授文資字第 10900423351 號，民國 109 年 2 月 21 日（2020）。
〔註64〕文化部文化資產局委辦「傳統匠師張春能細木作家具修復教育推廣計畫」（2022）。

圖 5-76：張春能家具人才培育課程結業式，拍攝於 2022 年（張春能提供）

第四節　王漢松傳承第二代的特色

　　王漢松 66 年積澱之藝術特色，透過傳承於長子王肇鈺，自 18 歲起習藝迄今已有 52 年的藝術歷程（1970～2022）；次子王肇楠自 17 歲起習藝迄今已有 37 年的藝術歷程（1984～2022），續由王肇楠傳承於筆者自 18 歲起習藝迄今有 6 年（2015～2022），由此可以觀察到鹿港細木作王漢松一門，自王漢松首傳於王肇鈺、王肇楠，次傳於筆者，成為傳承三代的鹿港細木作世家。

　　在王漢松的技藝傳承中，以「一絲不苟、用心精製」為原則，對於受委託所製作的作品，以全部精神灌注，用心思考，力求盡善盡美，以達理想好用，將作品製作到最完美的程度。交給客戶使用之後可傳承給後世子孫繼續使用，這正是「子子孫孫永寶用，世世代代傳香火」的最佳例證。在王漢松辭世之後，第二代王肇鈺、王肇楠亦奉持相同標準，繼續在本業上精進勤奮，接受客戶訂製以傳統工法製作各式家具。

　　在技術傳承與觀念層面，第一項是王漢松講述鹿港細木作工藝的術語、榫

卯樣式、榫卯名稱、異木鑲嵌工法的詳細內容,由王肇楠進行論述傳統木作工藝四大類之範圍,如大木作為寺廟屋宇建築;小木作為屋內隔間、門窗;細木作為家具製作;木雕為神像與寺廟屋宇建築之木雕構件的雕刻,並且加以註記及出版。第二項是保存傳統工法並且應用於製作傳統家具,從風格樣式的取用、規制宜忌之遵從、榫卯工法、異木鑲嵌工法、安貼金箔工法之製作,以如此傳統工法製作完成的家具,顯現出傳統家具雅致悠長的賞韻。

在傳統家具的修復與傳承上,以傳統工法將受損的傳統百年家具進行依樣修復,並且將修復過程記錄成專輯,如臺中市文化資產處委託,以傳統工法進行一般古物「大北門曲奏迎神匾」修復與複製案(2018)、財團法人彰化縣私立鹿港民俗文物館委託「太子樓梳妝臺」修復案(2019)。

另一方面則為「卜筶」方式,承獲神明指定修復與製作嘉義新港奉天宮「四街祖媽」指定由王肇楠製作龍椅(2014)與神轎製作(2021)、永靖「成美公堂」指定由王肇楠修復、製作公媽廳內的公媽龕等與神明廳內的神桌等祭祀用器具(2014)。

鹿港王漢松家族一門父子二代皆獲官方肯定,王肇鈺、王肇楠皆獲得文化部文化資產局審定「細木作傳統匠師」資格、彰化縣政府指定「細木作」與「傳統家具製作及修復技術」兩項技術保存者榮銜。

綜上所述各項為臺灣與鹿港目前首見全由匠師自身所建構之珍貴第一手文化資產傳統工藝細木作資料,並且接受政府機關委託執行相關文物修復與複製專案;另以「卜筶」方式,承獲神明指定製作器具,顯現王漢松家族與王肇鈺、王肇楠所保存於傳統細木作技藝在文化資產範疇中之璀璨價值,以書簡梓行、傳承延續細木作技藝。

第六章　結　論

　　周禮《冬官考工記》：「知者創物。巧者述之守之，世謂之工，百工之事，皆聖人之作也。夫形而上者謂之道，匠者習之從之；形而下者謂之器，匠者以技製器，圖安身立命，亦皆聖人之作也」。蓋「重道輕器」一直是早期臺灣的社會價值觀的寫照。道者，聖賢之途，可以顯功名，可以耀門楣，鯉躍龍門謂之。器者，器具也，凡供器用之物歸也。工匠者，製器之人也，大多皆是家境欠善之人。自幼及稍長，即思拜師學藝，圖謀一技之長，即得安身溫飽，此即工匠之源也。故，工匠之教育程度不高，識字者自少矣。所以各種傳統技藝歷經代代流傳，甚少有著於紙簡者，供後進攻研。大多是以口述心傳，師徒相授，方有「師傅領進門、學藝在個人」之語，如王漢松所習之細木作技藝亦然[註1]。

　　鹿港的細木作家具工藝以具優雅的泉州風格及細緻的榫卯做工聞名於全臺灣，這是歷經三百餘年的匠師代代相傳所累積。從清朝道光年間的「鹿港小木花匠團錦森興諸先賢」掛軸呈現鹿港小木匠師與鑿花匠師的世系及師承徒續輩分、一脈承續的技藝傳承。日治時期的「頂角吳隨意、下角蔡義和」之語，說明了自清朝延續至日治時期的鹿港具有代表性的家具店。在前述掛軸中載有街尾施天火傳於街尾陳斗，再由陳斗傳於三條巷王漢松。此門鹿港細木作技藝傳於王漢松 80 年（1923～2002）的生命史，以及 67 年的藝術創作（1936～2002）保存流傳，繼由第二代王肇鈺、王肇楠續傳，其中王肇楠將深縕於匠師

〔註 1〕王肇楠，吳振岳，《鹿港傳統工藝細木作之傳承與發揚──以藝師王漢松之技藝成就與技藝傳承為例》，（彰化縣政府，2004 年），頁 5-22。

內涵中的人文思想、智慧哲理記錄、加註、發表於書簡，為臺灣首見之例。

時至今日，在鹿港中山路與彰鹿路，各式各樣的家具店櫛比鱗次。於此其中的匠師們對於細木作技藝與藝術的追求，更是成為提升個人名聲的第一要務，因此藝術名家輩出，目前細木作工藝是屬於文化資產保存法中明訂無形文化資產之重要傳統工藝。

本研究的發展有下列幾點：

一、指出王漢松家族傳承與細木作工藝的價值

本研究主要針對世居於鹿港的王漢松家族細木作工藝進行廣泛與多面向的探討，從王漢松保留的豐富家族史料中爬梳剔抉，建構王漢松家族史，從清朝乾隆年間渡海落籍於鹿港的第 1 世渡臺始祖王廷傑開設鹽館與私塾（闔書，乾隆 13 年，1748），第 3 世王朝於嘉慶 10 年（1805）以佛面銀 300 元購得現居地鹿港鎮三條巷 8 號，第 7 世王連江與鹿港彩繪家族郭春江之次女郭窓結為姻親，將彩繪文人風格影響著王家後世子孫，第 8 世王茲枝為地理師，執山醫命卜相五術為業，人稱「茲枝仙」，積福累德，身後入祀於「鹿港船仔頭清德宮」爐下先賢圖中，受萬世各界香火之敬仰。

第 9 世王漢松人稱「漢師」，擅長傳統細木作家具設計、榫卯製作、異木鑲嵌等等技法，並續傳於第 10 代子王肇鈵、王肇楠，再由王肇楠三傳於第 11 代筆者，成為一門三代傳承的王漢松家學之技藝。王漢松身後入祀於「鹿港小木花匠團錦森興諸先賢」掛軸中，受萬世各界香火之敬仰。

王漢松學藝階段為 14 歲（1936）鹿港第二公小學畢業之後拜陳斗為師學藝，17 歲（1939）出師後獲得臺灣總督府「國民勞務手帳——建具指物工」，受聘於鹿港藝巧家具店、吳隨意家具店、木村家具店等，再至「高雄海軍警備司令部甲級軍官家具製造廠」製作日式家具，二戰結束後至臺北士林「華森家具行」製作駐臺美軍軍官的美國式家具（1939～1950）。28 歲回到鹿港，結婚生子，以 20 年的時間歷任於鹿港「頂角吳隨意、下角蔡義和」家具店與各木工廠為全料司阜頭（1950～1970）。48 歲（1970）創立工廠，製作各式家具銷售，至 80 歲辭世（1970～2002）。

本研究蒐集王漢松家族所庋藏珍貴且從未發表之家族史料，經整理、探討之後，認為王漢松家族細木作工藝成就如下：

1. 師承完整的鹿港細木作先賢；藝術年序跨越兩個政治體制，日治時期

與國民政府時期（14～80 歲，1936～2002）。

2. 在作品風格的表現：漢式泉州風格鹿港體式；日式甲級軍官家具；美國式家具（14～28 歲，1936～1950）。

3. 20 年的時間在鹿港各家具工廠擔任木工司阜：學習各家之長，增進己身木作技藝的程度（28～48 歲，1950～1970）。

4. 創業設立工廠：王漢松創立「漢松藝術創作坊」迄今，承製各種精緻華美的現代家具以及後期的傳統家具（48～80 歲，1970～2001）。

5. 呈現細木作技法的多樣化：漢式泉州派鹿港體的家具，以穠謙合度的體式設計製作，展現泉州賡傳至鹿港的悠久古風，雅形典致之韻。

6. 細木作技術的官方認證：王漢松獲得臺灣總督府核給「國民勞務手帳——建具指物工」與「體力手帳——指物工」（1942）。

7. 傳統規制：遵循臺灣傳統文化中民宅家具與供具所需遵守的尺制與規範，符合傳統文化之規範，亦為無形文化資產重要條件。

8. 傳統製作工序：傳統匠師於學徒養成時，即須學成之必備技藝，從手繪圖稿開始，後續為打板仔、挑選木料、鉋平木料、剎紵、榫卯製作、鬥、細部修飾、上漆、作品完成等各個階段。

9. 榫卯技法：以講究榫卯製作技法，以嚴絲合縫的榫卯技法製作，所製作的家具可以達到數十年的使用仍堅固如初。

10. 異木鑲嵌技法：再現「臺灣檜木入茄苳木」的異木鑲嵌技法施作於器面上，此為細木作最高級的工法，而王漢松為展現此異木鑲嵌技法的精緻華麗，特應用於「祥雲昇龍奉桌組」獲得「第一屆傳統工藝獎三等獎」，作品並榮獲永久典藏（76 歲，1998）。

11. 傳承：王漢松以保留完整的鹿港細木作技法與術語，傳承給第二代王肇鈵、王肇楠，並指導次子王肇楠將之成為臺灣首部論述與專著《臺灣傳統細木作榫卯集》（76 歲，1998）。

12. 傳習技藝：王漢松以 60 年的細木作藝術歷程（1939～1999），受行政院文化建設委員會指導，國立傳統藝術中心委託大葉大學設計暨藝術學院執行「民間藝術台灣傳統家具細木作藝人王漢松技藝傳習計畫第一～二期」擔任傳習藝師，將技藝傳授給學員，成為臺灣首位傳統細木作司阜成為國家委託執行的藝師（78～79 歲，2000～2001）。

綜上所述，王漢松百年細木作家族三代之傳承，自王漢松傳承至今本研究

紀錄（1923～2022）累計已有百年的歷史，三代傳承，並且首創臺灣鹿港地區匠師記錄鹿港師徒相傳之工料、工法、工序、工具、術語、榫卯樣式與名稱，實物拍攝，出版專書及發表，並受邀擔任政府文化機關傳統細木作工藝傳習班進行傳授技藝。

二、完整的耙梳了王漢松家族的傳承脈絡

在王漢松的家學傳承方面，第二代王肇鈵與王肇楠皆於 17、18 歲時，因王漢松成立工廠缺人手而入行學藝，當時年輕人已外流至都市謀生，由此可以窺見，鹿港地區細木作工藝已然是沒落蕭條之境，尤以傳統工藝為甚。在傳統產業外移，以低價回銷臺灣的環境之下，王肇鈵與王肇楠接受王漢松指導，堅持以傳統榫卯、鑲嵌工法製作傳統家具，並獲得國家獎項的肯定，以及受政府機關與百年家族的委託將受損的匾額與祖傳家具依照傳統工法修復完成。

在臺灣傳統工藝中，王漢松家學首開先例，第二代王肇楠受軍中同袍之啟發，自覺進行王漢松藝術生命史之口述歷史紀錄，歷時 11 年（68～80 歲，1990～2000），記錄文字達數萬字，以及王漢松轉交的家族歷史資料手繪圖稿書面文件，此為第一手且未發表之珍貴匠師資料，成為本研究之最重要之依據與引用之實例。

王肇楠雖為傳統學徒出師成為細木作匠師，卻體悟到傳統細木作技藝實為珍貴的文化資產。在此體悟之下，王肇楠在具體表現上獨特的表現有：

1. 著作《臺灣傳統細木作榫卯集》，（31 歲，1998）。
2. 取得「中華民國家具木工乙級技術士證照」，（34 歲，2001）。
3. 擔任「臺灣傳統細木作家具技藝傳習計畫——傳習師」，（35～37 歲，2002～2004）。
4. 獲中原大學室內設計學系與大葉大學造形藝術學系及工業設計學系以兼任助理教授級專業技術人員資格聘任教職，（37 歲～，2004～）。
5. 榮獲臺中市政府頒發「第一屆大墩工藝師」榮銜，（38 歲，2005）。
6. 文化部文化資產局審定「細木類傳統匠師」，（38 歲，2005）。
7. 彰化縣政府認定王肇楠為細木作技術保存者與傳統家具製作及修復技術保存者，（52 歲，2019）。
8. 擔任彰化縣文化局、臺南市文化資產管理處「傳統工藝審查委員」，（51 歲～，2018～）。

　　筆者身為王肇楠之長子,高職畢業後(2015),在自身興趣下,成為學徒與出師,目前繼續隨侍於王肇鈝、王肇楠側,成為第三代細木作傳人。

　　王漢松以文化的經驗認定傳統工藝必將再顯光耀,於是王漢松與第二代王肇鈝、王肇楠審思轉型,以再現泉州風格鹿港體式之風采顯現於傳統細木作家具之上。王肇鈝、王肇楠榮受文化部文化資產局審認為傳統細木作匠師、彰化縣政府認定細木作技術與傳統家具製作及修復技術兩項保存者之榮銜。第三代筆者承繼家學,辛勤學藝,以發揚傳統細木作之文化資產價值。

三、分析王漢松家族在文化資產傳統細木作工藝的重要性

　　關於鹿港傳統木作工藝,僅有學者以歷史學對鹿港木工藝的歷史脈絡進行歸納,以社會人類學領域觀察鹿港匠師以建構地方的勞動圖像等等,而此論文與文獻資料的文化價值並未實質的進入木匠司阜的世界中,這個現象可以從王肇楠在其口述歷史中可以發現,在其 23 歲之前,自我認知僅止於一位木匠,只為三餐糊口而作而已(1990)。

　　王漢松家族細木作技藝是目前鹿港地區橫跨日治時期、戰後初期、民國等三個時期傳承迄今的家族。所製作的家具樣式精美、榫卯作工細緻、異木鑲嵌緻密、保留泉州風格傳統,形成王氏家具風格,在鹿港細木作藝術界佔有重要地位。

　　王漢松為鹿港第一位獲得「第四屆全球中華文化藝術薪傳獎」,於總統府面承李登輝總統嘉許;指導王肇楠出版臺灣第一本《臺灣傳統細木作榫卯集》等專書;首位擔任臺灣細木作傳習計畫傳習師。第二代王肇鈝、王肇楠,堅持保留與傳承傳統細木作榫卯與鑲嵌工法,並續傳給第三代王維元,繼續傳承珍貴傳統工藝細木作技藝的無形文化資產。

　　王肇楠以匠師的資格,從匠師的角度建構了鹿港傳統細木作技藝相關領域文字記述,以 11 年的時間,全面且逐序紀錄王漢松藝術生命史、建構鹿港傳統細木作技藝之歷史源傳、文化內涵、風格體式、工料、工法、工序、手工具名稱與樣式、榫卯術語、民俗宜忌等等。並進行爬梳與歸納,著以專書,發表於文獻期刊,供後續研究者進行索閱與參考。

　　綜觀王漢松擁有之技藝,經由王肇楠整理而成一家之學,此其中之形而上者諸如傳統文化中的規制宜忌,門光尺,丁蘭尺合吉取利,以及形而下者諸如各家具風格與樣式,榫卯工法、鑲嵌工法皆環環相扣,緊密相附,具體的顯現

出臺灣無形文化資產中傳統細木作工藝的重要性。

四、後續研究

　　鹿港自清朝乾隆年間開港與福建泉州蚶江對渡，開啟了臺灣史中的鹿港期，繁華興盛於一時。其中，木作工藝之小木作與雕刻，有清朝道光年間的鹿港魯班公會錦森興小木花匠團流傳至今，其中記載了鹿港地區的匠師傳承世序，匠師姓名與角頭地名，可以整理出有多少位匠師出身自哪個角頭地名，相當具有研究價值。

　　本研究僅對錦森興小木花匠團先賢掛軸中三條巷王漢松及其家族進行調查與研究，而鹿港尚有日治時期「頂角吳隨意，下角蔡義和」之語，這兩間各在鹿港一南一北，最具規模與地位的家具店，從其開創時期、輝煌時期所聘請的匠師姓名與人數，再從名列或未名列於「錦森興小木花匠團」先賢掛軸中的先賢匠師進行整理與銷售家具地區範圍等等，代表「頂角吳隨意，下角蔡義和」家具店在鹿港木工藝發展所佔有之地位，此部份有待未來再繼續進行研究。

附錄一　王漢松重要事蹟表

西元	紀元	虛歲	重要事蹟	圖　片
1923	大正 12	1	6 月 12 日出生於臺中州彰化郡鹿港街字菜子頭三百八十五番地，今臺灣省彰化縣鹿港鎮玉順里三條巷 8 號。	
1936	昭和 11	14	1. 進入街尾藝巧家具店陳斗先生成為打雜學徒	
1939	昭和 14	17	1. 成為木工司阜，昭和 14 年 3 月 30 日學成出師。	
1941	昭和 16	19	1. 勞務申告書——家具工，鹿港吳隨意家具店，店主吳田，昭和 16 年 7 月 31 日。	

			2. 到笠仔店內的工廠製作鉋刀鐮，稱為鉋笠仔草。	
1942	昭和 17	20	1. 臺灣總督府核給「國民勞務手帳——建具指物工」，昭和 17 年 3 月 3 日。	
			2. 臺灣總督府核給「體力手帳——指物工」，昭和 17 年 8 月 11 日。	

1944	昭和 19	22	1. 進入高雄州「清水家具裝飾店」「高雄海軍警備司令部甲級軍官家具製造廠」擔任木工司阜。	
1945	昭和 20 民 34	23	1. 至臺北士林「華森美國家具店」，專為美軍駐臺軍官設計、製作美國式家具。	
1970	民 59	48	1. 設立「漢松藝術創作坊」，製作現代樣式家具，床，衣櫥，桌椅。	
1976	民 65	54	1. 承製鹿港茂順中藥行之中藥櫃及家具等。	
1980	民 69	58	1. 第二次改變經營型態為製作神櫥等。	

			2. 榮獲戶外生活雜誌出版社出版之「鹿港三百年——工藝篇木器類」，記載鹿港著名老師傅。	
1990	民79	68	1. 第三次改變經營型態為臺灣傳統細木作家具製作工坊的型態。	
1992	民81	70	1. 榮獲臺灣省文獻委員會永久典藏「一品富貴太師椅組」共32件作品。	
1995	民84	73	1. 「傳統漢式太師椅」作品，榮獲「第三屆臺灣工藝設計競賽——金獎」。	
1996	民85	74	1. 「富貴祝三多——書桌」作品，榮獲「第五屆民族工藝獎——其他類三等獎」。	

			2. 榮獲「第四屆全球中華文化藝術薪傳獎」，並榮典於總統府觀見李總統登輝先生。	
			3. 受臺中市元保宮之請，為其清朝乾隆 56 年（1791）製作之大供桌，擔任維修規劃計畫之主持人。	
1998	民 87	76	1. 作品「祥雲昇龍」奉桌組，榮獲「第一屆傳統工藝獎」，作品並榮獲永久典藏。	
			2. 指導次子王肇楠製作傳統細木作榫卯，集結出版「臺灣傳統細木作榫卯集」。	 臺灣傳統細木作榫卯集 王漢松 指導

1999	民 88	77	1. 榮獲教育部頒「第一屆推廣藝術教育有功人員」獎。	
			2. 作品「福祿壽喜」漢式太師椅，榮獲「第二屆傳統工藝獎」，作品並榮獲永久典藏。	
			3. 作品「玉堂富貴」太師椅，榮獲日本國第 24 回日本手工藝美術展覽會之「手藝新聞社賞」。	
			4. 指導「王漢松作品集」出版。	

			5. 指導王肇楠以傳統細木作修復技術修復「富貴喜春梳妝台」乙座，於 2003 年獲行政院文化建設委員會獎助研究出版專書「臺灣梳妝台的研究與修復以富貴喜春細木作為例」。
2000	民 89	78	1. 榮獲行政院文化建設委員會指導、國立傳統藝術中心籌備處委託大葉大學設計暨藝術學院造形藝術學系執行「民間藝術——臺灣傳統家具細木作藝人王漢松技藝傳習計畫」之傳習藝師。
2001	民 90	79	1. 榮獲行政院文化建設委員會指導、國立傳統藝術中心委託大葉大學設計暨藝術學院造形藝術學系執行「民間藝術——臺灣傳統家具細木作藝人王漢松技藝傳習計畫第二期」之傳習藝師。

			2. 受臺中市元保宮之請，製作「雙龍戲珠帶彩牌」供桌。	
2002	民 91	80	1. 榮獲行政院文化建設委員會指導、國立傳統藝術中心委託大葉大學設計暨藝術學院造形藝術學系執行「民間藝術——臺灣傳統家具細木作藝人王漢松技藝傳習計畫第三期」之傳習藝師。 2. 1月7日故，享壽80。	

附錄二 王漢松年表與年代大事表

西元	紀元	年紀	重要記事	年度社會大事記
1923	大正 12	1	6 月 12 日出生於臺中州彰化郡鹿港街字菜子頭三百八十五番地，今臺灣省彰化縣鹿港鎮玉順里三條巷 8 號。	1. 攝政皇太子裕仁（昭和天皇）視察臺灣。 2. 內田嘉吉出任第九任臺灣總督，為文官總督。
1930	昭和 5	8	鹿港第二國民小學校入學（今文開國民小學）	1. 明治 43 年（1910）臺灣總督府明定 8～14 歲臺灣學童須強制入學的義務教育法規，年制為 6 年。
1933	昭和 8	11	1. 由父親王茲枝帶至郭新林宅拜訪，郭新林時年 35 歲。王漢松稱呼郭新林為舅公。	
1934	昭和 9	12	1. 鹿港第二國民小學校四年級。 2. 7 月 24 日，鹿港舉行「辜顯榮敕選慶祝會」，為參與學童之一。	昭和 9 年（1934）7 月 3 日，鹿港士紳辜顯榮受昭和天皇敕選為貴族院議員，為臺籍第一人。
1935	昭和 10	13	鹿港第二國民小學校五年級。	1. 日本統治臺灣 40 週年，舉辦始政四十周年紀念臺灣博覽會。
1936	昭和 11	14	1. 鹿港第二公小學校六年畢業。 2. 8 月，受鄰居蘇騫引介進入街尾藝巧家具店陳斗先生成為打雜學徒（1936 年 8 月～1937 年 1 月）。	小林躋造出任第 17 任總督，後期武官總督，開始推行皇民化運動（1937 年～1945 年），明令統治台灣三原則：「皇民化、工業化、南進基地化」。

1937	昭和 12	15	1. 打雜學徒 6 個月後，方受到陳斗先生正式承認，成為細木作學徒。 2. 勞務手帳登載：昭和 12 年 2 月 1 日至昭和 14 年 3 月 30 日，3 年修業卒（1937 年 2 月～1939 年 3 月）。 總學藝時間歷時「3 年 7 個月」（1936 年 8 月～1939 年 3 月）。	1. 臺灣總督府展開「寺廟整理運動」及「臺灣人家庭正廳改善運動」。 2. 臺灣總督府強力推行皇民化運動。 3. 盧溝橋事件，中日戰爭爆發。
1938	昭和 13	16	於街尾藝巧家具店擔任學徒。	1. 日本近衛內閣頒佈《國家總動員法》。 2. 臺灣總督府「寺廟整理運動」，稱為「神佛升天運動」。
1939	昭和 14	17	1. 成為木工司阜，昭和 14 年 3 月 30 日學成出師。 2. 在藝巧家具店以司阜資格工作，月薪一圓。 3. 進入鹿港吳隨意家具店成為木工司阜，店主吳田，昭和 14 年 3 月 31 日起至昭和 17 年 1 月，共計 3 年，月薪一圓二十錢。	1. 臺灣總督府公佈「國民徵用令」施行細則，規定適用於有專業的職業能力證明者的被「徵用」。 2. 臺灣總督府公佈〈臺灣米穀移出管理令及輸出入實施管制〉，實施對島內米穀食糧進行「總收購總配給」制度。
1940	昭和 15	18	於鹿港吳隨意家具店擔任木工司阜。	1. 臺灣總督府頒布「臺人更改日式姓名辦法」，推動廢漢姓改日本姓名的運動。 2. 長谷川清出任第 18 任臺灣總督，後期武官總督。
1941	昭和 16	19	1. 勞務申告書——家具工，鹿港吳隨意家具店，店主吳田，昭和 16 年 7 月 31 日。 2. 於鹿港吳隨意家具店擔任木工司阜。 3. 到笠仔店內的工廠製作鉋刀鐮，稱為鉋笠仔草。	1. 臺灣總督府頒布「國民勞務手帳法」。 2. 推動皇民化的「皇民奉公會」開始活動（4 月 19 日）。 3. 日本帝國海軍對美國海軍夏威夷珍珠港海軍基地偷襲作戰，太平洋戰爭爆發。

1942	昭和 17	20	1. 臺灣總督府核給「國民勞務手帳——建具指物工」，昭和 17 年 3 月 3 日。 2. 臺灣總督府核給「體力手帳——指物工」，昭和 17 年 8 月 11 日。 3. 轉職於鹿港木村家具店擔任木工司阜。昭和 17 年 1 月 4 日至昭和 19 年 3 月 20 日，共計 2 年，月薪二圓五十錢。	
1943	昭和 18	21	於鹿港木村家具店擔任木工司阜。	1. 盟軍首次空襲臺灣新竹州。
1944	昭和 19	22	1. 於鹿港木村家具店擔任木工司阜，昭和 19 年 3 月 20 日解用。 2. 進入高雄州「清水家具裝飾店」店主清水晃介紹，進入「高雄海軍警備司令部甲級軍官家具製造廠」擔任木工司阜，昭和 19 年 5 月 3 日至 7 月 15 日，解用回到鹿港，共計 2 個月，月薪一圓三十一錢。	1. 日本政府對臺灣人開始實施徵兵制。 2. 美軍轟炸岡山機場及海軍 61 航空廠。 3. 安藤利吉出任第 19 任臺灣總督，為臺灣日治時期的末代總督。
1945	昭和 20 民 34	23	1. 因鹿港地區米價暴漲，一日三市，鹿港在地工資無法負擔，遂至臺北士林「華森美國家具店」，專為美軍駐臺軍官設計、製作美國式家具。	1. 美軍轟炸高雄港。 2. 鹿港大空襲，在大街崎仔腳落下炸彈，造成崎仔腳、宮后、城隍廟、媽祖宮等地災情嚴重。 3. 臺北大空襲。 4. 美軍在日本廣島市與長崎投下原子彈。 5. 日本昭和天皇發布終戰詔書，宣布無條件投降。 6. 國民政府在重慶宣布成立「臺灣省行政長官公署」與「臺灣省警備總司令部」，同時任命陳儀兼任「臺灣省警備總司令部」總司令。

				7. 中國戰區最高統帥蔣介石代表同盟國軍事接管臺灣。
				8. 臺灣省行政長官公署正式運作，陳儀任臺灣省行政長官兼臺灣省警備總司令部總司令。
				9. 臺灣省行政長官公署公布〈臺灣省管理糧食臨時辦法〉，延續日治末期「總徵收總配給」制度。
				10. 自1945年8月至1947年1月，臺北市零售米價漲了四百倍。
1946	民35	24	於臺北士林「華森美國家具店」，專為美軍駐臺軍官設計、製作美國式家具。	1. 戰後在臺灣辦公的美軍顧問團團員以「美軍聯絡組」（American Liaison Group）自稱，美軍聯絡組完成遣送在臺日軍的任務，撤離臺灣。 2. 臺灣銀行經財政部核准，改組成立，仍稱為「臺灣銀行」，並繼續取得紙幣發行特權。先發行壹圓、五圓、拾圓面值的新版「臺幣」（現在稱為「舊臺幣」）。
1947	民36	25	1. 228事件，現場目擊發生經過，天馬茶房，臺北市太平町三丁目一，（今臺北市南京西路189號，臺北法主公廟對面）。 2. 於臺北士林「華森美國家具店」，專為美軍駐臺軍官設計、製作美國式家具。	1. 228事件爆發（2月27號）。 2. 陳儀引咎請辭臺灣省行政長官兼警備總司令（3月18日）。 3. 因發生228事件，行政院會議決議撤銷臺灣省行政長官公署，改組為臺灣省政府。

1948	民 37	26	於臺北士林「華森美國家具店」，專為美軍駐臺軍官設計、製作美國式家具。	1. 中華民國公布實施〈動員戡亂時期臨時條款〉，凍結部分憲法，使總統任期得連選連任，開啟了臺灣的動員戡亂時期。 2. 臺灣通貨膨脹，臺灣銀行特別發行「定額本票」與原有的舊臺幣共同流通，面值有伍仟圓、壹萬圓、拾萬圓、最後甚至發行壹佰萬圓面值的本票。
1949	民 38	27	1. 經媒妁之言，與鹿港林月裡女士締結連理。 2. 於臺北士林「華森美國家具店」，專為美軍駐臺軍官設計、製作美國式家具。	1. 1 月 1 日，蔣介石以《總統令》明令發布陳誠任臺灣省政府主席兼臺灣省警備總司令部總司令。 2. 蔣中正卸任中華民國總統，由副總統李宗仁代理。 3. 中華民國政府播遷臺灣。 4. 公布實施「臺灣省私有耕地租用辦法」，以貫徹三七五減租政策。 5. 《臺灣省政府、臺灣省警備總司令部布告戒字第壹號》，由時任中華民國臺灣省政府主席兼臺灣省警備總司令陳誠於 1949 年 5 月 19 日頒布的戒嚴令，宣告自同年 5 月 20 日零時（中原標準時間）起在臺灣省全境實施戒嚴。至 1987 年由時任中華民國總統蔣經國宣布同年 7 月 15 日解除該戒嚴令為止，共持續 38 年 56 天。

				6. 新臺幣發行辦法頒佈，四萬元舊臺幣換一元新臺幣。
1950	民 39	28	1. 返回鹿港，在鹿港各家具工廠擔任木工司阜，學習各家之長，以增進己身木作技藝的程度（1950～1970）。 2. 長女純櫻出生。	1. 臺灣進入戰時狀態。 2. 韓戰爆發。 3. 美國宣布第七艦隊協防臺灣。
1951	民 40	29	在鹿港各家具工廠擔任木工司阜。	1. 美國政府對中華民國政府提供軍事、經濟的援助貸款，指 1951 年美國國會通過「共同安全法」（Mutual Security Acts）到 1965 年 6 月為止。 2. 韓戰爆發，第一批美援物資運抵臺灣。 3. 美國等 48 國與日本簽署舊金山和約，日本聲明放棄對臺灣、澎湖的主權。 4. 立法院正式通過《耕地三七五減租條例》。
1952	民 41	30	1. 於鹿港各家具工廠擔任木工司阜。	1.《舊金山和約》正式生效。 2. 中華民國與日本簽訂「中日臺北和約」。
1953	民 42	31	1. 長子肇鈜出生。 2. 在鹿港各家具工廠擔任木工司阜。	1. 公布「實施耕者有其田條例」。 2. 西螺大橋通車。
1954	民 43	32	於鹿港各家具工廠擔任木工司阜。	中華民國與美國簽定《中美共同防禦條約》，並成立美軍協防臺灣司令部（USTDC）以及駐臺美軍顧問團（MAAG），駐臺美軍開始協防臺灣。
1955	民 44	33	於鹿港各家具工廠擔任木工司阜。	

1956	民45	34	1. 次女玲蓮出生。 2. 於鹿港各家具工廠擔任木工司阜。	臺灣廣榮、勝豐兩家木工機械公司設廠生產木工機器。
1957	民46	35	於鹿港各家具工廠擔任木工司阜。	
1958	民47	36	1. 三女沛文出生。 2. 於鹿港各家具工廠擔任木工司阜。	1. 金門八二三炮戰。 2. 中華人民共和國「大躍進」運動。
1959	民48	37	於鹿港各家具工廠擔任木工司阜。	臺灣中南部發生八七水災（8月7日）。
1960	民49	38	1. 四女純勉出生。 2. 於鹿港各家具工廠擔任木工司阜。	
1962	民51	40	1. 五女美齡出生。 2. 於鹿港各家具工廠擔任木工司阜。	臺灣電視公司開播。
1963	民52	41	於鹿港各家具工廠擔任木工司阜。	桃園石門水庫開始蓄水。
1964	民53	42	於鹿港各家具工廠擔任木工司阜。	1. 中華民國與法國斷交。
1965	民54	43	於鹿港各家具工廠擔任木工司阜。	1. 美援停止。 2. 臺灣經濟逐漸好轉，工業建設加速成長，對外貿易開始蓬勃發展。 3. 經濟部正式成立高雄加工出口區管理處籌備處，為臺灣第一個加工出口區。
1966	民55	44	1. 六女秀凌出生。 2. 於鹿港各家具工廠擔任木工司阜。	「無產階級文化大革命」，通稱文化大革命、簡稱文革。
1967	民56	45	於鹿港各家具工廠擔任木工司阜。	臺北市升格為直轄市。
1968	民57	46	1. 次子肇楠出生。 2. 於鹿港各家具工廠擔任木工司阜。	義務教育延長為九年，初級中學全面改制為國民中學。
1969	民58	47	於鹿港各家具工廠擔任木工司阜。	

1970	民 59	48	1. 三子督宜出生。 2. 設立「漢松藝術創作坊」，首租於鹿港景福巷開設工廠營業（今蘇府三王爺廟附近；1970～1971）。製作現代樣式家具，床，衣櫥，桌椅等，銷售給鹿港各家具行。 3. 長子王肇鈺拜父親王漢松學習細木作，成為學徒（1970～1974）時年 18 歲。	中華民國退出聯合國。
1971	民 60	49	「漢松藝術創作坊」工廠第二次移租於鹿港金盛巷（1971～1974）。	中華民國與日本斷交。
1972	民 61	50	「漢松藝術創作坊」工廠營業。	
1973	民 62	51	「漢松藝術創作坊」工廠營業。	全球發生第一次石油危機。
1974	民 63	52	1. 「漢松藝術創作坊」工廠第三次移租於鹿港復興路工廠（今鹿港電信局附近；1974～1975）。 2. 長子王肇鈺出師成為細木作司阜，隨侍於父親王漢松側，繼續學習更高級的技術。 3. 購入豐原正光電力木工機械手壓鉋機、平鉋機。	行政院院長蔣經國提出開始推行 10 項大型基礎建設計劃。
1975	民 64	53	1. 「漢松藝術創作坊」工廠第四次移租於鹿港三條巷 11 號工廠（今鹿港北頭土地公廟附近；1975～1980）。	中華民國總統蔣中正逝世，由副總統嚴家淦繼任。
1976	民 65	54	1.「漢松藝術創作坊」工廠營業。 2. 承製鹿港茂順中藥行之中藥櫃及家具等。	
1977	民 66	55	1.「漢松藝術創作坊」工廠營業。 2. 9 月 15 日動土拆除祖宅。並開始建築四層樓房，同年 12 月 16 日建築完工。	
1978	民 67	56	1.「漢松藝術創作坊」工廠營業。	1. 蔣經國當選第六任總統，李登輝為副總統。 2. 中山高速公路全線通車。

1979	民 68	57	1.「漢松藝術創作坊」工廠營業。	1. 美國與中華人民共和國建交。 2. 美國與中華民國斷交。
1980	民 69	58	1.「漢松藝術創作坊」工廠第五次移至自宅鹿港三條巷 8 號（今鹿港北頭土地公廟附近；1980～1986）。 2. 購入圓盤鋸、鑿孔機等木工電動機器。 3. 改為製作神櫥等。銷售至臺北地區各大佛具店。 4. 榮獲戶外生活雜誌出版社出版之「鹿港三百年──工藝篇木器類」，記載鹿港著名老師傅。	1. 美國國會通過《臺灣關係法》。 2. 新竹科學工業園區正式成立。
1981	民 70	59	1.「漢松藝術創作坊」工廠營業。	
1982	民 71	60	1.「漢松藝術創作坊」工廠營業。 2. 受聘為「第五屆全國民俗才藝活動傳統手藝展之顧問」。	文化資產保存法，立法於民國 71 年 5 月 18 日。
1983	民 72	61	「漢松藝術創作坊」工廠營業。	
1984	民 73	62	1.「漢松藝術創作坊」工廠營業。 2. 王肇楠受父親王漢松先生指導，進入臺灣傳統工藝家具細木作業，由學徒做起，歷時「四年」（1984～1988）時年（17 歲）。	1. 蔣經國當選第七任總統，李登輝為副總統。
1985	民 74	63	1.「漢松藝術創作坊」工廠營業。	社會出現一種金錢遊戲「大家樂」，造成社會風氣劇變。
1986	民 75	64	1.「漢松藝術創作坊」工廠第六次移租於鹿港鎮埔崙里崙仔巷 30 之 2 號工廠（今鹿港運動公園附近；1986～1996）。	1. 中華民國總統蔣經國宣布解除戒嚴令。 2. 臺灣當局開放台灣赴中國探親，臺商紛紛以探親名義赴中國考察或尋找投資機會。
1987	民 76	65	1.「漢松藝術創作坊」工廠營業。	
1988	民 77	66	1.「漢松藝術創作坊」工廠營業。 2. 王肇楠學藝期滿出師成為細木作司阜（21 歲）。 3. 王肇楠入伍服役（陸軍）。	1. 蔣經國逝世，副總統李登輝繼任總統。

1989	民78	67	「漢松藝術創作坊」工廠營業。	1. 六四事件發生，歐美日等國家對大陸進行經濟制裁，外資撤走，但臺商卻藉機加快對大陸投資步伐，臺商對大陸投資的第一次熱潮。 2. 臺商對大陸投資的主要特點是：「臺灣接單、大陸加工生產、產品外銷」的「兩頭在外」的經營模式。
1990	民79	68	1. 王肇楠退伍。 2. 王肇楠繼續隨侍於王漢松側，學習更高深的傳統細木作技術。 3. 王漢松婉拒友人邀請到大陸投資家具工廠。 4. 王漢松轉型為臺灣傳統細木作家具製作工坊的型態。 5. 王肇楠開始進行王漢松藝術生命史之訪談，歷時11年（1990～2001）。	
1991	民80	69	四女婿張春能拜岳父王漢松為師，學習傳統細木作工藝與傳統家具修復技術。	1. 總統令公布廢止《動員戡亂時期臨時條款》，動員戡亂時期結束。 2. 立法院、監察院、國民大會的第一屆委員（不包括增額委員）全體退職，「萬年國會」結束。
1992	民81	70	榮獲臺灣省文獻委員會永久典藏「一品富貴太師椅組」共32件作品。	1. 419臺北大遊行，要求總統直選。 2. 中華民國刑法第一百條修正通過，廢除陰謀內亂罪。 3. 第二次臺商投資大陸高峰期。
1993	民82	71		1993年，李登輝總統任內，文建會提出了社區總體營造計畫。

1994	民 83	72		1994 年政府對原住民族的正名
1995	民 84	73	1.「傳統漢式太師椅」作品，參加臺灣省手工業研究所舉辦「第三屆臺灣工藝設計競賽」，榮獲「金獎」。 2. 本組作品於 2016 年榮獲國立工藝研究所指定「典藏之寶」。 3. 獲邀參加臺灣省手工業研究所主辦之「臺灣省工藝產業五十年展」，於台北世界貿易中心舉行。	1. 李登輝總統代表政府正式為二二八事件道歉。 2. 全民健康保險正式開辦。
1996	民 85	74	1.「漢松藝術創作坊」工廠第七次移於鹿港鎮詔安里詔安巷 63 號（1996 迄今）。 2.「富貴祝三多——書桌」作品，榮獲行政院文化建設基金管理委員會舉辦之「第五屆民族工藝獎——其他類三等獎」。 3. 榮獲「第四屆全球中華文化藝術薪傳獎」，並榮典於總統府覲見李總統登輝先生。 4. 榮獲行政院文化建設委員會邀請參加「臺灣工藝之美」巡迴展。 5. 應邀參加「行政院新聞局推廣台灣民間工藝——福祿壽喜」國際傳播紀錄片之木工技術製作示範。 6. 木雕作品「富貴吉祥」入選「第四屆工藝之夢」。 7. 臺灣前輩畫家顏水龍教授蒞臨創作坊指導。 8. 獲臺中縣立文化中心邀請舉辦「王漢松傳統家具、木雕藝術展」。 9. 獲行政院文化建設委員會委託台灣省手工業研究所規畫之「鹿港工藝資源手冊」，登載為木器老司阜。	1. 中國向臺灣海面試射飛彈，引爆臺海飛彈危機。 2. 臺灣舉行首次總統直選，由李登輝、連戰當選。 3. 李登輝總統提出了「戒急用忍」口號。

			10. 受臺中市元保宮之請，為其清朝乾隆 56 年（1791）製作之大供桌，擔任維修規劃計畫之主持人。	
1997	民 86	75	1. 榮獲行政院文化建設委員會邀請參加「生活造形藝術展」，顏水龍教授指導全省巡迴展。 2. 行政院文化建設委員會林主任委員澄枝女士蒞臨創作坊指導。 3. 行政院文化建設委員會劉副主任委員萬航先生蒞臨創作坊指導。 4. 立法委員王拓、朱惠良、范巽綠先生女士蒞臨創作坊指導。 5. 行政院文化建設委員會舉辦「民族工藝大展」。 6. 鹿港高中施顯達老師拜師學藝，歷時二年。	
1998	民 87	76	1. 行政院文化建設委員會接待中國文化交流參訪團，蒞臨創作坊，參訪臺灣傳統細木作技術工藝。 2. 作品「祥雲昇龍」奉桌組，榮獲國立傳統藝術中心籌備處舉辦之「第一屆傳統工藝獎」〔其他類三等獎〕，作品並榮獲永久典藏。 3. 指導次子王肇楠製作傳統細木作榫卯，集結出版「臺灣傳統細木作榫卯集」。行政院文化建設委員會、財團法人國家文化藝術基金會、臺灣省政府文化處贊助，彰化縣立文化中心企劃，左羊出版社出版（7 月）。 4. 應臺灣省手工業研究所邀請，於台北展示中心舉辦「王漢松父子傳統藝術家具專題特展」。 5. 法國前總理皮爾麥斯邁（Pierre MESSMER）先生及法藍西學院院士等蒞臨指導。	1998 年公共電視台開播。

| 1999 | 民 88 | 77 | 1. 榮獲教育部頒「第一屆推廣藝術教育有功人員」獎。
2. 作品「福祿壽喜」漢式太師椅，榮獲國立傳統藝術中心籌備處舉辦之「第二屆傳統工藝獎」[其他類佳作獎]，作品並榮獲永久典藏。
3. 作品「玉堂富貴」太師椅，榮獲日本國第 24 回日本手工藝美術展覽會之「手藝新聞社賞」。
4. 指導「王漢松作品集」出版。由教育部、國立傳統藝術中心籌備處、臺灣省文化基金會指導，董源藝術出版。
5. 應臺灣省手工業研究所邀請，擔任「1999 小木器創意設計競賽」之決、評審委員。
6. 應台灣省手工業研究所邀請，參加「臺灣工藝巡禮」展。
7. 應彰化縣立文化中心邀請，舉辦「王漢松傳統藝術家具特展」。
8. 應國立臺灣藝術教育館邀請，為「木材工藝教學傳播記錄片」示範傳統細木作製作技術。
9. 榮獲鹿港鎮公所編修之「鹿港鎮志——藝文篇——第三目家具木雕」中記載為「早期有……王漢松等人」。
10. 指導王肇楠以傳統細木作修復技術修復「富貴喜春梳妝台」乙座，於 2003 年獲行政院文化建設委員會獎助研究出版專書「臺灣梳妝台的研究與修復以富貴喜春細木作為例」。 | 1. 李登輝總統接受德國之聲訪問時，指出兩岸是「特殊的國與國關係」。
2. 臺灣中部發生九二一大地震。 |
| 2000 | 民 89 | 78 | 榮獲行政院文化建設委員會指導、國立傳統藝術中心籌備處委託大葉大學設計暨藝術學院造形藝術學系執行「民間藝術——臺灣傳統家具細木作藝人王漢松技藝傳習計畫」之傳習藝師。 | 陳水扁、呂秀蓮就任中華民國第十任正副總統，臺灣首次政黨輪替。 |

| 2001 | 民 90 | 79 | 1. 榮獲行政院文化建設委員會指導、國立傳統藝術中心委託大葉大學設計暨藝術學院造形藝術學系執行「民間藝術——臺灣傳統家具細木作藝人王漢松技藝傳習計畫第二期」之傳習藝師。
2. 榮獲總統府邀請，由行政院文化建設委員會、國立臺灣工藝研究所承辦之「文化薪傳工藝展」。
3. 受臺中市元保宮之請，製作「雙龍戲珠帶彩牌」供桌。
4. 王肇楠進行王漢松藝術生命史訪談結束，歷時 11 年（1990～2001）。 | 1. 中國大陸於 2001 年 12 月正式加入世界貿易組織 WTO。
2. 臺商開始擴大在大陸的投資，應是僅次於香港的大陸第二大境外投資者。 |
| 2002 | 民 91 | 80 | 1. 榮獲行政院文化建設委員會指導、國立傳統藝術中心委託大葉大學設計暨藝術學院造形藝術學系執行「民間藝術——臺灣傳統家具細木作藝人王漢松技藝傳習計畫第三期」之傳習藝師。
2. 1 月 7 日故，享壽 80。 | 臺灣以「台澎金馬獨立關稅領域」名稱正式加入世界貿易組織 WTO。 |

附錄三　王漢松藝師訪談紀錄
（摘錄版）

受訪者：王漢松藝師（受訪時年齡 68～79）

採訪者：王肇楠先生

日期：民國 79～90 年，(1990～2001)

地址：彰化縣鹿港鎮詔安里詔安巷 63 號，泓澤藝術創作坊。

說明：本訪談紀錄係以「王漢松藝師訪談紀錄完整版」中有關於本研究之內容進行摘錄。

訪談內容：

王肇楠（以下簡稱楠）：請問王家的渡臺歷史。

王漢松（以下簡稱松）：我家自第一世先祖公王廷傑（1687～1769）自清朝乾隆年間，從祖籍地福建泉州金門渡海過來鹿港，太祖公王廷傑有開「鹽館」和「書房」，這有阮王家第一世先祖王廷傑在乾隆 13 年分家給第二世共四房的鬮書作證明（1748）。第二世祖是王模成（1709～1779），第三世祖王呈（1742～1886），王呈的弟弟王朝在嘉慶 10 年（1805）以佛頭銀叁百元買在現在三條巷這個所在，這有地契作證明，就一直住到現在，已經二百多年了。第四世祖王發（1780～1844），第五世祖王位（1804～1851），第六世祖王吉豬（1836～1896），第七世祖王連江（1868～1900），第八世祖王茲枝（1889～1974），傳到我是第九代。

楠：請問您的父親姓名與生涯歷史。

松：阮父親王茲枝（1889～1974），12 歲（1900）到鹿港街頂的銀樓當打銀學

徒，在日本時代的戶籍職業登記為「銀細工」。但是日本人來臺灣以後，推行「斷髮解放纏足」運動（1915），不得不改途作別項。因緣際會之下，在 26 歲（1914）時，拜唐山來臺灣的地理師杜金鐘為師，學習「形家氣脈、陽宅三要、畫符念咒」等。在 30 歲（1918）出師，於祖厝廳頭開設「集熙堂擇日館」，接受各地人士前來卜卦算命。阮父親作地理仙到 80 多歲（1969），才結束集熙堂擇日館，攏總開 50 多年。到現在，在鹿港卡有歲的人，提起鹿港北頭蘇府土爺廟邊「荔枝仙」，大家攏還會記得。

　　阮父親在 80 歲的時候捌（曾經）對我吟一首伊寫的詩：

　　山醫命卜相，一生勤其中，清貧積福德，厥後錫克昌。

　　阮父親在 86 歲過身（辭世）後（1974），鹿港船仔頭三條街清德宮（三條巷 39 號）主神地藏王菩薩指示將阮父親王荔枝的名字寫入「地藏王爐下先賢」立軸內，在地藏王菩薩誕辰（農曆 7 月 30 日）就會將此立軸陳列出來，受眾爐下弟子馨香祭拜。

楠：請問您的祖父姓名與鹿港彩繪郭家聯姻的歷史。

松：我的爺爺是王連江（1868～1900），在 20 歲（1887）時，在父親王吉豬（1836～1896）與女方父親鹿港彩繪郭春江（1849～1915）作主同意之下，迎娶次女郭窓（1871～1943）。婚後育有二子，長子王荔枝（1889～1974），次子王慈其（1900～1963），王慈其在 17 歲（1916）時，由母親郭窓帶去向母舅郭啟薰、郭新林拜託收作學徒，學習郭家彩繪技藝，鹿港興安宮是王慈其彩繪的。王慈其將彩繪的工夫傳給第三個兒子王錫河，工夫也學得很好，在鹿港三山國王廟的門神是王錫河彩繪的，神韻與郭新林的筆法很像，很傳神，鹿港北頭土地公廟也是王錫河彩繪的。

楠：請問您的出生。

松：我的父親是王荔枝，母親是王梁熟，有一位哥哥王鍊環（1918～1940），我在日本時代大正 12 年（1923）在鹿港三條巷八號出生，是祖居地。

　　我 11 歲（1933）時，阮父親帶我去找舅公郭新林，我看到舅公全神貫注的畫彩繪圖，伊拿一隻界尺在畫亭臺樓閣，一筆一畫，細心慢畫，舅公嘛有教我大概怎麼畫，想不到去臺北作美式仔家具時，就用到了（1945）。

楠：請問你學工夫到出師的過程。

松：因為我自細漢就愛自己做束做西來玩，等到我 14 歲（1936）公學校畢業

後，阮父親就拜託隔壁小木司阜蘇騫四處探聽。在街尾地藏王廟邊有一間「藝巧家具店」，店頭家陳斗，他講要收師仔。由蘇騫、阮父親帶著我去見陳斗。面對面講好收我做師仔。當時藝巧家具店面在地藏王廟口力行街，工場是在附近的新興街，是分開的，我就是在新興街的工場內學師仔的。

在我學師仔第一天到工場時，裡面有很多司阜，但是攏沒有人要睬我，讓我傻傻的站一天，直到下午才有一位司阜叫我拿「膠夾」，我就不知道這是甚麼，其他的司阜就冷冷的說「也沒有拿豬油米老來拜魯班公，當然嘛拿無」。所以我父親當晚就去玉珍齋買「豬油米老、鳳眼糕」，隔天我拿去工場請司阜們吃，這樣司阜們才願意在有閒時多教我一些工夫。這是因為我並無納（交）學費，所以司阜們無義務教我，而且司阜攏要認真做工作賺錢，沒閒教我，所以我要「目頭巧、目色巧」，在師傅的旁邊偷看、偷學、拜託師傅好心教我。我學師仔時是雙頭烏（出門與回家太陽都已下山）的，天未亮就從北頭走到街尾工場（1.5 公里），中午回家吃飯，再到工場，下午太陽下山之後再回家，一天走四趟。透早到工場要倒尿桶洗乾淨，四邊打掃乾淨，看司阜有需要我的所在，我就趕快去做，要這樣，司阜才會願意放工夫給我。我在當學徒時只有店頭家一個月給我一點點的剃頭錢，我學 3 年多，在 17 歲出師（1939），所以學師仔是很艱苦的。

楠：請問你出師後至終戰前的過程。

松：我在陳斗藝巧家具店出師以後，先在店內作司阜，那時的司阜可以跟頭家講條件，一項是作件的（論件計酬），一項是吃月仔的（月薪）。我就跟頭家陳斗講我要作件的，頭家有同意，這樣可以賺卡多錢。所以我是每一天最早到工場，做到晚上日頭下山之後再走回家。我一年只有休過年、清明、端午、中秋四個節日，其他時間攏去工場工作，頭家也不會管你，只要開門，關門的時候注意一下就可以。那時我一個月的月給（工資）就可以賺一圓，算是很好價了，我是才剛出師的司阜，我只有比別人更加認真工作，因為「三天早賺一工；三冬早，賺一冬」（1939）。

在同一年我家附近的吳隨意家具店有缺司阜，店頭家吳田就同意我入店內做司阜，應該是尚少歲（最年輕）的司阜。我跟頭家吳田講我要作件的，月給（月薪）有一圓二十錢，我在吳隨意家具店作 3 年（1939～1942）。那幾年鹿港受到日本政府發動戰爭的影響（大東亞戰爭，1937～1945），社會很不平靜，歹賺吃（謀生不易），好家在有頭家吳田願意給少年的我一個工作穩定生

活，這是我要表達感謝的心意。

後來我改去鹿港木村家具店作司阜，也是跟頭家陳厚仁講我要作件的，月給（月薪）二圓五十錢，這是我少年體力好，透早透晚的認真工作，才能賺這麼多的工錢，我作 2 年（1942～1944）。

那時美軍就有在空襲臺灣，鹿港也經濟停頓。當時有司阜跟我講有高雄家具店要請司阜，所以我就到高雄市大港 650「清水家具裝飾店」（1944 年 5 月），經過日本人店頭家清水晃介紹，進入「高雄海軍警備司令部甲級軍官家具製造廠」擔任木工司阜，月給是一圓三十錢，還有多的配給福利，雖然月給是只有一圓三十錢，但是若是留在鹿港，就更少錢了。當時有聽風聲講美軍會轟炸高雄，所以我在 2 個月後就向頭家辭頭路，在 7 月轉來鹿港，果然在那一年 10 月美軍就大轟炸高雄（1944）。

楠：請問您在終戰後到臺北士林製作美軍家具的過程。

松：那時從高雄回來鹿港作一陣子後再到臺北去做美式仔家具，是一位司阜所引進的。因為我在鹿港賺的工錢無法跟著米價調漲，無法維持家中的開銷，所以我到臺北士林去為美軍軍官作美式仔家具，賺美金工錢較好價（高）。

在民國 36 年（1947）2 月 27 日下午那一天和往常一樣，大家在下午五點多下班。大家去臺北市太平町附近吃東西和逛逛，突然在天馬茶坊那邊圍了一大群人很吵鬧，突然間聽到一聲槍響，大家就向「天馬茶坊」那邊圍過去，結果人越圍越多，我就感覺有可能臺灣會亂，所以我就回去士林宿舍。隔天，臺北就已經開始混亂了，我一看情形不對，想到鹿港家中有安全否？所以我就向店頭家說我要回家看一看，所以就回鹿港了。經過幾天事件稍微平息之後，再回臺北做工作，我在臺北作 5 年（1945～1950）。

楠：請問您返回鹿港結婚與到各木工廠歷練的情形。

松：我在民國 38 年（1949）結婚，鹿港的工錢還是跟不上臺北，而且當時的社會很亂，政府宣布「四萬舊臺幣換一元新臺幣」（1949），一時間厝內存的錢變薄，生活很艱苦，所以結婚後我還是到臺北繼續作了一年，因為美軍軍官付給我的工資較高，而且有時會私底下拿一些美金給我，感謝我認真做伊的家具，我就將美金拿去銀樓換作金子存起來。我的大女兒純櫻在民國 39 年（1950）出世，所以我在那一年就從臺北回來鹿港。

我總共生 3 男 6 女，我自第 1 個到第 9 個孩子出世，共 20 年的時間

（1950～1970）。我這 20 年的時間，待過鹿港各家具工廠，大約有十幾間，吳隨意家具店與蔡義和家具店我都有待過，待的時間沒一定，因為我是學泉州派鹿港體家具出身的，會作日本式家具，會作美式仔家具，我攏有經驗，所以各家具行的店頭家都很歡迎我。我用心注意看工廠裡的司阜作工作的眉角就學起來。每一間家具店的頭家是怎樣經營作生理的，我只有一個目的，要將更卡好、更理想的工夫學起來，這才是工夫人最基本的態度。

楠：請問您成立漢松藝術創作坊、遷徙與傳承的過程。

松：我在第 9 個小孩子出生之後（1970），我就決定自己開工廠，第一次創業以製作現代式樣的家具為主。我以標會的錢大約有五萬元，我就用這五萬元來創業。雖然工廠是租的，再請司阜來作，我不要偷工減料，因為會打壞名聲，所以講多少錢就做多少工，賺工錢以及一些利潤就好。

我頭一次租在民宅空間仔（閒置空間）開設工廠營業（1970～1971），那時因為欠腳手（欠缺司阜），所以我的大兒子肇鉌（18 歲，1970）就入工廠，跟我學工夫，那時就有請幾位司阜鬥作（幫忙）。第 2 次搬到金盛巷（1971～1974）。第 3 次搬到鹿港復興路，在這時，我去豐原買正光牌木工機器二台，為手壓鉋機與平鉋機，有增加製作的效率（1974～1975）。第 4 次搬到祖宅旁邊鹿港三條巷 11 號（1975～1980）。同時我動土拆除祖宅平房，並開始建築四層樓房，在同年完工（1977）。第 5 次搬回自宅鹿港三條巷 8 號，有新買萬能剪、角鑿機等木工電動機器（1980～1986）。

鹿港茂順中藥行的陳頭家拜託我作一座伊店內要用的中藥櫥，我設計是兩個大櫥，一個邊櫥。用臺灣檜木以榫頭工夫製作，這組中藥櫥在製作時，陳頭家攏嘸來看，等我作好放在茂順中藥行內，一放就好，尺寸準確，真好看。陳頭家很歡喜，我就問伊，你哪會嘸來看作得如何？陳頭家講：「漢司作的工作，免看一定水」。這座中藥櫥用到今日已經 25 年，還是非常堅固耐用，這就是技術與信用，有錢沒得買（1976～2001）。

我的二兒子肇楠在 17 歲鹿港國中畢業，因為鹿港作木已經沒落，沒有少年人要學，所以伊已經要去臺中的國際貿易公司上班。但是我講：還是你以 3 年的時間先學一個工夫底，暗時去讀夜間部，補一個學歷，去當兵退伍以後，看要去作甚麼事業再打算。所以肇楠就同意要學工夫，我就教伊（1984）。

當時我看到社會型態轉型為小家庭，室內空間較小，所以我將三件式供桌設計改良為神櫥，這是我第二次轉型，很受市面歡迎，我設計製作的神櫥有三

個形式，就是「排樓式」、「八仙式」、「福祿壽三仙式」，這神廚系列我一直作到民國 79 年（1990）。這樣在祖宅工作 5 年，後來因為木工機器聲音很大，造成困擾，所以第 6 次將工廠搬到鹿港鎮埔崙里崙仔巷 30 之 2 號工廠繼續作神廚（1986～1996）。

在民國 79 年（1990），我的二兒子肇楠退伍，臺中國際貿易公司的經理有打電話來，要伊去臺中貿易公司上班，所以伊也準備要出外去上班。當時鹿港受到政府開放大陸探親與投資，很多臺灣大間的家具廠都去大陸設廠，再以超低價回銷臺灣。連帶影響我的工廠差一點就要收起來。當時我的好朋友去大陸投資大型家具工廠，跟我講我入「技術股」，要我和我的兒子作伙去教大陸的人作木的工夫以及操作木工機器，但是我拒絕，我甘願留在臺灣，將這手工夫留在臺灣，傳給我的兒子。

當時社會上有很多人佮意（喜歡）臺灣民藝，對於臺灣早期家具的追求真風行，所以我決定第三次轉型為製作臺灣傳統細木作家具工坊的型態，父子自己作，以提升製作品質為目標。剛好肇楠的兵仔伴去歐洲玩後送禮物來給伊，看到我們作的傳統家具，就講：「這在歐洲是非常讚的，攏是博物館在收藏，參觀還要買很貴的門票，你會曉作，真不簡單喔」。

就是這句話，伊就改變心意，不去臺中上班，專心跟在我身邊一直問我這工夫的內容，後來我第 7 次將工廠搬到鹿港鎮詔安里詔安巷 63 號到現在（1996～）。

楠：請問您創作、獲獎、家具修復、指導著作與傳習的過程。

松：有一位鹿港的少年人尤增輝，由林彰三帶來找我，問我一些資料，我一項一項回答伊。原來伊是這本書的編輯，裡面有刊到我的名，我才知影在書內看到我的名，我很歡喜，這本書就是《鹿港三百年》（1980）。

在我決定作傳統家具後，我就以泉州派鹿港體家具的工夫，製作一組「一品富貴太師椅」32 件作品，獲得臺灣省文獻委員會永久典藏（1992）。我作的家具攏有得到政府獎項的肯定（1991）。我 74 歲時得到「第四屆全球中華文化藝術薪傳獎」，而且去臺北總統府親自跟李登輝總統見面握手，李總統看資料跟我講：咱同年耶，很歡喜。我只是一個工夫人，可以去跟李總統見面握手，這是我這一世人尚光榮的代誌（1996）。

自肇楠決定留在我的身邊繼續學工夫以後（1990），每一天有閒伊就問我每一種的榫頭是甚麼名、形體是甚麼款、傳統家具各部位的名稱、每一種手工

具的名，要怎麼用等等。也開始問我公媽和我學師仔和出師後的代誌，伊就記錄起來，也有拿一些祖傳的資料給伊作資料。

在民國85年（1996）鹿港黃志農老師來找我，講文建會有要補助出版鹿港傳統榫頭工夫的冊，要請我幫忙，問我好不好？肇楠就替我講好。所以就開始作榫頭的見本（樣品），攏總35種，榫頭作好後就要照相，就找一位專業照相師傅來照相，但是肇楠看狹合（不滿意），所以就伊就自己買カメラ（相機）。用1年多的時間製作完成這本冊，這是臺灣第一本冊，冊名就是《臺灣傳統細木作榫卯集》，由我指導，我的兒子王肇楠一手著作的，這就是臺灣的文化，泉州傳來鹿港保留三百多年作木的傳統，由司阜自己作、自己寫，這才是尚寶貴的（1998）。

文建會林澄枝主委與劉萬航副主委來鹿港找我見面開講，看到我有我作木已經61年，有將工夫傳給兒子就真歡喜（1997）。所以講好以三年為期，透過文建會指導、國立傳統藝術中心委託大葉大學執行的「臺灣傳統家具細木作藝人王漢松技藝傳習計畫第一期」，邀請我作傳習藝師，將我的工夫教給學生，我的兒子肇鈵、肇楠作助教，教10位學生（2000），今年是第二期（2001），希望明年的計畫能順利進行下去。

今仔日是民國90年（2001）12月，我只是一個單純的鹿港作木工的司阜人，一世人都在作木的環境內學習、成長。我的父親王茲枝是出名的地理仙，過身（逝世）後列名在船仔頭三條街的「清德宮」先賢內，受人香火供奉。我的舅公郭新林是出名的彩繪司阜，要作就是要作尚好的，現在沒人知影好沒要緊，「有麝自然香」。他們攏會給我講，一定要認真作代誌，「不貪不取、彎蹺不如直」。

我回頭看我這79年的歲月，從學師仔、出師、標會仔開工廠、攏總搬過七次的工廠，作過很多款的家具。我的作品也有得獎，也有去總統府和李登輝總統見面，受到文建會和傳統藝術中心的照顧，在大葉大學開課教人作木的功夫，我真是有福氣。

你自退伍以後知道作木這手工夫是寶，會一直問我這裡面的學問在哪裡，跟我們王家的家族歷史到今天，已經11年，我很歡喜（1990～2001）。今仔日我將我的這手工夫寶傳給恁兩個兄弟（肇鈵、肇楠），繼續發展臺灣鹿港傳統的手路作木工夫。雖然賺不到大錢，但是賺到一家大小平安，留一個名聲給人探聽。「貧不阻志、留名後世」是我的意念，也希望你們繼續傳承下去，這才

是尚重要的。我今天要為你講出我寫的這一生的詩：

一生作木一甲子，八十棲塵藝六十，歷盡秋霜春江暖，還期子孫永世賢。

附錄四 王肇鈺年表

西元	紀元	虛歲	重要記事
1953	民 42	1	出生於彰化縣鹿港鎮。
1959	民 48	7	鹿港文開國小入學。
1965～1970	民 54～民 59	13～18	鹿港文開國小畢業。 歷練於各項工作。 1. 鹿港中山路興亞堂印刷廠。 2. 鹿港龍山寺對面的健生鏡廠。 3. 鹿港陳敏川木工具廠。 4. 彰化市民權路鴻興五金行。
1970	民 59	18	拜於父親王漢松學習細木作，成為學徒。
1974	民 63	22	出師成為細木作司阜，隨侍於父親王漢松側，繼續學習更高級的技術。
1984	民 73	32	結婚，妻陳燕汝，南投縣鹿谷鄉人。
1985	民 74	33	長男王倚隆出生。
1986	民 75	34	次男王偉誼出生。
1996	民 85	44	1. 獲臺灣省手工業研究所出版「鹿港工藝資源手冊」，登錄為傳統傢俱司阜。 2. 參加「行政院新聞局推廣臺灣民間工藝——福祿壽喜」國際傳播紀錄片之木工製作示範。 3.〈清乾隆 56 年款大供桌〉修復案，臺中市元保宮委託。
1997	民 86	45	1. 作品「書櫃」，獲臺灣省手工業研究所舉辦之「臺灣生活用品評選暨展覽——優選」。

1998	民87	46	1. 作品「祥雲昇龍」奉桌組，榮獲國立傳統藝術中心籌備處舉辦之「第一屆傳統工藝獎——三等獎」。 2. 獲臺灣省手工業研究所邀請，於臺北展示中心舉辦「王漢松父子傳統藝術傢俱特展」。 3. 協著「臺灣傳統細木作榫卯集」專書，由財團法人國家文化藝術基金會、臺灣省政府文化處贊助，彰化縣立文化中心企劃，左羊出版社出版。
1999	民88	47	1. 作品「福祿壽喜」太師椅組，榮獲國立傳統藝術中心籌備處舉辦之「第二屆傳統工藝獎——佳作獎」。 2. 獲彰化縣立文化中心邀請，提供作品參加「認識鄉土文化系列——礦溪之美——木雕工藝特展」。 3. 獲彰化縣立文化中心邀請，提供作品參加「第一屆礦溪美展」。 4. 榮獲鹿港鎮公所編修之「鹿港鎮志——藝文篇——第三目家具木雕」中記載為「鹿港木工藝之中青輩」。
2000	民89	48	1. 作品「福壽如意」漢式屏風，榮獲國立傳統藝術中心籌備處舉辦之「第三屆傳統工藝獎」。 2. 獲國立傳統藝術中心籌備處邀請提供作品舉辦「三屆傳統工藝獎作品巡迴展」。 3. 榮獲行政院文化建設委員會指導，國立傳統藝術中心籌備處委託大葉大學設計暨藝術學院造形藝術系承辦之「民間藝術——臺灣傳統家具細木作藝人王漢松技藝傳習計畫第一期」之院聘「助教」。
2001	民90	49	1. 作品「一路連科」漢式祖先龕，榮獲國立臺灣工藝研究所舉辦之「第一屆國家工藝獎——其他類佳作獎」。 2. 榮獲行政院文化建設委員會指導，國立傳統藝術中心籌備處委託大葉大學設計暨藝術學院造形藝術系承辦之「民間藝術——臺灣傳統家具細木作藝人王漢松技藝傳習計畫第二期」之院聘「助教」。
2002	民91	50	1. 榮獲行政院文化建設委員會指導，國立傳統藝術中心委託大葉大學設計暨藝術學院造形藝術系承辦之「臺灣傳統細木作家具技藝傳習計畫」之「傳習師」。 2. 擔任行政院文化建設委員會九十一年度手工藝技能訓練培訓師。
2003	民92	51	1. 榮獲行政院文化建設委員會指導，國立傳統藝術中心委託大葉大學設計暨藝術學院造形藝術系承辦之「臺灣傳統細木作家具、漆器技藝跨領域傳習計畫」之「傳習師」。

2004	民 93	52	榮獲行政院文化建設委員會指導，國立傳統藝術中心委託大葉大學設計暨藝術學院造形藝術系承辦之「臺灣傳統細木作家具、漆器技藝跨領域傳習計畫第二期」之「細木作傳習師」。
2006	民 95	54	榮獲行政院文化建設委員會指導、彰化縣文化局委託大葉大學設計暨藝術學院造形藝術系承辦之「95 年度鹿港傳統細木作技藝培訓班」之「傳習師」。
2010	民 99	57	〈傳統藝術中心廣孝堂木作仿作暨修復計畫〉，國立臺灣傳統藝術總處籌備處委託。
2015	民 104	63	1. 文化部審查通過細木類傳統匠師，104 文傳 30019。 2. 〈魏成美堂公媽廳〉修復與複製案，頂康開發股份有限公司委託。
2017	民 106	65	〈魏成美堂神明廳〉修復與複製案，頂康開發股份有限公司委託。
2018	民 107	66	1. 彰化縣政府頒證「彰化縣傳統匠師」，（府授文戲字第 A61070008295 號）。 2. 一般古物〈大北門曲奏迎神匾〉修復與複製案，臺中市文化資產處委託。
2019	民 108	67	彰化縣政府指定登錄： 1. 登錄「細木作」為彰化縣傳統工藝，認定王肇鈵為保存者，「傳統工藝細木作保存者王肇鈵，府授文演字第 10704332240 號」。 2. 登錄「傳統家具製作及修復技術」為彰化縣文化資產保存技術，認定王肇鈵為保存者「傳統家具製作及修復技術保存者王肇鈵，府授文演字第 1070448469A 號」。 3. 〈太子樓梳妝臺〉修復案，財團法人彰化縣私立鹿港民俗文物館委託。

附錄五　王肇鈺司阜訪談紀錄

受訪者：王肇鈺司阜
採訪者：王維元
日期：民國 111 年 4 月 3 日訪談（2022）。
地址：彰化縣鹿港鎮詔安里詔安巷 63 號，泓澤藝術創作坊。
訪談內容：

元：請問您出生、國小入學與畢業與出外謀職。

鈺：我的父親是王漢松，母親是林月裡，在民國 42 年（1953）出生在鹿港鎮三條巷 8 號，我是大兒子。我自懂事以後，看到我的阿公王茲枝替人卜卦算命，我的父親王漢松是一位作家具的司阜，我在 7 歲（1959）入學鹿港文開國小，在民國 54 年（1965）13 歲畢業。畢業以後我沒有繼續讀國中，也沒有去學作木匠師仔，因為當時已經很少人要學了，我父親也沒有說要我去學作木匠。所以我就陸陸續續到鹿港中山路的興亞堂印刷廠、鹿港龍山寺附近

的健生鏡廠、鹿港陳敏川木工具廠內學師仔。但是因為跟我個性卡袂合，所以攏是學一陣子以後就離開，後來再到我的三舅林得富在彰化市民權路開的鴻興五金行〔註1〕站店頭學做生理，因為當時站店頭學做生理可以賺卡多的錢，在這個階段，我有學到一些經驗，攏總學 5 年的時間（13～18 歲，1965～1970）。

元：請問您是如何拜父親王漢松學藝。

鈇：在民國 59 年（1970）的時候，我 18 歲，因為我已經出外五年，經過好幾個行業的學習，但是還是感覺怪怪的，可能是跟我的個性不太適合。剛好我父親自己開家具工廠，有請一些司阜以後還欠腳手〔註2〕，所以就把我從彰化叫回來，問我有要學師仔否？因為我的個性卡不適合做生理，這點我父親也知影〔註3〕，所以我父親就跟我講學一個作木的工夫，有一手工夫在身邊，就不會去餓到。我聽完之後就同意，所以我自 18 歲開始，拜我父親王漢松為師，正式進入作家具的世界。

　　當時我父親剛開工廠，每天跟著我父親透早就出門去工廠，要做很多的雜事，買入來的木材是澹漉漉〔註4〕的，就要披料，在工廠外面一枝一枝披開，這樣比較快乾燥，若是下雨時就要收入工廠內，木材才不會反黑，好天出日的時候，再搬出去披開。等到我學到第二年以後，我父親才慢慢教我木材的種類有哪幾種，鉋刀的用法以及如何磨刀等等，要作工到天烏以後才回家裡。我在學師仔的時陣，我師父就是我的父親，很有日本時代司阜的威嚴，當時工廠內也有其他的師傅在工作，所以我的父親就分得很清楚，在工廠內，我就是師仔，照常要求我做該做的雜事，在大日頭腳〔註5〕批料、疊料、拿料，作雜差仔等等，也有在其他師傅的身邊看按怎樣作木的，鉋刀、鑿刀、鋸子要怎麼用。這時，這些師傅攏袂趕我走，不給我看，可能是因為我是頭家的孩子，歹勢對我兇，不教我。所以我算起來是很好運，我總共學四年多，我父親才講我可以出師了，我就很歡喜。

〔註1〕鴻興五金行：創業人為林得富，為王肇鈇之三舅，其址於今彰化市民生路 323 號。

〔註2〕欠腳手：臺語音，指欠缺人手幫忙之意。

〔註3〕知影：臺語音，為知道之意。

〔註4〕澹漉漉：臺語音 tâm-lok-lok，指木材是濕的之意。

〔註5〕大日頭腳：臺語音，為大太陽底下之意。

元：請問您的出師、隨侍父親王漢松繼續成長的歷程。

鈺：我出師以後，繼續跟在我父親的身邊，學習更好、更幼的工夫。因為我是自從我父親開設工廠開始就學師仔以及出師，所以我父親所設計製作的家具我攏有作到。我印象中最深的家具就是在民國65年（1976）承作鹿港茂順中藥行的三座中藥櫥，當時我24歲，跟著我父親一起到鹿港中山路茂順中藥行店內量寸尺，在旁邊恬恬〔註6〕聽我父親與老闆在討論這三座中藥櫥要如何設計製作才會越理想、好用。回來工廠以後，我父親就一筆一筆的畫出圖面給我看，教我以後要按怎〔註7〕出圖，人客才看有。在抽屜與裡面放中藥的格仔，就要用梧桐木來作才可以，因為梧桐木無味更會吸濕氣，這樣中藥材才袂變質，才能放久。在作這三座中藥櫥時，我父親就一項一項教我每一個榫頭就要按怎作才會勇〔註8〕，人客信任咱〔註9〕，咱就要用心將家具作到尚好，尚幼。等這三座中藥櫥作好，用力仔卡〔註10〕載去茂順中藥行，搬到定位以後，店頭家跟附近的人攏來看，大家看以後攏很呵咾我父親的手路真幼，作的中藥櫥真婿。我在現場有感受到一位司阜用心作出好物件，自然會受到人客的欣賞與呵咾。我認為這就是工夫人的價值。所以我就以這種態度繼續跟在我父親的身邊，學習更好的木工技術，作出更好的家具給人客使用。這個階段是自我學出師以後大約是民國63～85年（1974～1996），攏總22年的時間，跟在我父親的身邊一點一滴的那看那學〔註11〕，也是因為我的司阜就是我父親，所以就會將全部的工夫教給我。我在民國73年（1984）結婚〔註12〕，婚後育有二子〔註13〕。

元：請問您獲獎與進行傳習的歷程。

鈺：我在民國85年（1996）的時候，有草屯手工藝研究所的翁徐得主任與一些人員來訪問我父親與我以及我弟弟王肇楠等，這算是我頭一次接受政府機

〔註6〕恬恬：臺語音 tiām-tiām，指安安靜靜在旁邊聽的意思。

〔註7〕按怎：臺語音 àn-tsuánn，指如何之意。

〔註8〕勇：臺語音 ióng，指更堅固牢固之意。

〔註9〕咱：臺語音 lán，指我們之意。

〔註10〕力仔卡：臺語音 lî-á-kah，為以人力拉動的兩輪板車。

〔註11〕那看那學：臺語音 ná-khuànn-ná-ȯh，為一邊看，一邊學習之意。

〔註12〕妻陳燕汝：南投縣鹿谷鄉人。

〔註13〕二子：長男王倚隆，民國74年（1985）生、次男王偉諠，民國75年（1986）生。

關的訪談，他們問得很詳細，一項一項紀錄，這有出一本書。〔註14〕這件事給我感覺到政府有開始重視臺灣的傳統工藝，因為卡早的時候，攏是我們自己作自己的工作與生意。在民國87年（1998）的時候，我和我父親王漢松與我弟弟王肇楠，一起合作一組「祥雲昇龍」漢式奉桌組，參加由國立傳統藝術中心籌備處舉辦之「第一屆傳統工藝獎」的競賽，很榮幸的獲得三等獎以及「第二、三屆傳統工藝獎」攏有得獎，讓我感到非常光榮。在民國89年（2000）的時候，我父親王漢松受到文建會與國立傳統藝術中心的邀請，在大葉大學執行一項「臺灣傳統家具細木作藝人王漢松技藝傳習計畫」，就是招收對傳統工藝細木作家具的社會人士10位，共進行2年，民國89～90年（2000～2001），我擔任助教，我父親在大葉大學木工教室上課時，在旁邊協助。我父親的傳習計畫是規劃要做三年，但是在第二年結束後，在民國91年（2002）1月，我父親王漢松無疾而終，享壽80歲。後來在文建會劉萬航副主委與傳統藝術中心柯基良主任的鼓勵與支持之下，延續這個傳習計畫並繼續執行三期〔註15〕，這三期傳習計畫由我與我弟弟王肇楠共同擔任老師，我很珍惜可以延續我父親的後續計畫成為一位老師，繼續教導學生到民國93年（2004）結束。

在民國99年（2010），國立傳統藝術中心在宜蘭的園區內有一間廣孝堂，裡面有一些花窗木作的部分需要修理，和一個大型的公媽龕要新作，但是這個公媽龕已經失落，要照舊相片原來的形體新作，舊相片只有看到一些初步的外型，細節的部份就看不清楚，但是我和我弟弟很用心的設計製作，完成以後搬到廣孝堂內放好，對照舊相片，應該是有同款。

在民國107年（2018）臺中市文化資產處委託一般古物〈大北門曲奏迎神匾〉修復與複製案、彰化縣政府頒證「彰化縣傳統匠師」。

在民國108年（2019），我很歡喜獲得彰化縣政府的兩項指定登錄，第一項是登錄「細木作」為彰化縣傳統工藝，認定我為保存者、第二項是登錄「傳統家具製作及修復技術」為彰化縣文化資產保存技術，認定我為保存者。在彰化孔子廟接受彰化縣長王惠美的授證，這對我來講，是一件非常榮幸的代誌，我真歡喜。

〔註14〕 翁徐得，〈彰化縣鹿港鎮工藝人才資源手冊〉，（臺灣省手工業研究所，中華民國85年6月），頁78～79。

〔註15〕 91年度為「臺灣傳統細木作家具技藝傳習計畫」，92年度為「臺灣傳統細木作家具、漆器技藝跨領域傳習計畫」，93年度為「臺灣傳統細木作家具、漆器技藝跨領域傳習計畫第二期」。

附錄六　王肇楠年表

西元	紀元	虛歲	重要記事
1968	民 57	1	出生於彰化縣鹿港鎮玉順里三條巷 8 號。
1974	民 63	7	就讀彰化縣文開托兒所大班。
1975	民 64	8	1. 彰化縣文開托兒所畢業（第 3 屆）。 2. 就讀鹿港鎮文開國民小學。
1981	民 70	14	1. 鹿港鎮「文開國民小學」畢業（第 36 屆）。 2. 就讀鹿港鎮「鹿港國民中學」。
1984	民 73	17	1. 「鹿港國中」畢業（第 14 屆）。 2. 受父親王漢松先生指導，進入臺灣傳統工藝家具細木作業，由學徒做起，歷時「四足年」。 3. 就讀「明道附設高級進修補習學校——夜間部電子設備修護科」。
1985	民 74	18	王肇楠考取機車駕照，父親王漢松先生買一台偉士牌 PS-150E 機車送給王肇楠。
1987	民 76	20	「明道附設高級進修補習學校——夜間部電子設備修護科」畢業（第 16 屆）。
1988	民 77	21	1. 受父親王漢松先生指導，由學徒做起，歷時「四足年」學藝期滿「出師」。 2. 入伍服役「陸軍」。
1990	民 79	23	1. 「陸軍」服役期滿退伍。 2. 隨侍於父親王漢松先生，學習更高階的細木作技藝。 3. 受軍中同袍至歐洲旅遊啟發，開始著手紀錄王漢松先生之藝術生命史與細木作技藝之榫卯樣式、名稱、技法、術語、工料、工法、工序、工具等等。

1996	民 85	29	1. 臺灣省手工業研究所出版《鹿港工藝資源手冊》，登錄為傳統家具司阜。 2. 參加「行政院新聞局推廣臺灣民間工藝——福祿壽喜」國際傳播紀錄片之木工製作示範。 3. 結婚，妻胡麗人，嘉義縣新港鄉人。
1997	民 86	30	長子王維元出生。
1998	民 87	31	1.「臺灣民俗技藝節地方特色館——鹿港木雕展覽」，臺灣省文化處邀請。 2. 彰化縣立文化中心推薦為「第三十六屆十大傑出青年——藝術文化類」。 3. 作品「祥雲昇龍」奉桌組，榮獲國立傳統藝術中心籌備處舉辦之「第一屆傳統工藝獎——其他類三等獎」。 4. 著作《臺灣傳統細木作榫卯集》出版，由財團法人國家文化藝術基金會、臺灣省政府文化處贊助。彰化縣立文化中心企劃，左羊出版社出版。 5. 臺灣省手工業研究所邀請，於臺北展示中心舉辦「王漢松父子傳統藝術傢俱特展」。
1999	民 88	32	1. 作品「福祿壽喜」太師椅組，榮獲國立傳統藝術中心籌備處舉辦之「第二屆傳統工藝獎——其他類佳作獎」。 2.「認識鄉土文化系列——礦溪之美——木雕工藝特展」，彰化縣立文化中心邀請。 3. 國立臺灣藝術教育館邀請，為「木材工藝教學傳播紀錄片」示範傳統細木作製作技術。 4. 著作《王漢松作品集》專書。由教育部、國立傳統藝術中心籌備處、臺灣省文化基金會贊助，臺中市鄉土文物學會主辦，董源藝術出版社出版。 5. 鹿港鎮公所編修之《鹿港鎮志——藝文篇——第三目家具木雕》中記載為「鹿港木工藝之中青輩」。 6. 王漢松指導以傳統細木作修復技術修復《富貴喜春梳妝台》乙座，於 2003 年獲行政院文化建設委員會獎助研究出版專書「臺灣梳妝台的研究與修復 以富貴喜春細木作為例」。
2000	民 89	33	1. 作品「青雲得路」筆墨座榮獲國立臺灣工藝研究所主辦之「2000 年小木器設計競賽——佳作獎」。 2. 發表《淺談臺灣傳統細木作 運用於民宅之功能——以鹿港為例》，（文化視窗，第 16 期）。 3. 行政院文化建設委員會指導，國立傳統藝術中心籌備處委託大葉大學設計暨藝術學院造形藝術系承辦之「民間藝術——臺灣傳統家具細木作藝人王漢松技藝傳習計畫第一期」之院聘「助教」。

			4. 作品「福壽如意」漢式屏風，榮獲國立傳統藝術中心籌備處舉辦之「第三屆傳統工藝獎——其他類佳作獎」。 5. 「三屆傳統工藝獎作品巡迴展」，國立傳統藝術中心籌備處邀請。 6. 國立臺灣工藝研究所邀請擔任「新進館務員專業科目在職練」之「訓練師」。 7. 彰化縣立文化中心邀請，提供作品參加「第一屆礦溪美展」。 8. 高雄市立歷史博物館邀請「傳統木作工具展講師」。 9. 次子王郁田出生。
2001	民 90	34	1. 行政院文化建設委員會指導，國立傳統藝術中心籌備處委託大葉大學設計暨藝術學院造形藝術系承辦之「民間藝術——臺灣傳統家具細木作藝人王漢松技藝傳習計畫第二期」之院聘「助教」。 2. 作品「一路連科」漢式祖先龕，榮獲國立臺灣工藝研究所舉辦之「第一屆國家工藝獎——其他類佳作獎」。 3. 通過國家考試，取得「中華民國家具木工乙級技術士證照」，（技術士證編號：012-002824）。 4. 《堅持一種人文關懷　王漢松的藝術生命史》，（傳統藝術雙月刊，第 16 期）。
2002	民 91	35	1. 任南投縣名間國中技藝班指導老師。 2. 行政院文化建設委員會指導，國立傳統藝術中心委託大葉大學設計暨藝術學院造形藝術系承辦之「臺灣傳統細木作家具技藝傳習計畫——傳習師」。 3. 國立傳統藝術中心邀請，規劃、執行「四藝乾坤——臺灣傳統細木作家具館」。 4. 擔任行政院文化建設委員會「九十一年度手工藝技能訓練培訓師」。
2003	民 92	36	1. 國立傳統藝術中心邀請，規劃、籌備「木作傳習所」。 2. 行政院文化建設委員會指導，國立傳統藝術中心委託大葉大學設計暨藝術學院造形藝術系承辦之「臺灣傳統細木作家具、漆器技藝跨領域傳習計畫——細木作傳習師」。 3. 行政院、行政院文化建設委員會、行政院客家委員會、交通部指導，三義鄉公所主辦之「2003 三義木雕藝術節」，由國立傳統藝術中心配合委託規劃執行「臺灣傳統細木作家具、漆器技藝跨領域傳習計畫成果展」。 4. 「總統府藝廊——彰化縣地方工藝特展」，行政院文化建設委員會、國立臺灣工藝研究所邀請參加。 5. 臺中縣文化局邀請「王肇鈺、王肇楠臺灣傳統家具展」。

			6. 國立臺灣工藝研究所、大葉大學邀請，擔任「2003 小木器設計競賽——評審」。
			7. 行政院文化建設委員會、教育部指導，國立傳統藝術中心主辦之「臺灣傳統細木作家具暑期教師研習營——研習師」。
			8. 《臺灣梳妝台的研究與修復以『富貴喜春——細木作為例』》專書，榮獲行政院文化建設委員會獎助研究出版，南天書局有限公司發行。
			9. 行政院文化建設委員會指導，國立傳統藝術中心邀請之「民間藝術保存傳習計畫綜合論壇——界限的穿透——民間藝術傳統細木作之保存、活化與創新——以細木作家具藝人王漢松技藝傳習計畫與跨領域傳習計畫為例」。
			10. 桃園縣文化局中國家具博物館邀請，擔任「中國家具博物館導覽人才培訓講座——講師」。
			11. 擔任行政院文化建設委員會九十二年度手工藝技能訓練培訓師。
			12. 彰化縣政府邀請參加「總統府地方文化特展——彰化縣地方文化展」。
			13. 大葉大學推廣教育「乙級技術士參加專科學校畢業程度學力鑑定考試選修 16 學分證明書」。
			14. 「專科學校畢業程度學力鑑定考試及格證書」，教育部。
2004	民 93	37	1. 國立臺灣工藝研究所指導，葫蘆墩社區合作社邀請，擔任「細木作技藝培訓師」。
			2. 行政院文化建設委員會指導，國立傳統藝術中心委託大葉大學設計暨藝術學院造形藝術系承辦之「臺灣傳統細木作家具、漆器技藝跨領域傳習計畫第二期」之「細木作傳習師」。
			3. 「淺談臺灣傳統細木作家具」專題演講，朝陽科技大學設計研究所。
			4. 國立傳統藝術中心主辦之「臺灣傳統細木作家具暑期教師研習營——研習師」。
			5. 大葉大學以「兼任講師級專業技術人員」資格聘任。
			6. 「中國家具博物館人才培訓課（三）——認識傳統家具藝術——家具製作工具、工序、工法介紹（以梳妝台研究修復為例）」，桃園縣文化局中國家具博物館。
			7. 《鹿港傳統工藝細木作之傳承與發揚——以藝師王漢松之技藝成就與技藝傳承為例》，2004 彰化研究兩岸學術研討會——鹿港研究，彰化縣文化局，十月三十日，鹿港立德文教休閒會館。

			8.「鹿港傳統工藝講座——淺談台灣傳統家具」專題演講，鹿港社區大學。
			9.「淺談臺灣傳統家具」專題演講，中原大學。
			10.「鹿港民俗文物館 31 週年館慶——鹿港傳統家具邀請展暨館藏家具展」，鹿港民俗文物館。
			11. 受鹿港民俗文物館邀請，製作館藏家具之說明展示圖板。
2005	民 94	38	1. 法務部臺灣臺中看守所細木作家具班——傳習師。
			2.「認識中國傳統家具藝術——終身學習網路教材光碟建置計畫」，教育部、桃園縣政府文化局。
			3.「鹿港傳統工藝講座——淺談臺灣傳統家具」專題演講，鹿港社區大學。
			4.《魯班尺、人因工程應用於『太子樓』梳妝台尺寸設計之探討》，（保存樂透、文資開獎——2005 文化資產保存維護研究論文發表會，國立文化資產保存研究中心籌備處，四月十八日，台北劍潭活動中心）。
			5. 臺中市政府頒發「第一屆大墩工藝師」榮銜（府授文推字第 0940116528 號）。
			6. 臺中市政府邀請參加「第一屆大墩工藝師聯展」。
			7. 國立傳統藝術中心「台灣傳統細木作家具暑期教師研習營——研習師」。
			8.「傳統細木作與魯班尺」九十四年古蹟修復工程工地主任培訓【南區】專業班專題演講，國立成功大學建築學系暨研究所。
			9. 作品「隨意自在」椅，榮獲國立臺灣工藝研究所舉辦之第五屆國家工藝獎——其他類佳作獎。
			10. 作品「頂真」攝影作品，榮獲國立臺灣工藝研究所舉辦之工藝頂真攝影比賽——入選獎。
			11.「臺灣 2005 生活工藝運動大展」邀請演講。
2006	民 95	39	1. 就讀國立臺北藝術大學建築與古蹟保存研究所，肄業。
			2.「臺灣傳統家具與生活的對話」專題演講，臺中市文化局。
			3.「鹿港傳統工藝講座——淺談臺灣傳統家具」專題演講，鹿港社區大學。
			4. 行政院文化建設委員會指導，彰化縣文化局委託大葉大學造形藝術學系承辦之「鹿港傳統細木作技藝培訓班——協同主持人」。
			5.「榫卯乾坤　王肇楠個展」，台中市文化局邀請。
			6.「榫卯乾坤　傳統細木作藝術之美　王肇楠作品輯」專書，台中市文化局出版。

			7. 「王肇楠榫卯乾坤 傳統細木作藝術個展」,彰化縣文興高中。
			8. 《從供桌形式差異探討鹿港工藝特色》,第八期彰化文獻,彰化縣文化局。
			9. 作品「連陞三級」斗栱桌,榮獲國立臺灣工藝研究所舉辦之第六屆國家工藝獎——其他類佳作獎。
			10. 登錄於彰化縣文化局出版「鹿港工藝地圖」。
2007	民 96	40	1. 「文化,「技藝」,傳承王肇楠細木作個展」,彰化縣文化局。
			2. 「臺灣文化的認識——祭祀禮儀—1」,員林社區大學申易學苑。
			3. 「臺灣文化的認識——祭祀禮儀—2」,員林社區大學申易學苑,員林鎮立圖書館三樓。
			4. 「臺灣文化的認識——祭祀禮儀」專題演講,遠東國際商業銀行,鹿港立德會館。
			5. 「臺灣文化的認識——祭祀禮儀」專題演講,遠東國際商業銀行,臺中全國大飯店。
			6. 〈臺灣文化的認識——祭祀禮儀」專題演講,遠東國際商業銀行,高雄國立科學工藝博物館。
			7. 《從「瓜瓞綿綿」太師椅探討鹿港嫁妝家具的特色》,(第十期彰化文獻,彰化縣文化局)。
2008	民 97	41	1. 「淺談梳妝台的文化意涵——以富貴喜春為例」專題演講,中原大學室內設計系。
			2. 「傳統家具的工序,工法與鑑賞」專題演講,桃園縣文化局中國家具博物館。
			3. 行政院文化建設委員會指導,文化資產總管理處籌備處主辦之「傳統家具技藝研習班第一期——研習師」。
2009	民 98	42	1. 設計、承製行政院文化建設委員會指導,文化資產總管理處籌備處主辦之「文化資產指定證書木匣」。
			2. 鹿港鎮藝文推廣委員會委員。
			3. 「中華民國傳統匠師協會」發起人,籌備委員,擔任第一屆理事。
			4. 《鹿港婚姻禮俗與嫁妝家具》,(傳統藝術雙月刊,第 82 期)。
			5. 行政院文化建設委員會指導,文化資產總管理處籌備處主辦之「傳統家具技藝研習班第二期——研習師」。
			6. 《臺灣傳統細木作家具之供桌形制的相關研究:以台南與鹿港為例》,2009 年中原大學室內設計系第八屆國際學術研討會。

2010	民 99	43	1. 鹿港鎮藝文推廣委員會委員 2009～2012 2.《從地域性探討臺灣傳統細木作供桌家具之形制研究：以臺南與鹿港為例》，設計學研究第 13 卷第 1 期，中原大學設計學院出版。
2011	民 100	44	1. 員林扶輪社邀請演講「認識傳統文化與禮俗應用」，員林扶輪社館。
2012	民 101	45	1. 行政院文化建設委員會指導，文化資產總管理處籌備處主辦之「傳統家具技藝研習班第三期——研習師」。 2. 演講「鹿港辜家家具」，行政院文化建設委員會指導，文化資產總管理處籌備處主辦之「傳統家具鑑賞與科學管理研習會」。
2013	民 102	46	1. 個展「榫卯之美——王肇楠細木作個展」，鹿港鎮公所。 2. 文化部文化資產局審定「傳統匠師」資格（登記字號：細木-102 文傳 30195）。
2014	民 103	47	1. 新港奉天宮四街祖媽龍椅神座委託承製。 2. 文化部指導，國立傳統藝術中心舉辦「工藝傳家特展」。 3. 演講：「文化與生活——以魯班尺、丁蘭尺為例」，榮獲勞動部勞動力發展署中彰投分署邀請。 4. 展覽：「傳統工具展」，榮獲文化部文化資產局舉辦。 5. 演講：「文化與生活——以魯班尺、丁蘭尺為例」，榮獲文化部文化資產局邀請。 6. 演講：「子孫永寶用——工匠技藝與傳統家具之美」，榮獲文化部文化資產局邀請。
2015	民 104	48	1.「魏成美堂公媽廳」修復與複製案，頂康開發股份有限公司。
2017	民 106	50	1.「魏成美堂神明廳」修復與複製案，頂康開發股份有限公司。 2. 新港奉天宮四街祖媽龍椅神座第二座委託承製。 3.「魯班之秘　榫卯之美——王肇楠細木作個展」，頂新和德文教基金會。
2018	民 107	51	1. 彰化縣政府頒證「彰化縣傳統匠師」（府授文戲字第 A61070008295 號）。 2. 一般古物「大北門曲奏迎神匾」修復與複製案，臺中市文化資產處委託。 3. 國立臺灣工藝研究所 106～107 年度典藏品詮釋資料撰寫委員，（中華民國 107 年 5 月 23 日藝典字第 1073000981 號函）。 4. 彰化縣文化局邀請「國寶工務店計畫」審查委員。

2019	民 108	52	1. 登錄「細木作」為彰化縣傳統工藝，認定王肇楠為保存者，「傳統工藝細木作保存者王肇楠府授文演字第10704332240A 號」。 2. 登錄「傳統家具製作及修復技術」為彰化縣文化資產保存技術，認定王肇楠為保存者，「傳統家具製作及修復技術保存者王肇楠府授文演字第 1070448469B 號」。 3.「太子樓梳妝臺」修復案，財團法人彰化縣私立鹿港民俗文物館委託。 4. 彰化縣文化局邀請擔任「國寶工務店營運管理暨軟體及設備建置計畫」審查委員。
2020	民 109	53	1. 受彰化縣文化局委託設計製作「第 21 屆礦溪美展」獎座，並受頒感謝狀，
2022	民 111	55	1. 彰化縣文化局邀請擔任「國寶工務店營運管理暨軟體及設備建置計畫」審查委員。 2. 臺南市文化資產處邀請擔任「傳統工藝調查與研究計畫」審查委員。

附錄七　王肇楠司阜訪談紀錄

受訪者：王肇楠司阜

採訪者：王維元

日期：民國 111 年 5 月 18 日訪談（2022）。

地址：彰化縣鹿港鎮詔安里詔安巷 63 號，泓澤藝術創作坊。

訪談內容：

元：請問您出生、國小入學與國中畢業的歷程。

楠：我是王肇楠，我的父親是王漢松，母親是林月裡，出生於民國 57 年
（1968），出生地在彰化縣鹿港鎮三條巷 8 號，我是二兒子，上有一位大哥王
肇鈝，一位弟弟王督宜，六位姐姐，排行第八。

　　在我出世的時陣，阮阿公就有給我算命，講我命中有帶文昌、魁罡等等，
所以交代我袂使（不能）呷牛肉，有加減教我一些五術祕法，講加減學，加減
會，袂吃虧。

　　我的名字是阮阿公取的，說以後我適合走跟五行中的「木」相關的職業比較好。也有講我的本命外緣好是出外命，離鄉背井得富貴，所以我到現在攏沒有吃牛肉，阮阿公也曾說過我有種傳（遺傳）到我的舅公祖郭新林家族那邊的愛詩、書、字、畫的文人風格。

　　我8歲（1975）讀鹿港文開國小的時陣，我父親王漢松已經將工廠搬入厝內，一樓放木工機器與作椅（工作桌），厝邊與空地就放很多的柴料，我放學後或是星期假日，都要幫忙搬很多的柴料，在柴料內會躲很多的蟑螂與蜘蛛，柴料一搬開，就會四處亂跑，甚至跑到身上，星期假日也不能跟同學們出去玩，這種情形讓我覺得我以後不要當木匠，因為有搬不完的柴料，做不完的雜事，很艱苦。

　　文開國小畢業，就讀鹿港國民中學。那時的鹿港國中是男女分班，也有分好班〔註1〕與牛仔班〔註2〕，我在國中一年級時是讀好班的，但是二、三年級就被分到牛仔班，可能是當時我不愛讀書成績不好，我也袂要緊，只要可以畢業就好，17歲鹿港國中畢業（1981～1984）。

元：請問您在鹿港國中畢業後出外謀職的歷程。

楠：我在17歲（1984），鹿港國中畢業，那時候鹿港已經很蕭條了，在路上除了學生以外，很少年輕人。就算是星期假日的天后宮前，也是稀稀疏疏的香客。當時鹿港的年輕人如果是不想繼續讀書的，都是往臺北、臺中大都市去找頭路，社會上最熱門的就是男生在國際貿易業，或是修車作黑手，女生在公司擔任會計。

　　我鹿港國中畢業後，就跟幾位好同學一起去臺中市找頭路，很好運有一間臺中市的國際貿易公司的經理在面試過我之後，願意給我一個職員的頭路，月薪3,000元，帶食住，一個星期後正式上班。當時的月薪大約是6千多元，我因為才國中畢業，所以經理就說先以半薪試用，看能不能適應再說。我就很歡喜，回家跟我父親說這件好消息，因為我已經出外在繁華的臺中市找到頭路了，可以自己生活與獨立，認真上班賺錢，而且阮阿公也有講過我是出外命，所以我心裡是很高興的。

〔註1〕好班：即是國中學業成績好的學生，編在同一個班級，以提高高中的升學率。
〔註2〕牛仔班：即是放牛班，就是國中的不升學班，在當年那種「讀書才有路用」的社會價值觀下，學校為了教學方便，也為了考高中的升學率，就把成績好的分在一起，而把那些成績不好的，讀書讀不來的就分在一起，這些已經放棄讀書的班級就叫做放牛班，也就是放牛吃草的意思。

元：請問您是甚麼原因放棄去臺中上班，而留在鹿港拜父親王漢松學藝呢？

楠：我在臺中找到頭路回到鹿港以後，我就很歡喜就跟我父親說這件事，他也是有同意的，因為當時在鹿港的少年人都出外去都市吃頭路賺錢，鹿港早就已經沒有少年人在學作木師仔，因為學師仔 3 年 4 個月是沒工錢的，而且出師以後賺的是工夫錢，艱苦（辛苦）錢，歹賺食，時代已經不同款了。這點我父親很清楚，伊也不要耽誤我的前途。

　　在我款（準備）行李時的前幾天，我父親就跟我講：阿楠啊，你現在才 17 歲，要再 3 年後 20 歲才會等做兵。你出外為前途打拼是很好的代誌，我不敢耽誤你。但是你若是做不好，被人辭頭路。我看你就利用這 3 年，跟在我的身邊，加減學一些工夫。雖然工字袂出頭，現在作木也無人要學，但是醜醜也是進士骨，有一手功夫在身上，暗時再去讀一間夜間部，補一個高中學歷，這樣時間沒有浪費。等你 23 歲做兵退伍以後，哪是攏沒興趣也可以出外，去都市食頭路打拼，也不會太晚，這樣好不好？

　　我看到我父親彎著腰在工作著，年紀已經 61 歲了，還是很認真的在做木工。突然間自己覺得應該在當兵前的這 3 年，跟在父親的身邊學一點技術比較實在，所以我就決定這樣做，我跟我父親講過之後，我父親很歡喜。就這樣，我就正式拜我父親王漢松為師父，進入木匠的這一個行業，成為鹿港最後一位拜師學藝的學徒，也就是因為這個念頭，成為第一個契機，改變了我往後的人生道路。

　　因為我父親是日本時代的人，很有威嚴，而且要求工作就是工作，絕不隨便。所以我在當學徒的第一天，我父親就對我說：**在家無師徒，學藝無父子**。意思就是說在工廠中我父親就是司阜而不是父親的，一切就是以司阜要求的高標準學習。有一次我不小心作錯了，我父親就對我「捻目睭皮」作為處罰，並且告訴我說，工作時一定要認真注意，絕對不能做錯，這樣會被其他司阜嘲笑說：**漢司的兒子是兩光司**〔註3〕。王肇楠就是在此嚴格的要求下學藝直到期滿出師。

元：請問您是如何發現身處寶山的契機？

楠：我在出師之後就去當兵，陸軍工兵科（1988～1990），退伍之後就立刻面臨一個問題，要回臺中的國際貿易公司上班？還是繼續留在鹿港當木匠？當

〔註3〕兩光司：臺語音 lióng-kong-sai，形容司阜工作時精神渙散，漫不經心。

時貿易公司的經理在我剛退伍之後還特地打電話給我，說薪水可以給我一個月1萬元包含食宿，也可以跟著經理出國出差，這對一個高職補校學歷的我來說是非常好的條件，所以我本來是希望要去臺中上班的。

就在我已經準備好要出發的前幾天，我當兵時很好的兵仔伴去歐洲旅遊回來，特地來鹿港送禮物給我，當他看到我父親跟我製作的傳統家具時，睜大眼睛一直看，很驚訝的說：「啊你在做這個喔？很不簡單喔，我去歐洲參觀博物館的時候，有一間大的展示廳，用玻璃圍起來，講這是東方藝術館，要收錢的，裡面擺的就是你們做的這款家具，真讚喔」。我這位兵仔伴講出我從來都沒有想到的事，這就是第二個契機。

所以當我聽到這些話的時候，我才恍然大悟，原來我身在寶山而不自知。歐美這些國家對藝術是最重視的，還會耗費鉅資將臺灣傳統家具千里迢迢的裝船運回國，開闢專館珍藏展示。這種情形對照出我雖然是剛學成的木匠，但是我所做的傳統家具卻有我所不知道的內涵，而歐美的收藏家們與博物館知道這隱藏在內珍貴的文化與工藝技術而且珍藏。這讓我對我所學的木作技藝完全改觀，引發了我從一個只是知道怎麼做就好，不明就裡的木匠，進一步想要探究歐美的收藏家們與博物館知道的事。

所以我就開始問我父親他如何開始學木匠的，我父親才說他14歲（1936）到街尾陳斗藝巧家具店學藝，一直到現在的過程。不然他之前都不講，因為覺得也沒有甚麼特殊之處。但是我就是覺得這是非常有價值的生命史，需要花時間詳加記錄，我就開始以年代史方式一項一項的慢慢問我父親，從我家的第一代開基祖王廷傑到鹿港開始落籍，到我已經是第10代，而且我父親珍藏保留的家族歷史資料以及阮阿公王茲枝好幾箱的五術祕笈古珍本全部交給我，讓我整理，而且更教給我山、醫、命、卜、相五術祕法，我父親說：雖然我沒吃地理仙這途飯，但是我父親王茲枝攏有教我，我就記在心裡，是因為你有心要學，我才教你的。這裡面的祕法，讓我在承造嘉義新港四街祖媽副駕神椅與永靖成美公堂的公媽廳與神明廳時就有用到了，證明傳統文化是環環相扣，互相連結的。

我還問了我父親家具的榫卯名稱，手工具名稱等等，逐項紀錄，因為我父親本身就是司阜，就以匠師口述的工夫話、僻話（術語）進行紀錄，我就是這樣一步一步的記錄，產生疑問的地方再問，有解答之後再記錄，若有前後不同的情形，就繼續再問，就這樣一直記錄。

　　後來我才發現，原來臺灣無形文化資產中的傳統細木作工藝，在鹿港地區三百餘年的發展與傳承，從工夫話、僻話的保留、技法的使用、規制的遵循等等，可以上溯至大陸泉州的唐宋遺風的名門世族大戶，官宦士紳的文人風範，典雅緻麗的審美觀帶入長江以南與泉州。從僻話（工夫話）的發音是保留古音韻可以觀察到，如以「木工筆畫線」這個動作，司阜的僻話（工夫話）是講「剎紛」（畫線），讓我深深覺得我就是身處在一座寶山之中，真是俯拾皆金玉，耀燦如日月。就這樣持續紀錄到我父親自民國 79 年到民國 91 年（1990～2002）逝世前為止，共歷時 11 年。

　　我父親曾在我當學徒時講過兩句話，讓我印象深刻至今，這幾句話就是：「為惡，如磨刀之石，不見其損，時有所消；為善，如沐春之禾，不見其長，日有所增」。當時是在民國 76 年（1987）講的，現在是民國 111 年（2022），已經是 34 年了。

　　第三個契機就是我原本認為作木只是賺食的工作態度，從「會作就好」轉變為「這樣怎麼作？為什麼要這樣作？這樣作是為什麼？」的問題，所以我就決定跟在我父親身邊，繼續學更好的技術與將他的藝術生命史進行文字紀錄。這就是我對作木工夫認識與態度的轉變，這也讓我在往後的木匠生命中，將傳統的文化資產細木作進行一系列的紀錄與發表，成為臺灣第一位由細木作木匠執筆寫書的人。以前我父親曾對我說過：「工夫人四兩鉋刀萬斤筆」，一般作木的司阜人要拿筆寫字是很困難的，在鹿港從來沒有人這樣作過。我是木匠學徒出身的作木司阜，可以寫出臺灣第一本的細木作的書《臺灣傳統細木作榫卯集》（1998），我父親也很高興，說我阿公曾說我命中有帶文昌、學堂，現在看起來是有影的事情，時間機會一到，就會顯現出來。

元：請問您以一位司阜的身分，是甚麼機會讓您寫出臺灣第一本細木作專書呢？

楠：在我 29 歲時（1996），有一天鹿港左羊出版社黃志農老師找我父親，說文建會有一項計畫，要出版一本以臺灣文化資產，傳統木工藝鹿港家具榫卯方面的專書，黃志農老師認為我父親是鹿港著名老司阜，最有經驗。我當時也在場一起討論，我認為這是一個機會，就向黃志農老師承諾由我父親與我同意來執行這項出版計畫。當時臺灣並沒有針對傳統家具領域做一個專論與出版，當時我 29 歲，完全沒有出書的經驗，但是黃志農老師很相信我，完全授權給我，說我想怎麼做就怎麼做，有問題隨時與黃志農老師提出討論。於是我就先想要

如何呈現這本專書的內容，我邊做邊想，要怎麼做才是正確的，更小心的進行這本書的執行，現在回想起來，我當時真是好膽。

第一步驟是我首先思考的是要如何定書名，因為「名定方能義明」，這樣才能完整的表示出臺灣傳統工藝的工種、領域與範圍。清朝時期鹿港關於以木為使用材質的工種類別約定俗成大概分為大木作〔註4〕、小木作〔註5〕、木雕〔註6〕等三大類。其中小木作的涵蓋工藝種類較為寬廣，在清朝光緒初年鹿港有「小木花匠團錦森興」的成立，小木是指家具，花匠指木雕。

但是我在思考的是，依照木作工種技藝名稱類別與使用木材尺寸規格，大木作是營建宮殿房屋的大木架構，小木作應該是房屋內的隔間裝修（今之裝潢）與門扇窗戶的製作，是附屬於大木作主要結構的，大木作的執篙尺師傅所帶領的工班中，也有小木作的工班，一起在建築工地互相施作配合。證明之一就是現在要買一扇門，是去建材行買，而不是去家具行買。

接著就是細木作名稱的思考，細的臺語是幼〔註7〕，這是一個接續名詞，以大、小、幼（細）木作較為適當，而且在訪問我父親認識的次一輩司阜，也有自稱作幼木、作佮作，〔註8〕所以「作幼木」這個名詞也是有司阜使用，但是因為「幼」是臺語音，所以選擇以國字「細」這個字作為對應字，所以就以「細木作」這個名詞界定為傳統家具製作的專有名詞，我有與黃志農老師討論這件事，黃老師在聽我解說之後，認同我的觀點與擇字，所以本書的書名關鍵字細木作就此確定，這是臺灣首次對傳統家具製作專有名詞的界定之始。

在此我要特別感謝行政院文化建設委員會副主任委員劉萬航先生，在公務百忙之中，願意為這一本書題序鼓勵，受到陳永模大師題寫書名墨寶，讓我深深感動。

第二步驟就是將我自民國79年（1990）開始訪談我父親相關紀錄的相關資料作為參考，將鹿港地區傳統家具常用的榫卯樣式與名稱紀錄與彙整，再對照明式家具研究（文字卷）內的榫卯名稱，採臺灣鹿港地區匠師使用名稱，以及大陸匠師使用名稱以括弧表示，作為對照與引用。再以臺灣檜木製作成各式

〔註4〕大木作：臺語音 tuā-bo̍k-tsok，指屋宇建築的工作類別。

〔註5〕小木作：臺語音 sió-bo̍k-tsok，指屋宇內部隔間裝修與門窗的工作類別。

〔註6〕木雕：臺語音 bo̍k-tiau，指建築內的雕刻與神像雕刻的工作類別。

〔註7〕幼：臺語音 iù，指精緻細膩之意。

〔註8〕作佮作：臺語音 tsok -kap-tsok，匠師術語，佮，指兩片木板拼接。佮作，指作家具之意。

榫卯實物，共計有六大類，35 種榫卯樣式，以一年的時間製作完成。

　　第三步驟就是榫卯實物的攝影，黃志農老師找到一位在臺中開專業攝影公司的專業攝影師，拍立得各試拍幾張。但是我看過試拍的照片之後，不太滿意拍攝的角度與打光，所以向黃志農老師說希望可以讓我自己拍，他就同意了。當時的我完全沒有接觸攝影，也從來沒有拍過照片，我向林彰三大師請教攝影技術與概念，到臺中中偉照相器材公司買入攝影器材〔註 9〕，使用柯達底片〔註 10〕，到臺北世界貿易中心「攝影器材大展」買棚燈〔註 11〕。

　　因為照片是我自己拍的，可以慢慢的調整最佳角度與打光強度，常常一拍就是一整天，將 35 種榫卯樣式的組合與分開各拍數張再挑選。等榫卯實物拍照完成之後，我想到應該還要有手工具與使用姿勢的紀錄，所以再增加我父親幾十年來所買的各式手工具，分門別類，整理出四大類，共 44 種的家私頭（手工具），還有很多沒有拍出來放到書裡面的。我整理我父親的年表時，我父親有保留他在日本時代臺灣總督府核發的「國民勞務手帳──建具指物工」、「體力手帳──指物工」（1942），以及在臺北士林做美軍家具的手繪圖稿（1945），都是非常久遠且具有時代價值，所以我就再增加至書中，讓這本書完整涵蓋完整的工法、工序、工具、術語、作品、匠師歷程記錄，好加在我當時堅持自己學習攝影，讓我的構想可以完整的具體呈現出來。我在拍攝階段完成之後，再親自美編至完稿，交給製版廠製版，三次校稿完成，才正式印刷完成，於民國 87 年 7 月出版，歷時兩年，我 31 歲（1998）。

　　我在民國 87 年（1998）10 月的某一天下午 2 點多，剛好我父親在調整 1 尺 5 寸長鉋刀時被我看到，我就拿出 Hasselblad 503Cxi 相機，以 E6（正片）拍我父親當時的神情，這張照片就用在我的第二本書《王漢松作品集》的第 95 頁。這一張照片，我有沖洗放在我的工作室內，當時是太陽自然光，我父親在調整鉋刀時，左手握著 1 尺 5 寸的長鉋刀，右手拿著 8 分尖尾鎚，神情是專注的，雙眼銳利、全神貫注的注視與調整鉋刀的神情，生動而靈活的記錄了當下，彷彿全世界只有我父親犀利的眼神注視著鉋刀，其他的都不存在。匠師魂的顯

〔註 9〕攝影器材：德國萊卡單眼相機 Leica-R6.2、旁軸相機 Leica-M6TTL、MP；瑞典哈蘇相機 Hasselblad 503Cxi；Contax G2+ Carl Zeiss Hologon 16mm；德國閃光燈 Metz 45 CT-4；日本美樂達測光表入射式 Minolta　IVF +5 度反射式對光鏡；GITZO 三腳架。

〔註 10〕柯達底片：Kodak E100VS E6（120、135）。

〔註 11〕棚燈：瑞士棚燈 Broncolor Visatec Solo 1600B 三盞，含三腳架，光罩等。

現，是不意之中的自然流露，剎那即永恆。拍到這張照片，讓我深深覺得我花了那麼多的相機金錢，能換到這一張剎那經典的照片，就值得永恆了。

元：請問您是如何到大學擔任教職呢？

楠：我在大學擔任教職部分，是起源於我擔任我父親在大葉大學執行傳習計畫時，受到設計暨藝術學院院長楊旻州與造形藝術學系主任賴瓊琦的肯定，受大葉大學聘為「講師級專業技術人員」（2004～2012），再升等為「助理教授級專業技術人員」至今（2012～）〔註12〕。受中原大學聘為「助理教授級專業技術人員」，在設計學院室內設計學系授課（2009～2018）〔註13〕。

元：請問您獲得政府榮銜。

楠：我榮獲臺中市政府頒發「第一屆大墩工藝師」榮銜（2005）；獲得文化部審定「傳統匠師」資格（2013）；獲得彰化縣政府頒證「彰化縣傳統匠師」（2018）；榮獲彰化縣政府的兩項無形文化資產保存者指定登錄，第一項是登錄「細木作」為彰化縣傳統工藝，認定我為保存者、第二項是登錄「傳統家具製作及修復技術」為彰化縣文化資產保存技術，認定我為保存者，在彰化孔子廟接受彰化縣長王惠美的授證，我非常榮幸與高興，這是對我這一路以來從事與堅持的細木作技藝的極高肯定與榮譽（2019）；榮獲彰化縣政府邀請，設計暨製作「第21屆磺溪美展」獎座（2020）。

〔註12〕 大葉大學聘為講師級專業技術人員 2004-2012，升等為助理教授級專業技術人員 2012 迄今。

〔註13〕 中原大學聘為助理教授級專業技術人員 2009-2018。

附錄八　臺南市銀樓公會薛炯楠訪談暨授權書

授 權 書

　　茲有本人＿＿＿台南市銀樓業職業工會＿＿＿（會）所有之「吹管組」

乙組，同意無償授權予王維元碩士研究生，供就讀於逢甲大

學歷史與文物研究所碩士論文引用之用。

特此為證

台南市銀樓工會理事長：薛炯楠

電話：06-2987575

地址：台南市中西區府前一街 9 巷 12 弄 31 號

中 華 民 國 109 年 12 月 14 日

參考書目

一、史料

1. 片岡巖，《臺灣風俗誌》，臺北市：南天書局，1921 年、2017 年。
2. 伊能嘉矩，《臺灣文化志（上卷、中卷、下卷）》，南投縣：國史館臺灣文獻館，2017 年。
3. 花崗伊之作，《南部臺灣誌》，臺南廳編纂，1934 年。
4. 周璽，《彰化縣志》道光版，南投縣：臺灣省文獻委員會，1999 年。
5. 臺灣總督府官房課編，《臺灣在籍漢民族鄉貫別調查》，臺北市：中央研究院民族學研究所影本，1928 年。

二、專書

1. 文化部文化資產局，《文化資產保存技術及保存者列冊登錄認定操作指南》，2017 年。
2. 尤增輝，《鹿港三百年》，臺北市：戶外生活雜誌社，1980 年。
3. 王世襄，《明式家具珍賞》，臺北市：藝術圖書公司，1983 年。
4. 王世襄，《明式家具研究（圖版卷，文字卷）》，臺北市：南天書局，1995 年。
5. 王良行，《鹿港鎮志，經濟篇》，彰化：鹿港鎮公所，1997 年。
6. 王建柱，《鹿港手工藝》，彰化：鹿港文物維護地方發展促進委員會，1982 年。
7. 王瀛生，林裕仁，《台灣產重要商用木材彩色圖鑑》，行政院農業委員會

林業試驗所，中華民國 88 年 12 月。

8. 王肇楠，《臺灣傳統細木作榫卯集》，彰化：左羊出版社，1998 年。

9. 王肇楠，《王漢松作品集》，南投：董源藝術出版社出版，1999 年。

10. 王肇楠，《臺灣梳妝台的研究與修復以『富貴喜春』──細木作為例》，臺北市：南天書局，2003 年。

11. 王肇楠，《榫卯乾坤　傳統細木作藝術之美　王肇楠作品集》，臺中市：臺中市文化局出版，2006 年。

12. 王肇楠，《傳統藝術中心廣孝堂木作仿作暨修復計畫期末報告書》，宜蘭：國立臺灣傳統藝術總處籌備處，2010 年。

13. 王肇楠著，《新港奉天宮四街祖媽甲午年龍椅神座專輯》，嘉義：新港奉天宮四街祖媽金慶昌轎班會，2014 年。

14. 王肇楠，《魏成美堂公媽廳仿作暨修復規畫書》，臺北市：頂康開發股份有限公司，2014 年。

15. 王肇楠，《魏成美堂公媽廳仿作暨修復紀錄成果專輯》，臺北市：頂康開發股份有限公司，2015 年。

16. 王肇楠，《魏成美堂神明廳明聖鸞堂仿作暨修復紀錄成果專輯》，臺北市：頂康開發股份有限公司，2017 年。

17. 王肇楠，《太子樓梳妝臺修復專輯》，彰化：財團法人彰化縣私立鹿港民俗文物館，2019 年。

18. 李建緯，《入木的刻刀【重要鑿花技術保存者──李秉圭】》，文化部文化資產局，2017 年。

19. 李建緯、張志相，《萬和藏珍──臺中市萬和宮典藏文物（上冊）、（下冊）寺廟文物》，臺中市：財團法人萬和文教基金會，2019 年。

20. 李奕興，《台灣傳統彩繪》，臺北市：藝術家出版社，1995 年。

21. 李昭容，《鹿港丁家之研究》，彰化：左羊出版社，2002 年。

22. 李乾朗，《台灣建築史》，臺北市：雄獅圖書股份有限公司，1995 年。

23. 李乾朗，《台灣傳統建築匠藝》，臺北市：燕樓古建築出版社，1995 年。

24. 李乾朗，《台灣傳統建築匠藝五輯》，臺北市：燕樓古建築出版社，2002 年。

25. 李乾朗，《台灣傳統建築匠藝七輯》，臺北市：燕樓古建築出版社，2004 年。

26. 李乾朗，《臺灣古建築圖解事典》，臺北市：遠流出版公司，2011 年。

27. 林會承，《清末鹿港街鎮結構》，臺北市：境與象出版社，1983 年。

28. 林會承，《台灣傳統建築手冊》，臺北市：藝術家出版社，1990 年。

29. 林會承，《歷史建築資料庫分類架構暨網際網路建置第一期委託研究計畫成果報告書》，臺北市：行政院文化建設委員會（中部辦公室）2004 年。

30. 施鎮洋，《人間國寶:施鎮洋木雕藝術專輯》，彰化縣文化局，2014 年 5 月。

31. 財團法人吳三連台灣史料基金會，《辜顯榮傳》，臺北市：辜顯榮翁傳記編纂會，2007 年。

32. 翁徐得，《鹿港工藝資源手冊》，南投：臺灣省手工業研究所，1996 年。

33. 教育部，《臺灣閩南語羅馬字拼音方案》，教育部：國語文教育叢書 51 臺灣閩南語羅馬字拼音方案使用手冊，2006 年。

34. 張春能、王肇楠，《大北門曲奏迎神匾調查研究暨修復計畫結案報告書》，臺中：臺中市文化資產局，2018 年。

35. 陳正祥，《台灣地誌》，臺北市：南天書局，1993 年。

36. 陳仕賢，《龍山聽唄 鹿港龍山寺》，彰化：鹿水文史工作室，2004 年。

37. 陳仕賢，《鹿港龍山寺志》，彰化：鹿港龍山寺管理委員會，2012 年。

38. 陳明通，《派系政治與陳儀治臺論》，中央研究院中山人文社會科學研究所專書（31），1993 年。

39. 陳啟雄，《台灣農村傳統家具之調查及推廣（一）書櫥篇》，雲林：雲院書城有限公司，1995 年。

40. 陳啟雄，《台灣農村傳統家具之調查及推廣（二）餐桌椅篇》，雲林：雲院書城有限公司，1996 年。

41. 陳啟雄，《台灣農村傳統家具之調查及推廣（三）梳妝台篇》，雲林：雲院書城有限公司，1997 年。

42. 陳啟雄，《台灣農村傳統家具之調查及推廣（四）扶手椅篇》，雲林：雲院書城有限公司，1998 年。

43. 陳啟雄，《台灣農村傳統家具之調查及推廣（五）几凳篇》，雲林：雲院書城有限公司，1999 年。

44. 陳淑美，《鹿港木雕藝師李煥美》，新竹：瓦當人文有限公司，2019 年。

45. 陳慶芳，《捕捉鹿港柴絲草傳奇》，彰化：彰化縣政府，2005 年。

46. 魯公翰，《繪圖魯班木經匠家鏡》，臺北市：育林出版社，1998 年。

47. 魯班公，《魯班寸白集》，臺中市：瑞成書局，1999 年。

48. 彭慰，《認識臺灣古書契》，臺北市：國家圖書館，2007 年。

49. 溫尼‧海德‧米奈著，《藝術史的歷史》，中國：上海人民出版社，2007年。

50. 葉大沛，《鹿港發展史》，彰化：左羊出版社，1997 年。

51. 國立臺灣工藝研究所，《第一屆國家工藝獎作品集》，南投縣：國立臺灣工藝研究所，中華民國 90 年 8 月。

52. 戴瑞坤，《鹿港鎮志，藝文篇》，臺灣彰化：鹿港鎮公所，1997 年。

53. 簡榮聰，《臺灣傳統家具》，桃園：桃園縣文物學會，2000 年。

54. 蘇瑤崇，《臺灣省行政長官公署與臺灣總督府體制之比較研究》，財團法人二二八事件紀念基金會，2004 年。

三、學位論文

1. 王伯祺，〈清代福建鹽業運銷制度的改革──從商專賣到自由販賣〉，國立暨南國際大學歷史學研究所碩士論文，2000 年。

2. 王麒愷，〈鹿港木工岫：家族企業頭家與木工師傅的關係生產〉，國立臺灣大學建築與城鄉研究所碩士論文，2019 年。

3. 古蕙華，〈日治後期臺灣皇民化運動中的圖像宣傳與戰時動員（1937～1945）〉，（國立臺灣師範大學歷史學系碩士論文，中華民國 100 年）

4. 侯念祖，〈以工匠為師：對鹿港小木工匠的經驗考察〉，東海大學社會學系博士論文，1999 年。

5. 翁偉豪，〈臺灣傳統木工鉋刀之研究〉，國立臺北科技大學創新設計研究所碩士論文，2010 年。

6. 曹志明，〈傳統尺寸演變與其意義關係之研究──以魯班尺式為中心〉，國立雲林科技大學視覺傳達設計系碩士論文，2005 年。

7. 莊翔宇，〈西螺街市發展與新街廣福宮之建立〉，國立臺北藝術大學文化資源學院建築與文化資產研究所碩士論文，2018 年。

8. 許智強，〈傳統細木工匠變遷與轉型之研究──以台南永川行為例〉，國立雲林科技大學工業設計技術研究所碩士論文，1999 年。

9. 陳勇成，〈臺灣早期傢具之研究〉，中國文化大學藝術研究所碩士論文，1998 年。

10. 陳美玲，〈鹿港郭春江（柳司）民宅彩繪研究〉，私立中原大學室內設計研究所碩士論文，1999 年。

11. 胡麗人，〈臺灣傳統太師椅之調查研究──以中部地區為例〉，大葉大學設計暨藝術學院碩士論文，2010 年。

12. 黃瀅蓁，〈柯煥章傳統建築彩繪風格──從傳統設計美學的觀點〉，國立雲林科技大學建築與室內設計系碩士論文，2011 年。

13. 黃彥霖，〈臺灣・鹿港傳統鉋刀產業發展之研究〉，國立雲林科技大學文化資產維護系碩士論文，2016 年。

14. 周孟勳，〈彰化畫師柯煥章彩繪之研究〉，國立臺灣藝術大學古蹟藝術修復學系碩士論文，2012 年。

15. 楊靜佩，〈不可言說的學習──傳統布袋戲的傳承探討〉，國立雲林科技大學文化資產維護系碩士論文，2013 年。

16. 羅彩雲，〈臺灣傳統紅眠床之研究（以中部地區為例）〉，國立雲林技術學院工業設計技術研究所碩士論文，1997 年。

17. 鄭昆晉，〈鹿港畫師郭啟薰之彩繪作品研究〉，國立臺灣藝術大學古蹟藝術修復學系碩士論文，2013 年。

18. 鄔琦琪，〈美軍家具對台灣木製家具產業之影響〉，朝陽科技大學工業設計系碩士論文，2016 年。

19. 施映竹，〈鹿港郭新林畫師彩繪之研究〉，國立臺灣藝術大學古蹟藝術修復學系碩士論文，2017 年。

20. 莊翔宇，〈西螺街市發展與新街廣福宮之建立〉，國立臺北藝術大學文化資源學院建築與文化資產研究所碩士論文，2018 年。

21. 王麒愷，〈鹿港木工岫：家族企業頭家與木工師傅的關係生產〉，國立臺灣大學建築與城鄉研究所碩士論文，2019 年。

四、期刊

1. 王肇楠，《堅持一種人文關懷 王漢松的藝術生命史》，傳統藝術雙月刊第 16 期，2000 年。

2. 王肇楠，《淺談台灣傳統細木作 運用於民宅之功能──以鹿港為例》，文化視窗第 16 期，2001 年。

3. 王肇楠，《民間藝術傳統細木作之保存、活化與創新──以細木作家具藝

人王漢松技藝傳習計畫與跨領域傳習計畫為例》，民間藝術保存傳習計畫綜合論壇——界限的穿透研討會，2003 年。

4. 王肇楠，《鹿港傳統工藝細木作之傳承與發揚——以藝師王漢松之技藝成就與技藝傳承為例》，彰化研究兩岸學術研討會，2004 年。

5. 王肇楠，《從供桌形式差異探討鹿港工藝特色》，彰化文獻第八期，2006 年。

6. 王肇楠、楊正義，《魯班尺、人因工程應用於「太子樓」梳妝台尺寸設計之探討》，文化資產保存研究論文集，2006 年。

7. 王肇楠、楊正義，《從瓜瓞綿綿太師椅探討鹿港嫁妝家具的特色》，彰化文獻第十期，2007 年。

8. 王肇楠，《台灣傳統細木作家具之供桌形制的相關研究：以台南與鹿港為例》，中原大學室內設計系第八屆國際學術研討會，2009 年。

9. 王肇楠，《鹿港婚姻禮俗與嫁妝家具》，傳統藝術雙月刊第 82 期，2009 年。

10. 王肇楠，《從地域性探討台灣傳統細木作供桌家具之形制研究：以台南與鹿港為例》，設計學研究第十三卷第一期，2010 年。

11. 江韶瑩，《亞太局勢變遷的投射：一個木雕城百年產業發展》，亞太藝術論壇研討會，2003 年。

12. 江韶瑩，《家具之美——臺灣傳統家具研討會論文集》，國立歷史博物館，2006 年。

13. 李元亨，《大巧不工 魯班千年 細木作藝人王漢松技藝傳習計畫》，傳統藝術雙月刊，第 16 期，2000 年。

14. 李昭容，《鹿港木作家具業的歷史考察（1895～2003）》，彰化研究兩岸學術研討會——鹿港研究論文集，2004 年。

15. 李昭容，《鹿港十宜樓陳祈及其後代考》，興大歷史學報第 29 期，2014 年。

16. 林仁政、洪國榮、彭秀鳳，《木材利用觀》，國立中興大學林業研究季刊中文版第二十三卷 第一號，2001 年 3 月 1 日。

17. 諸葛正，《臺灣木工藝產業的生根與發展過程解讀（1）——文獻中清治時期（1895 年以前）所呈現的場景》，設計學報第 10 卷第 4 期，2005 年。

18. 諸葛正，《臺灣木工藝產業的生根與發展過程解讀（2）——日治前期（1895～1912 年）的「產業」醞釀與成長》，設計學報第 11 卷第 4 期，2006 年。

19. 諸葛正,《日治中期臺灣木工藝「產業」的成形與「用料」上的變化》,設計與環境學報第 9 期,2008 年。

20. 諸葛正,《日治後期臺灣木工藝產業的環境成長與臺灣木工藝產業的環境成長與相關產品、技術上的變化》,朝陽學報第 3 期,2008 年。

21. 張令慧,《黃浚雄談臺灣木工機器業》,木工家具 146 期,1996 年。

22. 廖文碩,《寓教於覽 戰後臺灣展覽活動與「臺灣省博覽會」(1945～1948)》,臺大文史哲學報第七十四期,2011 年。

23. 劉仁超,《清代臺灣官印的研究:以彰化縣印為例》,臺灣學研究第 19 期,2016 年。

24. 慕堯,《雕刻木器的關鍵》,中國手工業第 14 期,1959 年。

25. 簡榮聰主修,《臺灣近代史 經濟篇》,南投,臺灣省文獻委員會,1995 年。

26. 戴寶村,《解嚴歷史與歷史解嚴:高中歷史教科書內容的檢視》,臺灣文獻季刊第 58 卷第 4 期,2007 年。

27. 蘇慶軒,《國民黨政府的戰爭規劃與威權統治:臺灣警備總司令部的戰時職能及其威權控制的作用(1958～1972)》,政治科學論叢,第 64 期,2015 年。

五、網路資料

1. 《文化資產保存法》:文化部網址:
https://www.moc.gov.tw/information_306_19723.html,(查詢日期:111 年 3 月 5 日)。

2. 《文化資產保存法施行細則》:文化部網址:
https://www.moc.gov.tw/information_309_19939,(查詢日期:111 年 3 月 5 日)。

3. 《禮記》:維基百科
https://zh.wikipedia.org/zh-tw/%E7%A4%BC%E8%AE%B0,(查詢日期:111 年 2 月 15 日)。

4. 李誡,《營造法式》:維基百科
https://zh.wikipedia.org/zh-tw/%E8%90%A5%E9%80%A0%E6%B3%95%E5%BC%8Fhttps://zh.wikipedia.org/zh-tw/%E7%A4%BC%E8%AE%B0,(查詢日期:111 年 2 月 17 日)。

5. 清代《工部工程做法》：維基百科

   https://zh.wikipedia.org/zh-tw/%E6%B8%85%E5%B7%A5%E9%83%A8%
   E5%B7%A5%E7%A8%8B%E5%81%9A%E6%B3%95，

   （查詢日期：111 年 2 月 18 日）。

6. 《清代匠作則例》：維基百科

   https://zh.wikipedia.org/zh-tw/%E6%B8%85%E4%BB%A3%E5%8C%A0%
   E4%BD%9C%E5%88%99%E4%BE%8B，

   （查詢日期：111 年 2 月 19 日）。

7. 《安平縣雜記》：國家文化資產網

   https://nchdb.boch.gov.tw/assets/overview/antiquity/20151221000008，

   （查詢日期：111 年 2 月 19 日）。

8. 文化部再造歷史現場全球資訊網：

   http://www.rhs-moc.tw/index.php?inter=project&id=0&did=31，

   （查詢日期：111 年 3 月 15 日）。

9. 文化部臺灣大百科全書：

   https://nrch.culture.tw/twpedia.aspx?id=4812，

   （查詢日期：111 年 3 月 12 日）。

10. 文化部文化資產局《傳統匠師名冊》：

    https://www.boch.gov.tw/information_166_114039.html，

    （查詢日期：111 年 3 月 20 日）。

11. 貴族院議員：維基百科

    https://zh.wikipedia.org/wiki/%E8%B2%B4%E6%97%8F%E9%99%A2，

    （查詢日期：111 年 4 月 6 日）。

12. 魯班公：維基百科

    https://zh.wikipedia.org/wiki/%E9%B2%81%E7%8F%AD，

    （查詢日期：111 年 5 月 13 日）。

13. 丁蘭刻木事親：維基百科

    https://zh.wikipedia.org/wiki/%E4%B8%81%E5%85%B0，

    （查詢日期：111 年 5 月 16 日）。